兰州大学"985工程"敦煌学哲学社会科学创新基地资助

当代敦煌学者自选集

唐耕耦

教育部人文社会科学重点研究基地
兰州大学敦煌学研究所

敦煌学论集

上册

上海古籍出版社

当代敦煌学者自选集编委会

主　编：郑炳林　　（兰州大学敦煌学研究所所长、教授）
编　委：樊锦诗　　（敦煌研究院院长、研究员）
　　　　荣新江　　（北京大学中国古代史研究中心主任、教授）
　　　　郝春文　　（首都师范大学历史学院院长、教授、
　　　　　　　　　　中国敦煌吐鲁番学会会长）
　　　　柴剑虹　　（中华书局编审）
　　　　赵和平　　（北京理工大学教授）
　　　　郑阿财　　（南华大学敦煌学研究中心主任、教授）
　　　　罗世平　　（中央美术学院教授）
　　　　张涌泉　　（浙江师范大学人文学院教授）
　　　　邓文宽　　（中国文化遗产研究院研究员）
　　　　高田时雄　（日本京都大学人文科学研究所教授）
　　　　波波娃　　（俄罗斯科学院圣彼得堡东方文献研究所所长、教授）

出版说明

《唐耕耦敦煌学论集》是兰州大学敦煌学研究所主持编纂的"当代敦煌学作者自选集"之一种。由于唐先生已归道山,所以本书已无法"自选",只能是由丛书编委会代为搜集唐先生历年发表的文章汇为一编,心香一瓣,以资纪念。

唐耕耦先生是著名敦煌文献专家,他与陆宏基先生合著的《敦煌社会经济文献真迹释录》(全五册)是奉献给敦煌学界的基础入门读物和资料依据,成就了一批又一批的敦煌学者、经济学家、历史学家、经济史家等。但唐先生的学术研究领域并不局限于敦煌学,特别是在唐史研究方面亦成果卓著,在唐代社会经济制度、农业、科技研究等方面都发表了多篇文章,为全面反映唐先生的学术成就,本书亦加以收录。

特此说明。

当代敦煌学者自选集编纂缘起

郑炳林

敦煌莫高窟"藏经洞",是20世纪古文献四大发现地之一。出于众所周知的原因,敦煌文献主要部分流散到了国外,分别收藏在英国、法国、俄国、日本等国家,劫余部分收藏在中国国家图书馆(原北京图书馆)等单位。由于敦煌文献收藏的国际性,"敦煌学"一出现就成为一门国际显学,长期引领着国际学术潮流。敦煌文献内涵博大精深,敦煌石窟艺术内容丰富多采,作为敦煌学的研究对象,一直受到中外学术界的极大关注。

中国敦煌学研究的起步基本始于敦煌文献的发现。中国学者最早从事敦煌学研究,是1904年金石学家叶昌炽至酒泉,从汪宗翰等人手中得绢本《水月观音》、《地藏菩萨像》及写本《大般若经》、《开益经》等,均作了考订,将有关见闻写入《语石》及后来撰写的《邠州石室录》中。后来由于王国维、罗振玉、蒋斧等进入,中国敦煌学研究掀起第一个高潮。而中国敦煌学的真正兴起是20世纪80年代,随着改革开放春风的吹起,敦煌学迎来了自己的新生。到目前为止,中国敦煌学研究已经走过百年的学术历程,中国敦煌学界经过最近30年的努力,彻底改变了"敦煌在中国、研究在国外"的局面。在中国敦煌学百年研究的历程中,涌现出了一批著名的专家学者,出产了一批影响巨大的研究成果。在中国敦煌学研究的百年之际,需要对百年来中国敦煌学界的研究工作进行回顾和总结,并对今后的研究进行展望。由兰州大学敦煌学研究所利用"985工程"平台经费资助,邀请中国敦煌学界30余位专家,选取他们具有代表性的学术论文,以"当代敦煌学者自选集"的名义,结集由上海古籍出版社出版,为中国敦煌学界研究之参考。

作为该项工作发起单位的兰州大学敦煌学研究所,是改革开放的产物,敦煌学也是兰州大学的重点学科。早在1979年,兰州大学就建立敦煌学研究机构,1983年筹建敦煌学专业资料室,创办了敦煌学专业期刊《敦煌学辑刊》,建立敦煌学硕士学位授权点,1985年中国敦煌吐鲁番学会在兰州大学建立中国敦煌吐鲁番学会兰州大学资料中心,1986年通过教育部申请到美国基督教亚洲高等教育基金会的资助,1998年建成敦煌学博士学位授权点并成为甘肃省重点学科单位,1999年兰州大学敦煌学研究所成为首批教育部人文社会科学重点基地,2003年建成敦煌学博士后科研流动站。2007年兰州大学敦煌学成为国家重点培育学科。敦煌学还是兰州大学"211工程"、"985工程"建设的重点学科,先后投入经费1400万元进行重点建设,使兰州大学敦煌学研究所在科学研究、人才培养、资料建设、学术交流等方面都取得很大的进展,并逐步发挥其优势,在国内外敦煌学界起到了引领研究的作用。近年来,兰州大学与敦煌研究院通过联合共建,实现了优势互补,这一优势在双方的研究成果和博士生的培养中得到了体现。

兰州大学敦煌学研究所与美国密歇根大学中国文化研究中心(Center for Chinese Studies University of Michigan)、耶鲁大学东亚研究会(Council on East Asian Studies Yale University)、俄罗斯科学院圣彼得堡东方文献研究所、京都大学人文科学研究所、早稻田大学艺术学院、台北大学古典文献研究所、南华大学敦煌学研究中心、成功大学等机构在学术交流、人才培养、学术研究等方面进行合作,与耶鲁大学联合筹建了国际佛教艺术与文化研究中心(International Center for the

Study of Chinese Buddhist Art and Culture），以促进本学科向"国际化"的进一步发展，提高兰州大学敦煌学专业的培养水平。兰州大学敦煌学研究所在1985年建立中国敦煌吐鲁番学会兰州大学资料中心，目前拥有中外文图书7万余册，在本学科的科学研究、人才培养和对外交流上发挥了巨大作用。不仅保证了敦煌学专业的科研教学，同时也对敦煌学界提供服务。研究所还创建了敦煌学资料信息服务中心网站，在条件成熟后将可为整个学术界的研究提供网上信息服务。兰州大学敦煌学研究所拥有除本科以外齐全的人才培养体系，拥有博士后科研流动站、博士授权点，积极为学术界培养人才。到2010年为止，出站的博士后4人，毕业博士54人，14人晋升教授，其中5人任博士生导师，20人晋升副教授，33人获得国家基金项目支持。十余名博士生得到国家建设高水平大学公派研究生项目的资助，赴美国弗吉尼亚大学、宾夕法尼亚大学、密歇根大学、印第安纳大学，日本京都大学、九州大学，澳大利亚悉尼大学等深造学习，一人获全国百篇优秀博士学位论文，两人博士学位论文获全国百篇优秀博士学位论文提名。同时还为中国港台地区和国外培养敦煌学研究人才，先后招收的学生有读博和短期研修两种形式，主要来自于中国台湾地区南华大学，韩国国立首尔大学，日本早稻田大学、京都大学、东京大学、九州大学、青山学院大学、成城大学、东北大学、东京艺术大学、东京女子艺术大学、龙谷大学，美国密歇根大学，前后接收学生四十余人，其中毕业的博士生2人，这些学生普遍得到派出单位的好评。

  兰州大学敦煌学研究所承担国家、教育部、国家文物局、高校古籍整理委员会、教育部文科重点研究基地和国际交流基金项目一百二十多项，经费一千多万元，陆续推出了"敦煌学研究文库"、"敦煌学博士文库"、"西北史地文化研究文库"、"国际敦煌学丛书"、"丝绸之路研究文库"、"敦煌归义军史专题研究"、"法国汉学精粹"、"丝绸之路历史文化"

等丛书,即将启动的有"当代敦煌学者自选集"和"敦煌讲座"丛书。研究所编纂、出版的论著在学术界得到普遍的好评,分别获得中国国家图书奖、中华优秀出版物奖、甘肃省优秀图书奖、中国藏学研究珠峰奖、甘肃省社科优秀成果奖多项,研究成果入选《国家社科基金成果文库》等。兰州大学敦煌学研究所的发展是中国敦煌吐鲁番学会扶持的结果,也是中外敦煌学界各位专家扶持的结果。由此,兰州大学敦煌学研究所也是敦煌学界的共同学术研究基地和交流平台,希望在今后的发展中各界继续给予兰州大学敦煌学研究更多的支持。

因敦煌学研究的特殊性质,遵照专家的意愿和实际需要,本丛书论述性著作一般以简体出版,以方便阅读;考据性著作以繁体出版,以避免录文和释文的歧义。由此繁简混合出版带来的丛书格式不统一,希望读者给予谅解。

"当代敦煌学者自选集"的酝酿、发起到实施,得到了很多专家的支持和帮助,特别是老一代敦煌学家的支持和帮助,否则很难有这个项目的实施。丛书出版得到上海古籍出版社的大力支持,该社出版的俄藏、法藏敦煌文献,对敦煌学发展起到重要的作用。丛书的诸位编委,也为"当代敦煌学者自选集"的出版付出了很多劳动,对此表示真挚的感谢!

目　　录

当代敦煌学者自选集编纂缘起 …………………………… 郑炳林 1

学术简历 ……………………………………………………………… 1

敦煌学

敦煌经济
西魏敦煌计账文书以及若干有关问题……………………………… 3
吐蕃时期敦煌课麦粟文书介绍 …………………………………… 35
吐蕃时期敦煌课麦粟文书补 ……………………………………… 42
敦煌所出唐河西支度营田使户口给粮计簿残卷 ………………… 45
关于敦煌寺院水硙研究中的几个问题 …………………………… 57
8 至 10 世纪敦煌的物价 …………………………………………… 78
伯 2032 号甲辰年净土寺诸色入破历计会稿残卷试释 ………… 115
乙巳年(945)净土寺诸色入破历算会牒稿残卷试释 …………… 144
敦煌寺院会计文书 ………………………………………………… 172
敦煌净土寺六件诸色入破历算会稿缀合 ………………………… 191
四柱式诸色入破历算会牒的解剖
　　——诸色入破历算会稿残卷复原的基础研究 ……………… 224

1

《癸卯年(943)正月一日已后净土寺直岁广进手下诸色
入破历算会稿》残卷缀合 ………………………… 244

敦煌社会政治
敦煌四件唐写本姓望氏族谱(?)残卷研究 ………………… 265
敦煌唐写本天下姓望氏族谱残卷的若干问题 ……………… 320
曹仁贵节度沙州归义军始末 ……………………………… 343
敦煌写本中释教大藏经目录与有关文书 ………………… 354
敦煌研究拾遗补缺二则 …………………………………… 379

敦煌与吐鲁番文书
从敦煌吐鲁番资料看唐代均田令的实施程度 ……………… 391
唐五代时期的高利贷
　　——以吐鲁番敦煌出土的借贷文书为中心 …………… 426
关于唐代租佃制的若干问题
　　——以吐鲁番敦煌租佃契为中心 ……………………… 477
关于吐鲁番文书中的唐代永业田退田问题 ………………… 512

唐史研究及其他

唐代社会经济制度
唐代的资课 ………………………………………………… 537
唐代前期的杂徭 …………………………………………… 554
唐代均田制的性质
　　——唐代前期封建土地所有制的形式 ………………… 564
唐代前期的户等与租庸调的关系 ………………………… 609

唐代前期的临时别差科问题的提出 ……………………………… 632
唐代课户、课口诸比例释疑 ……………………………………… 647
房山石经题记中的唐代社邑 ……………………………………… 658
均田制的实质 ……………………………………………………… 704

农业、科技等

唐代水车的使用与推广 …………………………………………… 723
唐代茶业 …………………………………………………………… 730
邸报：世界上最早的报纸 ………………………………………… 747
试论唐朝茶树栽培技术及其影响 ………………………………… 749
《古代长江中游的经济开发》一书介绍 ………………………… 757

军政

唐代前期的兵募 …………………………………………………… 761
李世民是杰出的军事家吗？ ……………………………………… 782

我的"敦煌学"经历
———《敦煌社会经济文献真迹释录》编辑回忆（代后记）……… 800

论著目录 …………………………………………………………… 814

学 术 简 历

唐耕耦(1927—2017),江苏省南江县人(今属上海市浦东新区)。1950年上海市第一师范毕业。同年8月上海市新教育学院结业,分配至上海市新市区(今属上海市黄埔区)工作,先后担任工农业余学校教员、校长,区人民政府文教科人事科员,中共新市区委统战部秘书、新市区委秘书。1956—1961年北京大学历史系本科学生,1961年—1964秋山东大学历史系隋唐研究生。1965年5月—1983年3月在中国历史研究所(今属中国社会科学院中国历史研究院古代史研究所)从事研究工作。1983年3月5日调入中国国家图书馆善本部敦煌吐鲁番资料中心,任副研究馆员,1989年评为研究馆员(1990年批准),同年退休。

唐耕耦先生

敦 煌 学

西魏敦煌计账文书以及若干有关问题

日本学者山本达郎以《敦煌发见记账样文书残卷》[①]为题,对斯坦因从我国敦煌劫走的斯0613号汉文文书,进行了考释研究。这件文书由十七个片段组成,原来是件完整的文书,被剪开分割后,重新糊贴。在它的背面,抄写了佛经。经过剪贴,文件损坏残缺了,原来的顺序也被搅乱颠倒。由于山本教授的研究复原,使它所记载的内容清楚地显示在我们面前。就笔者所知,到现在为止,这是有关北朝均田税役制度唯一的出土文献,极为宝贵。现根据山本先生的研究,将全文复原过录于后,并参考山本达郎等的研究,就若干问题做扼要叙述,发表个人的一点意见。

一、文书的全文[②]

(一) A种文书　第一联

原文书:

十二

1　户主刘文成　　己丑生　年叁拾究　荡寇将军　课户上
2　妻任舍女　　　甲午生　年叁拾肆　台资妻
3　息男子可　　　乙卯生　年拾叁　　中男
4　息男子义　　　丁巳生　年拾壹　　中男

	┌四口男 ┌口二中年十三巳下
	┌五口不税─┤ └口二小年七巳下
	│ └口一小女年五
5	凡口七不课─┤
	│ ┌一丁男
	└口二合资榷税令课─┤
	└一丁妻
6	息女黄口　　水亥生　　年伍　　小女
7	息男子侯生　辛酉生　　年柒　　小男
8	息男黄口　　甲子生　　年肆　　小男
9	计布一匹
10	计麻二斤
11	┌二石五斗输租
12	计租四石─┤
13	└一石五斗折输草三围
14	┌一丁男
15	计受田口二─┤
16	└一丁妻
	┌十五亩麻
18	┌卅六亩已受─┤廿亩正
19	应受田六十六亩─┤ └一亩园二分未足
20	└卅亩未受
21	一段十亩麻　舍西二步　东至舍　西北至渠　南至白丑奴
22	一段廿亩正　舍东二步　冬至侯老生　西至舍　南北至渠
23	（右件二段户主文成分麻正足）
(24)	（一段五亩麻）（四至）

十三

1	右件一段妻舍女分　麻足　正未受

2　一段一亩居住园宅

3　户主侯老生水酉生年伍拾伍　白丁　课户上

4　妻叩延腊＝③丙子生年伍拾两　丁妻

5　息男阿显丁未生年两拾壹

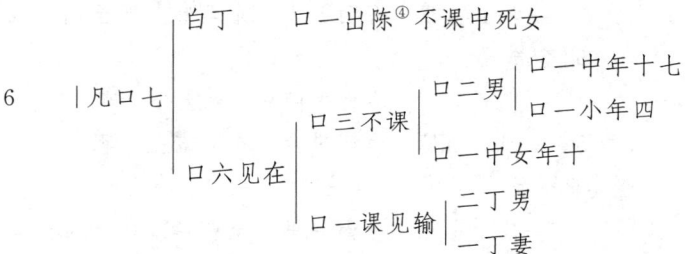

7　息男显祖辛亥生年拾柒　中男

8　息女显亲乙卯生年拾叁　死

9　息女胡女戊午生年拾　中女

10　息男恩＝甲子生年肆　小男

11　牛一头黑特大

12　计布一匹二丈

13　计麻三斤

14　　　　　　　　　　　｜三石七斗五升租
15　　　　　　　计租六石｜
16　　　　　　　　　　　｜二石二斗五升输草四围半

17　　　　　　　　　　　｜二丁男
18　　　　　　　计受田口三｜
19　　　　　　　　　　　｜一丁妻

20　　　　　　　　　　　　　　　　廿五亩麻

(21)　　　　　　(六十四亩已受)　　　　(卅八亩正)

(22)应受田一倾　　　　　　　(一亩园)(三分未足)

5

十四

1　　　　　　　　　卅亩未受

2　一段十亩麻　舍南一步　东至曹匹智拔　西至侯老生　南至桉　北至渠

3　一段廿亩正　舍西五步　东至麻　西至刘文成　南至元兴　北至道

4　　　　　　　右件二段户主老生分　麻正足

5　一段五亩麻　舍西卅步　东至老生　西至文成　南至老生　北至渠

6　一段十亩正　舍南一里　东至曹鸟地拔　西至文成　南至圻　北至老生

7　　　　　　　右件二段妻腊＝分　麻正足

8　一段十亩麻　舍西一步　东至舍　西至渠　南至阿各孤　北至曹羊仁

9　一段八亩正　舍南十步　东至渠　西至丰虎　南史敬香　北至渠

10　　　　　　右件二段息阿显分　麻足　正少十二亩

11　一段一亩居住园宅

12　户主其天婆罗门⑤戊辰六十　白丁　课户上

13　妻白丑女辛巳生年四十七　丁妻

14　息男归安水丑生年十五　中男

15　凡口六 ｜ 口一出除不课中女年十三死
　　　　　｜ 口三不课 ｜ 口二男 ｜ 口一中年十五
　　　　　　　　　　　　　　　｜ 口一小年九
　　　　　｜ 口五见在　　　　　｜ 口一中女年十
　　　　　｜ 口二课见输 ｜ 一丁男
　　　　　　　　　　　　｜ 一丁妻

16	息女愿英戊午生年拾　中女		
17	息男回安己未生年究　小男		
18	（　　　　　年拾叁　　中女死）		

（可能连接）

十七　1　　　　牛两头特大
　　　2　　　　　　　　　　　｜一匹良
　　　3　　　　计布一匹四尺　｜
　　　4　　　　　　　　　　　｜四尺半
　　　5　　　　计麻二斤
　　　6　　　　　　　　　　　　　　　　｜二石五斗良
　　　7　　　　　　　　｜二石八斗输租｜
　　　8　　　　计租四石三斗　　　　　｜三斗牛
　　　9　　　　　　　　｜一石五斗折输草三围
　　　10　　　　　　　　　　　｜一丁男
　　　11　　　计受田口二
　　　12　　　　　　　　　　　｜一丁妻
　　　13　　　　　　　　　　　　　｜十五亩麻
　　　14　　　　　　｜七十一亩已受　｜五十五亩正　三分未足
　　　15　应受田八十六亩　　　　　　｜一亩园
　　　16　　　　　　｜十五亩未受

（后缺）

（二）A种文书　第二联
　　（前缺）
　　　　　　（一段十亩麻）（四至）
原文书　1　　一段十五亩正　舍东北一步　东北至渠　西至道

7

南至舍
　八　2　　　　　　　　　　右件二段第永业分　麻足　正少五亩
　　　3　一段一亩　　居住园宅
　　　4　户主叩延天富壬申年生年叁拾陆　白丁　客户中
　　　5　母白乙升水亥生年陆拾伍　死
　　　6　妻刘吐归丁酉生年叁拾壹　丁妻
　　　7　息男黄口甲子生年肆　黄男
　　　9　计布一匹
　　　　　　　　　｜口一出除不课老女死
　　10　凡口五｜　　　　　　　　　｜口一小男年四
　　　　　　　　　｜口二不课｜
　　　　　　　　　　　　　　　　｜口一黄年二
　　　　　　　　　｜口四见在｜
　　　　　　　　　　　　　　　　　　　　｜一丁男
　　　　　　　　　　　　　　　｜口二课见输｜
　　　　　　　　　　　　　　　　　　　　｜一丁妻
　　11　计麻二斤
　　　　　　　　　　　｜二石输租
　　13　计租三石五斗｜
　　　　　　　　　　　｜一石五斗折输草三围
　　15　　　　　　　｜一丁男
　　16　计受田口二｜
　　17　　　　　　　｜一丁妻
　　　　　　　　　　　　　　　　　　　　｜十五亩麻
　　19　　　　　　　　　　　｜廿六亩已受｜十亩正
　　20　　　　应受田册六亩｜　　　　　　　｜一亩园　二分未足
　　21　　　　　　　　　　　（廿亩未受）

　九
　　　1　（一段十亩麻）（四至）
　　　2　一段十亩正　舍东二步　东至匹至拔　西至舍　南至渠

北至渠

3　　　　　　右件二段户主天富分　麻足　正少十亩

4　一段五亩麻　舍西廿步　东至天富　西至渠　南至鸟拔地　北至渠

5　　　　　　右件一段妻吐归分　麻足　正未受

6　一亩一段　居住园宅

7　户主王皮乱己巳生年伍拾究　白丁　课户中

8　妻那雷处姬辛卯生叁拾柒　丁妻

9　息女＝亲辛丑生年两拾柒　中女出嫁受昌郡民泣凌申安

10　息女丑婢丙辰生年拾两　中女出嫁效縈县斛斯巳奴党王奴子

11　息男买　丁巳生年拾壹　中男

12　息女子休　己未生年究　小女

13　凡口六 ｜口二出除不课中女年廿七已下出嫁
　　　　　｜口四见在 ｜口二不课 ｜口一中男年十一
　　　　　　　　　　　　　　　｜口一小女年九
　　　　　　　　　　｜口二课见输 ｜一丁男
　　　　　　　　　　　　　　　　｜一丁妻

14　（计布一匹）

十

1　（计麻二斤）

2　　　　　　　　　　｜二石输租

3　　　计受⑥租三石五斗

4　　　　　　　　　　｜一石五斗折输草三围

5　　　　　　　　　｜一丁男

6　　　计受田口二

7　　　　　　　　　｜一丁妻

8　　　　　　　　　　　　　　｜十五亩麻
9　　　　　　　　｜廿二⑦7亩已受｜七亩正
10　应受田册六亩　　　　　　｜一亩园　二分未足
11　　　　　　　　｜廿三亩未受
12　一段十亩麻　舍东二步　东至安周　西至舍　南至渠　北至元兴
13　一段七亩正　舍西三步　东至舍　西至元兴　南至渠　北至元兴
14　　　　　　　　右件二段户主皮乱分　麻足正少十亩⑧
15　一段五亩麻　舍西一里　东至步胡朱　西至乙升　南至婆罗门　北至丰虎
16　　　　　　　　右件一段妻处姬分　麻足　正未受
17　一段一亩　居住园宅
18　户主白丑奴丁亥生年肆拾壹　白丁　课户中
19　母乔阿女任寅生年捌拾陆　老妻
20　妻张丑女丙申生年叁拾两　丁妻
21　息男显受庚戌生年拾捌　白丁　进丁

	（　　　　年拾两　中女）	（口二中男年十二已下）
十一1	息男阿庆丙辰生年拾两　中男	口十不课	口一老年八十六
2	息男案庆丁巳生年拾壹　中男	口八女	口二中年十二已下
			口四小年八已下
			口一黄年二
3	凡口十五		
4	息女未案壬戌生年陆　小女		
5	息女未丑戌年生年拾　中女	口五课见输	三丁男
			二丁妻

10

6　息女晕庚申生年捌　　　小女
7　弟武兴壬寅生年叁拾陆　　　白丁
8　兴妻房英英己亥生年两拾究　　　丁妻
9　兴息女阿晕甲子生年肆　　　小女
10　兴息女男英甲子生年肆　　　小女
11　兴息女续男乙丑生年两　　　黄女上
12　　　　计布二匹二丈
13　　　　计麻五斤
14　　　　　｜五石输租
15　计租八石七斗五升｜
16　　　　　｜三石七斗五升折输草七围半
17　　　　｜三丁男
18　计受田口五｜
19　　　　｜二丁妻
20　　　　　　　　卅亩麻

(三) A种文书断片一
(前缺)原文书

十六　　　(户主　　　　白丁　课户上)
　　　　　(妻　　　　　丁妻　　　)
　1　息男众僧乙卯生年拾叁　　实年十八
　2　息男神和甲子生年肆　　　小男
　3　婢来花己未生年究　　　实年十八进丁
　4　息男黄口甲子生年两　　　黄男上

```
                         ┌口二不课   ┌口一小男年四
                         │          └口一小男年二
5            凡口六       │         ┌二丁男
                         │  ┌三口良─┤
                         └口四课见─┤    └一丁妻
                                   └口一贱丁婢

6                              ┌一匹二丈良
7            计布一匹三丈      │
8                              └一丈贱

9                              ┌三斤良
10           计麻三斤八两      │
11                             └八两贱

12                                        ┌三石七斗五升良
13                             ┌四石二斗租┤
14           计租六石四斗五升  ┤          └四斗五升贱
15                             └二石二斗五升折输草四围半

16                                    ┌二丁男
17                             ┌口三良┤
18           计受田口四        ┤      └一丁妻
19                             └口一贱丁婢

20                                       ┌卅亩麻
21                             ┌(册)一亩已受─十亩正
22           应受田九十一亩    ┤          └一亩园二分未足
                               └(五十亩未受)
```

（四）A种文书断片二
（前缺）

原文书：
一
　　1　　　　　　　　五十亩（未受）
　　2　一段十亩麻　舍西五步　东至舍　西至渠　南至广世　北至阿奴孤
　　3　　　　　　　右件一段户主广世分　麻田足　正未受
　　4　一段五亩　舍北十五步　东至道　西至渠　南至广世　北至和双驹

（四）B种文书
（前缺）
原文书：
七
　　1　口（册）一　女　年　一　已　上
　　2　口一老寡妻年六十六
　　3　口五寡妻年六十四已下
　　4　口二　贱　小　婢　年　九
　　5　　　　　　　　　｜口五十三旧
　　6　口五十八课见输｜
　　7　　　　　　　　　｜口五新
　　8　　　　　　　｜口卅一旧
　　9　口卅二男｜
　　10　　　　　　｜口一新
　　11　　　口　六　上
　　12　　　口　十　六　中
　　13　　　口　十　下

13

14　　　　　　│口廿二旧

15　　口两拾伍妻妾

16　　　　　　│口三新

17　　　　口　三　　上

　　　　18　　　（口　十　三　中）

六

1　　　　口　九　　下

2　　　　口　一　贱　婢　新

3　牛　陆　头

4　　　四头受田课

5　　　二头未受田不课

6　　都合调布叁拾叁匹叁丈捌尺

7　　　　　　│五匹台资

8　　　　　　│四匹二丈上

9　册⑨三匹二丈良

10　　　　　│十四匹二丈中

11　　　　　│九匹二丈下

12　一　　丈　贱

13　八　　尺　牛

14　都合麻六十七斤八两

　　（15）　　　　　　　十斤台资

四

1　　　　　　　　九斤上

2　　六十七斤良

3　　　　　　　　廿九斤中

4　　　　　　　　十九斤下

5　　八　两　贱

6　都合租捌拾捌斛叁斗

7　　伍拾斛叁斗输租

8　　　　　　　　　｜十石七斗五升上

9　　册九石二斗五升良｜廿九石中

10　　　　　　　　　｜九石五斗下

11　　四　斗　五　升　贱

12　　六　斗　牛

13　叁拾捌石折输草柒拾陆围

14　六石七斗五升折输草十三围半上

15　廿一石七斗五升折输草册⑩三围半中

五

1　(九石五斗折输草十九围下)

2　都合税租二十四斛斛⑪

3　拾　陆　石　伍　斗　输　租

4　　　　　　｜四石五斗不课户上税

5　九石五斗上｜

6　　　　　　｜五石台资口计丁床税

7　　六　　石　　中

8　一石不课户下税租

9　柒斛伍斗折输草拾伍围

10　三石折输草六围上

11　四石五斗折输草九围中

12　都合课丁男叁拾柒人

13　五　人　杂　任　役

14　一　人　猎　师

十五(1)　　　（一人□□）

2　　　（一人防閣）

3　　　二人虞候

4　　　叁拾两人定见

5　　　六丁兵卅人

6　　　乘⑫二人

7　　　都合应受田叁拾叁

8　　　户　　六　　足

9　　　口六男老中小

10　　　牛　一　头

11　　　　　　　　　　　　｜卅亩麻
12　　　右件应受田壹倾壹拾陆亩足｜八十亩正
13　　　　　　　　　　　　｜六亩园

14　　　户　六　三　分　未　足

15　　　　　　　　口十一丁男

16　　　口廿良

17　　　　　　　（口九丁女）

三

1　　　（牛⑬三　头）

2　　　　　　　　　　　　｜一倾卅五亩麻
3　　　　　　｜三倾八十五亩已受｜二倾五十亩正
4　　　右件应受田伍倾　　　　　　　｜六亩园
　　　叁拾壹亩
5　　　　　　｜一倾卅六亩未受

6　　　户　十　三　二　分　未　足

16

7			口十八丁
8		口十九男	
9	口卅五⑭良		口一隆老
10		口十五丁女	
11	口 一 贱 婢		
12	牛 二 头		
13			二倾五十亩麻
14		四倾卅三亩已受	一倾七十亩正
15	右件应受田捌倾肆拾捌亩		十三亩园
16		四倾一十五亩未受	
17	户 七 一 分 未 足		
18		口八丁男	
19	口十四良		
20		口六丁女	
(21)			（　　亩麻）
(22)	（一倾十二亩已受）		（　　亩正）

二 1	右件应受田叁倾叁拾柒亩		七亩园
2			二倾廿五亩未受
3	户 一 无 田		
4	口 一 老 女		
5	右件应受田十五亩元⑮无		

（以下空白）

二、文书的年代、性质和名称，以及 A、B 两种文书的关系

本文书出土地点为敦煌。A 种文书中有中女出嫁受昌郡、中女出嫁效(殷)县记载。受昌郡应是寿昌郡，效榖县应是效谷县，均为敦煌地区的郡县名。毫无疑问，本文书为敦煌地区的文件。

关于本文书的年代，山本达郎先生对照 A 种文书上每一个人的生年干支和年龄，确定本文书写作年代为丁卯年。并根据晋天福十年(945)写本《寿昌县地境》记载，[16]寿昌郡存在于正光六年(525)到保定四年(564)间，断定本文书的丁卯年为西魏大统十三年(547)。这一结论完全正确。

文书的性质和名称，据笔者所知，在日本史学界有三种意见。山本达郎认为 A 种文书为有关户口及均田制下土地税役等的具体记事，B 种文书为它的合计，A、B 两种文书是相互联系的一卷文书，其名称为计账样文书。曾我部静雄在题为《西凉及西魏户籍和我国古代户籍关系》[17]一文中提出不同意见，他认为斯六一三号文书和正仓院中筑前国嶋郡川边里大宝二年户籍及下总国葛饰郡大嶋乡养老五年户籍，都是北魏源流的户籍。而仁井田陞则在《敦煌发现的中国计账和日本计账》[18]一文中，列举年月不详的阿波国计账和神鬼三年(726)山背国爱宕郡云上里计账后，强调指出，无论从和唐制比较，还是从和日本奈良时代计账样式内容比较，斯六一三号文书应该是计账样式或计账文书。他支持山本达郎的意见。西村元祐认为 A 种文书为户籍，B 种文书为计账，两者紧密联系成为一个体系，应名计账户籍文书。[19]

A、B 两种文书的相互联系，也有不同意见。山本达郎认为两者都是按照统一法律规定编造的，而且推断所记的为同一户口集团。对此，

有的日本学者持有保留态度,并指出了A、B两种文书不一致的地方。

笔者认为斯六一三号文书是编造计账时形成的一卷文书。A种文书已不是一般的户籍,它有两部分内容:一为户籍,二为每一户的户口、丁中、土地、税役等项目的统计,为编造B种文书提供材料。B种文书为计账,是以A种文书为基础编造的,是A种文书有关项目分门别类的统计。我赞同山本达郎先生的意见,认为A、B两种文书所记载的很可能是同一户口集团。这一文书总的名称,我也认为应该叫计账。[20]

至于A、B两种文书不一致的地方,我认为可能有两方面的原因,一为统计时的差错和笔误。如A种文书客户上四户,共有六丁男、四丁妻,但在B种文书中只有六丁男、三丁女,少了一丁妻。[21]二为统计时的特定目的。A、B两种文书虽然记载的是同一户口集体,但B种文书的统计有它本身的特定目的,不可能把户籍上的内容统统包括进去。服务于统计的目的,就规定哪些事项应该统计,哪些不统计;哪些统计在这一门类中,哪些统计在另一门类中。因此,A种文书中有些事项,在B种文书上没有统计,同一具体事项在B种文书的这一类合计中有,在另一类合计中没有,出现某些不一致的地方,是很自然的。如刘文成客户,户主文成系荡寇将军,七品散官,[22]从该户应受田额计算,应有受勋田20亩,未受,在B种文书上没有相应记载。究其原因,勋田可能单独统计(如唐代有单独的勋田簿),不在计账上统计。当然由于文书已经残缺,A、B两种文书记载的是否为同一户口集团,学者间会有不同看法。但断定两者有密切关系,且是根据同一法律规定编造的,大致不会有问题。

三、关于均田制及有关问题

(一) 关于应受田额

见于本文书中应受田额为丁男麻田10亩,正田20亩;丁女麻田5

亩,正田 10 亩;丁婢麻田 5 亩,正田 10 亩;牛正田 20 亩。[23]丁奴应受田额,在本文书中虽未见到,但"奴婢依良",应与丁男相同,即麻田 10 亩、正田 20 亩。此外,每户园宅田 1 亩。关于癃老中小户主的应受田额,B 种文书(十五 7—12)记载:

```
       户六足
         ｜口六男隆老中小
         ｜牛    一    头

                           ｜卅亩麻
  右件应受壹倾壹拾陆亩足 ｜八十亩正
                           ｜六亩园
```

上述六户都是癃老中小为户主,没有丁男女,应受田共 116 亩,全部受足,去掉牛一头正田 20 亩、六户园宅田 6 亩,还剩麻田 30 亩,正田 60 亩,则癃老中小户主每人应受田为麻亩 5 亩,正田 10 亩。

为清晰起见,制应受田额表于下:

田种类\应受田额\受田对象	丁男	丁女	丁婢	丁奴	癃老中小为户主	牛
麻田	10 亩	5 亩	5 亩	10 亩	5 亩	
正田	10 亩	10 亩	10 亩	20 亩	10 亩	20 亩

上述麻田和正田,相当于桑田和露田。麻田为世业田,身终不还,恒从见口。正田为还受之田,民年及课则受田,老免及身没则还田。《魏书》卷 110《食货志》:

诸麻布之土,男夫及课,别给麻田十亩,妇人五亩。奴婢依良。皆从还受之法。

依据上述记载,国内外史学界普遍认为北魏的麻田为还受之田。笔者有不同看法。第一,北魏均田令还有这样一条:"诸土狭之处,有进丁受田而不乐迁者,则以其家桑田为正田分;又不足家内人别减分。无桑之乡,准此为法。"㉔这里明确规定在狭乡地区可以将世业的桑田充抵应受的正田,即露田。而无桑之乡,准此为法,就是说麻布之乡也可用世业田充抵应受的露田。可见麻布之土的麻田,应该是世业的。第二,均田令中应受田额分为种桑和麻布的之土两类地区。当时北魏境内,种桑养蚕产丝绢的近十九个州,种麻生产麻布的约十八个州以上。㉕种桑地区,除了授给还受的露田,还有世业的桑田;如果麻田为还受之田,麻布之土就没有世业田;而十八个州以上地区的均田农民,只有还受之田,而无世业田?这个问题,很难解释。第三,麻布之土给麻田,此外给不给,给什么田,给多少,都未做交代。第四,还受之田和还受之限,一字之差,含义不同,被许多人忽视了。属于还受之限的土地是要还受的。但还受之法的含义比还受之限宽广得多。桑田、露田如何授给,授多少,何者为世业之田,何者为还受之田等规定,都包括在还受法之内。因此,由"皆从还受之法"一句看,诸麻布之土这一条,其中应该有世业田和还受之田两种所有制性质不同的土地。但现存条文只有麻田一种,可见中间必有脱漏。从太和九年均田诏文次序看,给麻田紧接在桑田之后,相对于桑田而言。桑田应为世业田,脱漏的是相当于露田的正田。正田的应受额数,种桑地区男夫给桑田 20 亩;露田 40 亩,两者为一比二,麻布之土男丁麻田十亩,则正田为 20 亩;妇人麻田 5 亩,则正田 10 亩。与斯六一三号文书所载西魏敦煌地区民丁应受田额正好一致。《魏书·食货志》：

> 诸有举户老小癃残无授田者，年十一以上及癃者各授予半夫田。

所谓授以半夫田，在麻布之土，为麻布 5 亩，正田 10 亩，斯六一三号文书癃老中小为户主者应受田额与此相同。

根据以上叙述，西魏敦煌地区应受田额的规定，可能是沿袭了北魏的均田令。

（二）已授田情况

应受田额规定已如上述。如一户以一男丁一丁妻计算，应受额为 36 亩，标准是不高的。但通观 A、B 两种文书，有丁男丁女的户，已受田都是不足的。从已受田占应受额比率来看，B 种文书上 33 户，除一户老女无田外，32 户应受田 1832 亩，已受田 1046 亩，已受占应受额的 57%。园宅田、麻田、正田分别计算，对照 A、B 两种文书，园宅田 32 户全部已受。麻田、正田，由于文书残缺，只能以 B 种文书 33 户中有受田丁而又记载清楚的十九户来分析。十九户麻田，应受共为 420 亩，已受共为 385 亩，已受占应受额的比率为 91.6%；正田应受 880 亩，已受 420 亩，已受占应受额比率为 47.7%。麻田的授给率远远高于正田。

从本文书的记载，我们还可以看到登记已受田时，先后的次序和计算已受田的方法是有一定规则的。

第一，先麻田后正田。在受田不足情况下，首先满足各户应受麻田额，然后是正田。A 种文书刘文成、侯老生、叩延天富、王皮乱等四户和其天婆罗门户，尽管已受田都达不到应受额，但麻田都是足的，不足的都是正田。从文书上如下两段的文字来看："右件一段，户主广世分，麻田足，正未受。""一件两段，弟永业分，麻足，正少五亩。"情况也是如此。这说明登记受田时的原则为先麻后田？我们知道，均田农户保有一定量的土地是为政府提供赋税力役必不可少的前提条件，没有可资耕作的土地，单靠强制手段控制住均田农民，强迫他们提供赋税和无偿劳役是不可能的。而麻田是世业田，身终不还，恒从见口，在土地不足时，首先满足世业田，有利于使均田农户在比较长的时期保有一定量的土地。这样，可使均田农户附着于土地上，便于政府控制和剥削。受田时先世业后还受之田这个原则，一直继续到唐代。

第二，首先满足该户麻田后，授正田时，先丁夫后丁妻，先父母后子息。如A种文书刘文成户，户主刘文成正田20亩足，其妻正田十亩全部未受；叩延天富户，天富受正田十亩，王皮乱户，皮乱受正田七亩，但这两户的丁妻正田也全部未受。这说明授正田时的原则为先丁夫后丁妻。受正田时，还存在先父母后子息的原则。如侯老生户，户主侯老生及其妻的正田都已受足，而其子阿显正田少十二亩，就是一个例证。

封建社会是等级制社会。家庭关系上，户主和家庭成员之间，丈夫和妻子，父母和子女，地位是不平等的，一户之内受田次序，先丈夫后丁妻，先父母后子息，正是家庭内部成员间地位的不平等关系在占有土地方面的反映。

第三，扩大受田丁面。在受田不足情况下，如一户内有几口受田丁时，计算已受田要尽量扩大受田丁面，使每一受田丁都有一点土地。如叩延天富户，受田口为一丁男一丁妻，已受田共26亩，除去园宅田一亩，尚存25亩，全部算成户主天富分，尚少五亩。但户籍上，这25亩已受田分成天富和其妻刘吐归二人所受。白丑奴户的例子尤为明显。该户计受田口为三丁男、二丁女，应受麻田为40亩，但已受麻田30亩尚少10亩。为什么少十亩呢？从户籍上看，该户原有受田口为二丁男二丁妻，应受麻田30亩和已受麻田数一致。大统十三年造籍，阿显年满十八,进丁,应该受田,应受麻田也相应地增加 10 亩。但政府并不授给,就把四丁原有的已受麻田 30 亩,分为三丁男二丁女的已受麻田,阿显也算受了麻田,成了受田丁。多了一个受田丁,实际上该户已受麻田并未增加,因此,少了 10 亩。

《魏书》卷 110《食货志》:

> 诸地狭之处,有进丁受田而不乐迁者,则以其家桑田为正田分,又不足不给倍田,又不足家内人别减分。无桑之乡,准此为法。

"又不足家内人别减分",就是说在土地不足,有进丁应受田而无田可授时,就从家内受田口已受田的亩数中分别减少若干亩,给进丁受田者,算是已受田,实际上政府并未授给。白丑奴户阿显的受田就是袭用这一条文的规定办理的。土地实际上并没有授给,但成了受田丁,就应该负担租调力役。授田的虚假性由此可见。封建政府这样办的目的,是为了扩大受田丁面,让均田户提供更多的租调力役。可以说,均田制的实质就在于控制劳动人手,提高剥削量。

第四,就近授田。从 A 种文书记载看,已受田位置一般在舍东、舍西、舍南、舍北若干步,最远的与宅舍相距也只有一里。已受田大多在宅舍附近,符合北魏均田令"进丁受田者恒从所近"的原则。这样,便于耕作,有利生产。但出土的唐代敦煌户籍上已受田位置,一般在城东、城西、城南、城北若干里,和本文书所记西魏已受田位置不同。这种变化,一是因为标明土地坐落位置的方法有所不同。再则跟人口的多寡有关,唐代敦煌地区的农业人口较西魏北周时多,因此,有的受田地段,只能在较远的地方。还有西魏和唐代已受田位置不同,反映了均田户住处的不同。同为敦煌地区,斯六一三号文书上西魏均田户住处在乡下,土地就在宅舍附近。唐代户籍上的均田户,大概有的住处在城内,土地在城外。因此，均田户的土地位置写成城东、西、南、北各方若干里，甚至如唐天宝六载户籍残卷㉜同一户的土地，竟分别坐落在城西十里、城北三十里和城西十里、城东三十里。㉝

（三）户等、丁中和税役

关于户等，本文书分为上、中、下三等。划分户等的主要依据是受田率的高下，土地的多寡。

关于丁中，通观 A 种文书上的记载，三岁以下为黄，四至九岁为小，十至十七为中，十八至六十四为丁，六十五以上为老。与北魏相比，最主要的一点为成丁年龄由十五岁提高到十八岁。

关于税役，从 B 种文书上看，可以分为课户，台资、不课户三种，负担各不相同。

课户的负担有调布麻和租，男丁和女丁负担相同。租，按户等的不同而有重轻之分。上等户一丁二石。其中一石二斗五升输租，七斗五升折输草一围半，输租和折输的比率为三比五。中等户一丁一石七斗五升。其中输租一石，折输草七斗五升，输租和折输的比率为三比四。下等户一石，全部输租。此外，一丁婢，租四斗五升；牛一头，租一斗五升。调不分户等，一律一丁布二丈、麻一斤；一丁婢布一丈、麻八两。《魏书·食货志》：

> 其民调，一夫一妇帛一匹，粟二石。民年十五以上未娶者，四人出一夫一妇之调；奴任耕、婢任绩者，八口当未娶者四；耕牛二十头当奴婢八。其麻布之乡，一夫一妇布一匹，下至牛，以此为降。㉞

据此计算，已婚的一丁布二丈，未娶者一丁布一丈，一丁奴五尺，牛一头二尺。西魏和北魏不同之处，即取消了对未娶者减半征调。课和受田密切联系，"诸民年及课则受田，老免及身没则还田"。调布麻

25

和租以及力役负担是建立在授田基础之上的。在土地不足，无田可授的情况之下，进丁授田时名曰受田，其实并没有得到土地，但却要负担调布麻租和力役，这时课和受田的联系实际上中断了。没有土地，如何负担得起租调力役呢？均田户只有被迫逃亡，或者丁口以诈老诈小方式逃避税役负担。如 A 种文书断片（一），有两口实年都为十八，但年龄虚报为十三和九。北魏对均田农民未娶者减半征调办法，促使在课和受田的联系中断后所产生的矛盾大大激化了。我们以 A 种文书叩延天富户为例，该户已受田 26 亩，还达不到一丁应受田额。按照北魏的征调办法，如果天富是个未娶者，租调只须负担一丁的二分之一；当天富娶妻了，就要负担二丁（丁夫、丁妻）的调，一下子增加了三倍。土地呢，仍为二十六亩，一亩也没有增加。这太不合理了。《隋书·食货志》载："旧制，未娶者输半床租调，阳翟一郡，户至数万，籍多无妻。"封建社会的小农家庭，是以一夫一妻为核心组成的。男大当婚，不仅是生理和宗族繁衍的需要，也是维持家庭生活不可缺少的条件。一夫一妻的家庭，男耕女织，才有可能维持家庭生活的自给自足，才有可能为政府提供租调力役。籍多无妻，一方面说明受田不足和不合理的征调办法造成的后果十分严重，均田农民已到了不能维持简单再生产的地步，被迫用所谓无妻来反抗封建政府加重剥削；另一方面是由于地方官吏以此为名，欺骗朝廷，上下其手，从中贪污中饱。上引《隋书》虽然指的是高齐统治的山东地区情况，但显然是北魏以来的弊病，关中地区类似情况也不会少。因此，西魏才取消了对未娶者减半征调的规定。

课户的男丁，除了缴纳调布麻和租，还要每年服二个月役。B 种文书记载：

　　都合课丁男叁拾柒人

五人杂任役

　　一人猎师

　　一人□□

　　一人防阁

　　二人虞候

　　叁拾两人定见

　　六丁兵卅人

　　乘　二　人

　　上述课男丁37人,内有32定见,即课见输32男(B七6—9)。其中30人为六丁兵。所谓六丁兵,史载:"保定元年(561)三月丙寅,改八丁兵为十二丁兵,率岁一月役。"㉟北周的力役,在保定元年以前为八丁兵,保定元年以后为十二丁兵。大象元年(579)二月,"发山东诸州兵,增一月功为四十五日役,起洛阳宫"。㊱由于临时需要,山东地区的力役,一度又从一年三十日役,改为四十五日。隋文帝开皇初,"迁都,发山东丁,毁造宫室。仍依周制,役丁为十二番,匠则六番"。开皇三年(583),"初令军人以二十一成丁。减十二番每岁为二十日役,减调绢一匹为二丈"。㊲开皇十二年(592),"河北、河东今年田租三分减一,兵减半功,调全免"。㊳综合这些记载,可以得知西魏的六丁兵与八丁兵、十二丁兵属于同一形式,性质相似。六丁兵即六番,也就是六丁为一组,轮番服役,一年一丁二个月。西魏时的六丁兵,类似民兵性质。当时兵和役没有严格区分。平时为政府提供力役,从事土木工程等劳动,一旦战事需要,一人应征上前线,五人留守地方,依次轮流。西魏的六丁兵,后来改为八丁兵。八丁兵即八番,八人一组轮番服役,一人一年45天。保定元年八丁兵又改为十二丁兵,即十二番,一人一年服役30日。隋文帝开皇三年,又减为一人一年服役二十天。六丁兵的性质及其演变,大致如此。关于六丁兵始于何时,从什么时候改为八丁兵,史籍没有明确记载。在宇文泰未成立府兵以前,西魏的兵力,在三万人左右。⑨单靠这支亲军,是无法既与东魏高欢政权相抗,又维持后方守卫的。因此很需要依靠民兵性质的六丁兵。六丁兵的施行,大概始于西魏大统初年。⑩大统十六年(550),宇文泰立府兵制,主力部队扩大,一方面六丁兵的战斗守卫任务相对减轻,另一方面,由于许多壮丁参加了主力部队,生产方面的劳动力显得紧张,大约就在此时,六丁兵改为八丁兵。

关于台资户的负担:台资相当于唐代户籍上职资。台资户的负担,据 B 种文书记载,调布五匹台资、麻十斤台资;税租部分有五台资口计丁床税。即台资户一丁(丁男或丁女)调布二丈,麻一斤,与一般民户课口负担相同,税租一丁床一石,比一般民户课口一丁租二石轻减四分之三。役,前引都合课丁男叁拾柒人,其中五人杂任役(一人猎师、一人□□、一人防阁、二人虞候),即台资五丁男的役。台资课丁男免除一般民户课丁男的役,而服杂任役,如猎师、防阁、虞候等。杂任役一年多少天,缺乏记载。A 种文书刘文成户,户主刘文成身份为荡寇将军、七品散官,也是台资户,应该与 B 种文书上台资同样免除一般民户课丁男的役,而服杂任役,可以得到纳税租(比租轻)的优待,那不服杂是否任役就取消这种优待呢?大概杂任役的天数比六丁兵一年二个月还要多;或者,天数相同,但由于猎师等需要特殊技能,因此在税租负担方面比普通课户的租为轻。

关于不课户的负担:不课户纳税租,税额多少,我们找不到直接记载,只能从 B 种文书有关部分进行推算。B 种文书记载:

　　都 合 税 租 两 拾 肆 斛 斛
　　拾 陆 石 伍 斗 输 租

九石五斗上｜四石五斗不课户上税
　　　　　｜五石台资口计丁床税

六　　石　　中㊶

一石不课户下税租

柒斛伍斗折输草拾伍围

三石折输草六围　　　　上

四石五斗折输草九围　　　中

税租二十四斛，除去五石台资，不课户税租共十九石。㊷加以归纳，上、中、下三等分别为：

不课户上七石五斗｜四石五斗输租
　　　　　　　　｜三石折输草

不课户中十石五斗｜六石中输租
　　　　　　　　｜四石五斗折输草

不课下一石　　税租

知道了上述数量，还须知道不课户共几户和上、中、下分别为几户，才可得知一户的税租。B种文书应受田部分记载：

都合应受田户叁拾叁

户　　六　　足

口六男癃老中小

这六户均系癃老中小为户主，没有课丁，都是不课户。再下面有户十三二分未足，其中一户亦系癃老为户主的不课户。最后有户一无田，口一老女,自然也是不课户。叁拾叁户中共有不课户八户。北魏规定,"孤独癃老笃疾贫穷不能自存者,三长内迭养食之"。⑬以上八户不课户内最后一户仅一老女,全无土地,自己无法维持生活,衣食尚需三长之内轮流供给,根本谈不到纳税租。因此,不课户八户纳税租的应为七户。这七户包括上、中、下三等。税租部分记载,不课户下一石输租,可知不课户下为一户,则不课户上和中共为六户。要算出这六户中几户为上等、几户为中等,没有其他办法,只好进行科学推理。六户内上和中比例有三种可能,即一比五、二比四、三比三。联系不课户上等和中等的税租记载,唯一合理的比率为二比四,即上等二户、中等四户。这样,不课户上、中、下三等每一户税租分别为:

不课户上税租三石七斗五升 | 二石二斗五升输租
　　　　　　　　　　　　 | 一石五斗折输草

不课户中税租二石六斗二升五合 | 一石五斗输租
　　　　　　　　　　　　　　 | 一石一斗二升五合折输草

不课户下一石输租

综合以上叙述,制课户、台资户、不课户税役负担情况表于本文之末,供读者参考。

西魏的税役,联系受田额来观察,无论课户、台资户、不课户(没有课丁的),负担都很沉重的。

均田制从北魏到唐中叶,前后近三百年,经历了发生、发展、弛止的过程。西魏作为均田制发展过程中的一个阶段,有着承前启后的作用。大统十三年敦煌计账文书,不仅使我们了解了西魏的均田制及其相关的税役制度等许多问题,而且大有助于我们缜密地研究均田制及其相关制度,从内容到形式如何逐步发展、变化,以及为什么会发生变化。

本文限于篇幅,许多问题没有涉及,有些问题涉及了也没有展开,留待以后再谈。

课　户	台资户	不课户
调布一丁男女各二丈,麻一丁男女各一斤	调布麻同课户	无
租: 上等户一丁男女各二石 中等户一丁男女各一石七斗五升 下等户一丁男女各一石	税租: 不分户等,一丁床一石即一丁五斗	税租: 上等户三石七斗五升 中等户二石六斗二升五合 下等户一石
力役: 男丁一年二个月	杂任役: 男丁担任,一年天数可能超过课户男丁的天数	无

本文最早发表于《文史》第九辑,中华书局。投稿时曾将(日)山本达郎教授的论文一并交《文史》编辑吴树平先生,供审稿用。

(《文史》第九辑,1980年;《敦煌吐鲁番文书研究》,甘肃人民出版社1984年版)

注释:

① 《东洋学报》第37卷第2、3号。
② 本书原系直行从右向左书写,这次过录,适应印刷条件,改为横行从左向右。文书全文文字以山本达郎先生过录的文字为基础,用北京图书馆所藏照片进行了校对,并参考了西村元祐先生和池田温先生的文章(见西村元祐《中国经济史研究·均田制度篇》;池田温《中国古代籍帐集录》),以及中国科学院历史研究所资料室编的《敦煌资料》第一辑。本文书共由十七个断片组

成。山本达郎在研究时用一至十七顺次作了编号,又在每一断片的各行上面顺次标上阿拉伯数字。本文书从形式和内容看分为两个部分,山本达郎用A、B来表示。上录文书上的编号袭用了山本的编号,稍有变动。

③ 腊＝即腊腊,其下还有恩＝即恩恩、女＝即女女。

④ 出陈,为出除之误。

⑤ 其天婆罗门,原为其天婆门罗。

⑥ 受,衍文。

⑦ 廿二,应为廿三。

⑧ 正少十亩,应为正少十三亩。

⑨ 卅,应为卌。

⑩ 卅字,刚好在纸缝旁边,山本、西村、历史研究所资料室均作为卌,误;池田温作册为是。

⑪ 斛斛,衍一斛字。

⑫ 乘,池田温作乘(剩),山本作乘(?),历史研究所资料室作亲。

⑬ 牛三头,此据池田温;西村元祐作牛一头,从应受田计算,牛三头为是。

⑭ 卌五,应为卌四。

⑮ 兀,此据池田温;西村元祐作"兀",山本为"九"。从照片上看很似"兀",但不太清楚。

　　B种文书之末,应受田部分有:(1)户六足,(2)户六三分未足,(3)户十三二分未足,(4)户七一分未足,(5)户一无田。山本达郎的解释:(1)足,应受田百分之百充足。(5)无田,应受田完全没有,即百分之零。百分之百和百分之零之间又分为三分:百分之九十九以下,三分之二以上为三分未足;三分之二以下,三分之一以上为二分未足;三分之一以下为一分未足。有人不同意山本达郎的意见,提出:"户六三分"未足等等的"分",就是文书中的"右件一段户主广世分""右件二段户主天富分""右件一段妻吐归分"等等的"分",也就是《魏书·食货志》所说的"不得卖其分""诸一人之分"等等的"分"。"户六三分未足"应解释为"六户之中有三个一人之分未足"。笔者支持山本达郎的假说。但这个问题可继续研究,故把上述两种解释附记于此。

⑯ 《寿昌县地境》,见向达《唐代长安与西域文明》一书《记敦煌石室出晋天福十年写本寿昌县地境》一文。

⑰ 见《法制史研究》七。

⑱ 见《中国法制史》中《土地法》《取引法》部分。

⑲ 见《中国经济史研究·均田制度研究篇》。

⑳ 《周书》卷23《苏绰传》:"绰始制文案程式,朱出墨入,及计账户籍之法。"《资治通鉴》卷157《梁纪》:大同元年(535年),"绰始制文案程式,朱出墨入,及计账户籍之法。"胡三省注:"计账者,具来岁课役之大数,以报度支。户籍,户口之籍。"后人多遵用之。

㉑ 丁女,即丁妻,女子出嫁了才算丁女,未出嫁的即使年已二十七,仍为中女(见A种文书王皮乱户)。

㉒ 《魏书》卷113《官氏志》。

㉓ A种文书上只有侯老生户"牛一头黑特大",应受田为24亩,可能有误。

㉔ 《魏书》卷110《食货志》。

㉕ 《魏书·食货志》:"所调各随其土所出。其司、冀、雍、华、定、相、泰、洛、豫、怀、兖、陕、徐、青、齐、济、南豫、东兖、东徐十九州,贡绵绢及丝;幽、平、并、肆、岐、泾、荆、凉、梁、汾、秦、安、营、幽、夏、光、郢、东秦、司州万年……皆以麻布充税。"

㉖ 116亩+531亩+848亩+337亩=1832亩。

㉗ 116亩+385亩+433亩+112亩=1046亩。

㉘ (10亩×11丁男+5亩×9丁女)+(10亩×18丁男+5亩×1老+5亩×15丁女+5亩×1贱婢)=420亩。

㉙ 135亩+250亩=385亩。

㉚ (20亩×11丁男+10亩×9丁女+20亩×1头牛)+(20亩×18丁男+10亩×1老+10亩×15丁女+10亩×1贱婢)=880亩。

㉛ 250亩+170亩=420亩。

㉜ 见《敦煌资料》第一辑户籍部分。

㉝ 《敦煌资料》第一辑户籍部分所载唐天宝六载敦煌郡敦煌县龙勒乡都乡里户籍残卷徐庭芝户的土地分别坐落在城西十里、城东三十里。

㉞ 未娶者民丁减半征调,调包括帛和粟两项。本文下面着重讲调布,未讲粟。

㉟ 《周书》卷5《武帝纪》。

㊱ 《周书》卷7《宣帝纪》。

㊲ 《隋书》卷24《食货志》。

㊳ 《资治通鉴》卷178《隋纪》。

㊴ 见王仲荦先生《魏晋南北朝隋初唐史》上册,第451页。

㊵ 《北史》卷63《苏绰传》:大统元年,"即拜大行台左丞,参典机密,自是宠遇日隆。绰始制文案程式,朱出墨入及计账户籍之法"。"绰在魏,以国用不足,为征税法,颇称为重。既而叹曰:所调者正如张弓,非平世法也。后之君子,谁能弛乎!"西魏计账上那么沉重的租调和六丁兵,大概始于苏绰拜大行台

左丞之后。当时迫于战争形势,苏绰明知负担重了,也不得不如此。
㊶ 六石中,从文书前后联系来看,是六石不课中税之简略写法。
㊷ 从文书上看,斛、石通用。
㊸《魏书》卷110《食货志》。

吐蕃时期敦煌课麦粟文书介绍

伯希和藏语文书号1008号B、C有汉文课麦粟历文书,共四纸,前后残缺,中间断裂,不相连续。该文书用硬笔书写,计量单位用驮,前后中间写有少量藏文。其时代当属吐蕃占领敦煌时期。残剩四纸共72行,记有四十多人的课麦粟数量。课征比例按粟、罗麦、干麦的不同,分别为百分之二十、百分之二十五、百分之十。例如:"索卖奴,五月十七日,干麦两石,课二斗。粟两石,课四斗。七月廿七日,罗麦七石,干麦八石,课两石五斗。粟两石五斗,课五斗。"干麦两石,课二斗,刚好为百分之十。粟二石,课四斗,则为百分之二十。罗麦七石,干麦八石,共课二石五斗。按干麦八石,课百分之十为八斗,则罗麦七石,课一石七斗,合百分之二十五,少尾数五升。从本件其他几笔看,尾数五升或不算的,或进位为一斗。如果说,这一笔,罗麦课百分之二十五,尚有尾数五升之差,那么,"□朋子,五月十五日,罗麦二石,课五斗",恰为百分之二十五。其他四十多笔,都可用干麦百分之十、罗麦百分之二十五、粟百分之二十计算,而毫无矛盾。由课麦比例,我们还可知干麦一驮等于十斗。如索黑黑,七月十二日,粟一石,干麦一驮,课三斗。即粟一石,课二斗,干麦一驮,课一斗。按干麦课百分之十可见干麦一驮,等于十斗或一石。又八月七日,干麦四驮,课四斗。亦可证明干麦一驮,等十斗。但罗麦一驮,则等于二十斗。如(二)11行,罗麦一驮,课二斗;16行,罗麦一驮，课三斗。同为一驮，一课二斗，一课三斗，一尾数五升不算，一尾数五升进位为斗之故。

斯5822号杨庆界寅年地子历记载：

> 青麦四驮丰九斗，小麦四十驮二斗，粟七驮五斗，床两驮，豆四驮丰五斗，计五十九驮一斗。

按以上青麦、小麦、粟、床、豆相加为五十八驮二十一斗，而小计为五十九驮一斗。十分明显，是二十斗为一驮。同为一驮，干麦为十斗一驮，罗麦为二十斗一驮，青麦、小麦、粟、床、豆亦为二十斗一驮，两者相差一倍。由此告诉我们，在折算一驮为多少时，须视不同情况而定，否则就会出差错。

伯1008号B、C是吐蕃占领敦煌时期具体记载课麦粟数量的文书，对于研究当时的赋役制度是有价值的。国内未见有录文发表，日本菊池英夫等编西域出土汉文文献分类目录初稿，池田温《中国古代籍帐研究》所附诸种文书，亦未见，不知国外其他著作是否已发表。今过录如后，供国人参考。

伯1008号B：

(一)

(前缺)

1　本行仅残剩二字，已看不清
2　课七斗。九月廿四日，粟八石，课〔一石六斗。〕
3　□仓曹，五月二日，罗麦六石、干麦五石，课两石。
4　粟六石，课一石二斗。八月十二日，罗麦十三石，课三石二斗。粟

5 七石,课一石四斗。

6 索卖奴,五月十七日,干麦两石,课二斗。粟两石,课四斗。

7 七月廿七日,罗麦七石,干麦八石,课两石五斗,粟两石。

8 五斗,课五斗。

9 □朋子,五月十日,罗麦两石,课五斗。

10 索再安,五月廿日,干麦一驮,粟五石,课一石一斗。九月二日

11 罗麦六石,干麦六石,课两石一斗。

12 □金刚,六月罗麦两石,干麦三石,课八斗。

13 〔粟四〕

14 石,课八斗。

15 索黑黑,七月十二日,粟壹石,干麦一驮,课三斗。八月七日,罗麦

16 十二石,课三石。干麦四驮,课四斗。

17 □二娘,七月廿五日,罗麦七石,干麦五石,课两石三斗。廿九日,粟

18 两石五斗,课五斗。

19 □咸子,七月汾日,罗麦五石五斗,干麦一石,课一石〔五斗〕。

20 张辛洪,七月廿九日,罗麦十石,课两石五斗。

21 张顺子,八月五日,罗麦两石,课五斗。廿五日,罗麦两石,课五斗。

22 张超进,八月七日,罗麦七石五斗,课一石九斗。

23 氾顺,八月七日,干麦十二石,课一石二斗。

（后缺）

37

（二）

（前缺）

1　□四月（下缺）

2　（上缺）廿（中缺）课七斗五升。八月干麦（下缺）

3　僧法云，四月，罗麦两石，干麦两石，课七斗。粟一驮二斗（下缺）

4　阴君君，四月罗麦三石，干麦五石，课一石三斗五升。八月，罗

5　麦六石，干麦六石，课两石一斗。

6　阴金刚，四月罗麦两石五斗，干麦两石，课八斗。粟

7　两石，课四斗。九月，罗麦六石，干麦六石，课两石一斗。

8　张奴奴，三月罗麦一石二斗，干麦一驮，课四斗。

9　张再荣，四月罗麦两石五斗，课六斗。粟五石，课一石。

10　宋还子，四月罗麦两石五斗，课六斗。

11　□□连，五月罗麦四石，课一石。七月，罗麦一驮，课二斗。

12　九月，罗麦五石，干麦两石，课一石四斗五升。

13　□黑黑，六月罗麦八石，干麦三石，课两石三斗。粟七，课

14　一石四斗。

15　张要要，七月罗麦一石，课二斗。九月，罗麦一石五斗，课四斗。

16　（上缺人名）七月罗麦一驮，课三斗。九月，罗麦一石五斗，干麦

17　两石五斗，课五斗五升。粟三石，课六斗。

18　（上缺人名）七月罗麦一石二斗，课三斗。

19　令狐胡子，七月，罗麦两石，干麦两石，课七斗。

(下缺)

20　干麦六石,课一石(下缺)。

21　□□子,七月,罗麦六石,干麦两石,课两石。九月,粟三

22　石,课六斗,

23　□□英,八月,罗麦(下缺)。

(后缺)

伯1008号C

(前缺)

(三)

1　(上缺)壹馱,干麦两馱,课四斗。后三月罗麦(下缺)

2　(上缺)石,课三石三斗。粟八石,课一石六斗。四月令麦三石七月

3　(上缺)八斗。干麦二石,课二斗。八月,罗麦十石,干麦十二石,课

4　(上缺)斗。九月,粟十四石,课两石八斗。

5　(上缺人名)三月,罗麦壹　馱,干麦壹馱,粟壹馱,课五斗。四月一日,

6　罗麦四石,干麦三石,课一石三斗。架三石,课六斗。九月,罗

7　麦十右,课两石五斗。

8　王通子,三月罗麦一馱,课二斗。四月,罗麦两石五斗,干麦三石,课一石。粟

9　五石,课一石。

10　邓道道,三月,罗麦一右二斗。课三斗。粟三斗。七月十日,罗麦三石五斗,课(下缺)

11　索卖奴,三月干麦两馱,课三二斗。粟五石,课一石。七

39

月罗麦〔八石,干〕

12 麦八石,课两石八斗。粟五石,课一石。

(后缺)

(四)

(前缺)

1 (上缺)〔课一石〕(下缺)

2 □再再,四月,罗麦一石,干麦两石,课四斗五升。粟三斗(下缺)

3 课六斗。九月十四日,罗麦三石五斗,干麦三(?)石(下缺)

4 索国清,四月,罗麦两石,干麦一石,课六斗。粟十六石,课三〔石二斗〕。

5 十八日,罗麦十石,干麦十二石,课三石七斗。

6 张奴奴,四月,干麦六石,课六斗。粟三石,课六斗。八月廿四日,罗麦七 石五斗。

7 干麦八石,课两石六斗。

8 □再兴,四月,罗麦壹驮,干麦一驮,课三斗。五月九日,罗麦三石。

9 干麦两石,课九斗五升。

10 (上缺人名)四月,罗麦两石,干麦五石,课一石。粟两石,课四斗。

11 □月,罗麦两石,干麦四石,课九斗。

12 (上缺人名)四月,罗麦两石,课五斗。

13 (上缺人名)□月,罗麦两石五斗,课六斗。六月,罗麦一石二斗,课三斗。七月十五日,一斗,

14 (上缺)七日,罗麦三石,课七斗五升。

(后缺)

注：

索卖奴等人名右上臂有句号。

（三）粟三斗前，疑有缺文。

(《中国社会经济史研究》1986 年第 3 期)

吐蕃时期敦煌课麦粟文书补

伯希和藏语文献1088号(A、B、C)(前笔误为1008号),上次据洗印的照片,仅发表了B、C,漏了A,今据胶片将1088号(A)录文补过于后。(前缺)

(一)

1　刘□□□□□

2　阳苟九月廿七日罗麦四石,干麦五石,课一石五斗。

3　氾保德九月廿七日罗麦三石,干麦两石,课九斗五升。粟三石五斗□□□□□

4　刘毛×九月罗麦四石,干麦三石,课一石三斗。

(中有七行吐蕃文)

(前有吐蕃文)

1　□年赵小君作贾寒食令麦四斗,堆地人粮食

2　□令麦粟三斗半,五月还索教[授]·麦三石,七月义麦人

3　麦二斗,已上并汉。九月廿五日令麦天驮纳仓,十月十二日令麦一驮半。

(二)

(前缺)

1　□□□□□

2　安善八月干□□□□□粟六斗

3　□骨仑八月罗麦三石八(?)斗课一石一斗。①

4　玉保藏九月干麦六石,罗麦六[石],课一石八斗。②

5　□□□□八月罗麦五石,石课一石二斗五升。四月,

6　粟三石,课六斗。五月罗麦一馱,课二斗。

7　□□□□八月,罗麦三石,干麦三石,课一石。

8　阴国进九月罗麦十石,干麦十七石,课四[石]二斗。

9　宋德子九月罗麦四石,干麦三石,课一石三斗。

10　□神宝九月罗麦五石,干麦二石,[课]一石四斗。

11　阴奉(?)九月罗麦五石,课一石二斗。

12　范白择九月罗麦五石,课一石二斗。粟十石,课两石。

13　氾第第九月罗麦五石,干麦三石,课一石五斗,粟三石。

14　课六斗。

15　干意奴九月罗麦七石,干麦五石,课两石三斗。

16　王颙颙罗麦两石,干麦三石,课八斗。

17　任老子九月罗麦六石,干麦三石,课一石八斗。

18　李调顺九月罗麦四石,干麦五石,课一石五斗。

19　李佛奴九月罗麦六石,干麦六石,课一石八斗。

20　董奴子九月罗麦三石,干麦三石,课一石。

21　□文文九月罗麦八石,干麦四[石],课二石四斗。

22　粟三石,课六斗。卯年碾课麦一石八斗,粟一石二斗。已年十月碾课麦两石一斗,粟一石③□□□□□□

23　□□了九月罗麦五石,干麦八石,粟七石,课三石[四斗五升]

24　马曹五④九月罗麦四石,干麦七石,课一石七斗。

43

按伯 1088 号 A，共有汉文 31 行，3 行为麦入破历。其他 28 行，与 B、C 属同一性质。值得注意的是(二)22—23 行间一行：

　　　卯年碾课麦一石八斗，粟一石二斗。巳年十月碾课麦两石一斗粟一石□□□□□

所谓碾课，从敦煌文书看，有两种含义。一、指碾户向碾主缴纳的租碾费用，即碾租；二、以麦粟磨面的人向碾户缴纳的磨面加工费。

把 A(二)22 与 23 间一行，"卯年碾课麦一石八斗，粟一石二斗，巳年十月碾课麦两石一斗，粟一石□□□□□，"与这一文书全部内容结合起来考察，则伯 1088 号(A、B、C)所载的六十多人课麦粟历，乃是以麦粟磨面的人向碾户缴纳的加工费收入账目，不是课役文书。即干麦一石磨成面，收加工费干麦一斗；罗麦一石磨成麦面，收加工费罗麦二斗五升；粟一石磨成面，收加工费粟二斗。伯 2040 号背乙巳年正月廿七日已后胜净、戒惠二人手下诸色入[破历]稿 101 行，麦 40 石，春碾淘麦用，麦 4 石，碾课用，即以[干]麦 40 石磨面、支出加工费[干]麦 4 石，与伯 1088 号(A、B、C)记载是一致。

以上是我补迻 1088 号(A)得出的初步看法，是否妥当，敬请指正。

（《中国社会经济史研究》1987 年第 4 期）

注释：

① (二)3 行，罗麦三石八斗，课一石一斗，疑传抄有误。
② (二)4 行，罗麦六石，干麦六石，课一石八斗，疑传抄有误。
③ (二)22—23 行间，卯年碾课麦……亦用硬笔书写，字略小。
④ (二)安善、□骨仑、阴国进、范白择、李佛奴、马曹五等右上肩有勾号。

敦煌所出唐河西支度营田
使户口给粮计簿残卷

　　本件,1961年《敦煌资料》第一辑发表了录文,"题为唐定兴等户残卷",并注明北京萃文斋雒筱藏。1962年,韩国磐先生在上海博物馆看了原件(上博的定名为:敦煌初唐写本河西户籍),发现钤有河西支度营田使印,由此得出敦煌存在营田和屯田,并推断丁男八石、次丁七石、老丁六石、丁妻五石,幼年男女分别为二石至三石,是营田或屯田之所交的租。[①]1963年,日本池田温先生在评论《敦煌资料》第一辑时指出,本文书的户口,从一岁到七十六岁,分别注记了与年龄相对应的一种基准额,因而可推定为食粮用的谷类支给基准额。[②]池田温先生后来又将本文书著录于《中国古代籍帐研究》一书,定名为"唐(八世纪中期)河西支度营田使户口给谷簿"。1972年杨联陞先生在评论池田之说时,一方面据严郢奏文等史料得出唐代屯田一人一年廪给为七斛二斗,与本文书记载相近。另一方面又指出:廪给多是按月发放,而且往往要有领收字据。这在汉代已是如此。这个唐代残卷,显然以年计,又没有领收的证明。这是给谷簿说的一个难点。杨先生认为:"我们要支持韩国磐的说法,并非不可能。池田之说,亦非无理。究竟谁是谁非,似乎尚待研究。"[③]1983年,姜伯勤同志对本文书进行了专题研究,确定了本文书出自敦煌,其年代在760年至789年间,并以吐鲁番出土的唐苏海愿等家口给粮三日账为佐证,断定本件为给粮文书,实属无疑。伯勤同志还论证了这一文书,反映了河西营田由镇戍兵屯田转变为用僦募方式招农民强户营田的这一历史转变。[④]姜文的精辟见解,得到了王永兴先生的首肯。王先生在编后附记中还指出,这文书中由官府给粮以糊口的营田户是因罪流徙到边境的。这是对姜文的一个很好的补充说明。1985年,黄正建在《敦煌吐鲁番文书所见唐西北部分地区屯田文书》一文中,对本文书为屯田文书说提出了疑问:"从史籍还是从文书中均未发现沙州有屯田记载,仅根据河西支度营田使印,就断定本卷诸户是营田户,恐怕很难成立。"

从以上关于本文书著述的简介,可以看出中外学者对这个残卷很重视,发表了不少研究成果,但见解并不一致。

这个残卷,现属中国历史博物馆收藏,我有幸看了这个原件,并将已发表的录文与原件校对,发现录文多有错录、漏录,有的错漏很重要,可能影响到对文书性质的理解。例如:本文书残存共二十九户,其中二十八户都记有全户粮食总数,并在每一人名旁分别注记了与年龄相对应的,表示给粮基准额的数字:贰、叁、肆、伍、陆、柒、捌、[石],唯独曹进玉户特殊,既无粮食数,人名旁也未注记数量字。研究过这一文书的学者,自然会问一个这是为什么?并会作种种猜测。对照原件,可以看到曹进玉旁用朱笔注"斗门"二字,而《敦煌资料》第一辑等都漏录了。所谓斗门,即斗门长。

《唐六典》卷23《都水监》:

> 渠及斗门置长各一人,至溉田时,乃令节其水之多少,均其灌溉焉。

敦煌所出唐开元二十五年《水部式》:

诸大渠用水灌溉处,皆安斗门。

每斗门置长一人,有水槽处置二人,恒令巡行。若渠堰破坏,即用随近人修理。

诸渠长及斗门长至浇田之时,专知节水多少。

曹进玉是斗门长,负责掌管斗门及所管斗门地段的水利灌溉。曹进玉户人名旁未注记数量字,未记全户粮食数,当与曹进玉担任斗门长这一职务有关。这就提出了一个问题,如果这一残卷上的户口都是营田户——因罪流徙边疆而由官府供给食粮的营田户,为什么曹进玉能够担任斗门长?为什么曹进玉担任了斗门长反而得不到官府的食粮供应?这是需要思考的问题。

再如户唐定兴前尚有三行未录。其二、三行如下:

口七十五,五岁至一岁;口七,年五岁;口二十,年四岁;口二十,年三岁;口一十六,年二岁;口八,年一岁。

付司

这二行文字,与户唐定兴以下内容密切相关,可能是前后相连的一件文书。理由如下:

其一,本残卷是一件已经抄清而且钤有河西支度营田使印的官文书。这二行,与户唐定兴以下九行,端正地书写于同一纸上(中间并无纸缝)。

其二,这二行文字,书写端正。从字体笔锋看,与户唐定兴以下六十二行文字,出自同一人手笔。

其三,本残卷唐定兴等二十八户给粮基准额按男女和年龄差别共分七等。其中,女口一岁至五岁属同一基准额,一人每年贰石;男口一岁至五岁属同一基准额，一人每年叁石。上述"口七十五，五岁至一岁……"当与给粮基准额有关。但不知这一统计数字是指男口，还是女口，抑或是男女口合计。据本件残剩部分唐定兴等户统计，一岁至五岁这一年龄层次的男女数如下：

女口一十四人（内婢一人），五岁至一岁：口一，年五岁；四口，年四岁；口三，年三岁；口三，年二岁；口三，年一岁。

男口三十七人（内奴三人），五岁至一岁：口六，年五岁；口五，年四岁；口八，年二岁；口六，年一岁。

由于令狐思忠户以下残缺，所得统计数，不可能与上述"口七十五，五岁至一岁"相吻合。但由此可以看出两者关系密切，前者可能是以后者为基础统计的。

如果这一推断能够成立，那么，这一残卷可能是河西支度营田使一年一度向唐朝户部度支司申报全年破用见在数的会计牒的组成部分。

《唐六典》卷3《户部》度支郎中员外郎：

凡天下边军皆有支度之使，以计军资粮仗之用。每岁所费，皆申度支而会计之，以长行旨为准。原注："支度使及军州，每年终，各具破用见在数申金部、度支、仓部勘会。"

就这个残卷的现存内容看，应属会计牒的破用部分。正因为是一年一度的会计历牒状，因此，各户人口的给粮数都是按年计算，而不是按月计算。这样，或许能回答杨联陞先生对给谷簿说提出的质疑。

大家知道，安史之乱以后，唐在河陇、朔方驻军大量东调，参加讨伐安史叛军，西北边防空虚，西蕃乘机内侵，广德二年（764）攻陷凉州；永泰二年、大历元年（766），又相继攻陷甘州、肃州；大历十一年（776），占领瓜州；建中二年（781）又占领沙州。也就是说，自764年起，河西不仅

敦煌所出唐河西支度营田使户口给粮计簿残卷

忙于对吐蕃战争，而且凉州陷落，与中原交通受阻。在这种形势下，河西支度营田使不会再向唐朝户部度支司申报一年一度的破用见在数。因此，这个残卷，如是申报户部的牒状组成部分，其写作年代，当在广德二年(764)之前。

还有另一种可能，这个残卷是河西支度营田使给河西或沙州仓曹的会计牒，那么，其写作年代可能要晚一些。因此，我们认为姜伯勤同志把这个残卷的写作年代，定在760年与789年间，是比较稳妥的。书法较好，字体端正，字体大小，行间宽度高低都很整齐，中间完整的三纸，每纸都抄写了十四行。正文字体比注文略大、人名旁用朱笔分别注记贰、叁、肆、伍、陆、柒、捌，一[岁]下用朱笔注记新，曹进玉户旁用朱笔注记斗门。每二纸粘连处起首钤有河西支度营田使印一颗，共四颗。本卷正面抄户口给谷数量。背面抄迦毗梨骂比丘作兽头得恶报缘出贤愚经略要，书写端正，但书法较正面差。从字体书法看，正面与反面系二人抄成。背面抄写时间要晚于正面，即利用废弃了的计簿，抄写佛经。

计簿残卷的录文

计簿残卷内容依原卷顺序过录。原卷直行书写，录文改成横行。每一行之上以阿拉伯数字表明行次。写本中的朱笔字：人名旁注记的贰、叁、肆、伍、陆、柒、捌，以及[一]下注新，曹进玉旁注之斗门，均改用通行字，凡是需要注明的，均加注说明。

1　▭▭▭▭▭岁▭▭▭▭
2　口七十一，五岁至一岁：口七，年五岁；口，年四岁；口，年三岁口一十六，年二岁，口八，年一岁

49

3　付司

4　户唐定兴(捌)四十三　妻张十九(伍)计查拾叁硕　小麦肆硕　麦叁硕　豆叁硕　粟壹硕　床壹硕捌斗　麻子贰斗

5　户安庭晖(捌)四十一　妻问(伍)四十一　男元敬(伍)十四　男元振十一(伍)　男元兴六(肆)

6　男元德(叁)五　女德娘(贰)二　计叁拾贰硕　小麦捌硕　青麦柒硕　豆叁硕　粟叁硕　床陆硕叁斗　麻子柒斗

7　户常文端(伍)年四十六　妻康(伍)四十一　女大娘二十一　女乞德六

8　计贰拾壹硕　小麦陆硕　青麦叁硕　豆伍硕　粟贰硕　床肆硕陆斗　麻子肆斗

9　户李光俊(捌)卅九　妻刘(伍)卅一　男进通(柒)十六　男日进(伍)十二　男进贤(肆)十

10　男进玉(伍)七　男太平(叁)五　女俄娘(肆)十一　女宠娘(贰)二婢具足(伍)四十

11　婢香女(伍)五十八　奴胡子(叁)四　奴来吉(肆)八

12　计伍拾玖硕　小麦壹拾陆硕　青麦壹拾壹硕　豆壹拾贰硕　粟陆硕　麻子壹硕叁斗　床壹拾贰硕柒斗

13　户骆元俊(捌)四十一　妻张(伍)卅六　计壹拾叁硕　小麦肆硕　青麦叁硕　豆壹硕　粟壹硕　床壹硕捌斗　麻子贰斗

14　户陈崇之(捌)五十六　妻张(伍)四十一　女九娘(叁)九　女什娘(叁)六　女什一(贰)娘二

15　计贰拾壹硕　小麦陆硕　青麦肆硕　豆伍硕　粟壹硕　床肆硕伍斗　麻子伍斗

16　户马九娘(五)卅八　男惟贤(伍)十四　男惟振(伍)十二　女耽耽(三)六　女莘莘(贰)三

17　计贰拾硕　小麦肆硕　青麦肆硕　豆肆硕　粟叁硕　床伍硕伍斗　麻子伍斗

18　户曹进玉(斗门)卅六　妻贺卅一　弟进成卅一　妻孟卅一　女娘子四

19　女足娘一(新)　女妃娘一(新)

20　户王子进(柒)十五　妻画(伍)十五　母徐(伍)卅六　妹娇娘(叁)九　妹美娘(贰)五

21　婢细柳(伍)卅四　奴昆仑(叁)二　弟子玉(叁)一

22　计叁拾叁硕　小麦玖硕　青麦叁硕　豆陆硕　粟伍硕床玖硕贰斗　麻子捌斗

23　户张元兴(陆)七十八　妻吴(伍)四十六　男钦余(捌)四十九　妻吴(伍)卅六　孙男庭言(捌)十九

24　男妻徐(伍)五十六　孙男庭俊(伍)十四　男买买(叁)二　男睹子(叁)二

25　计肆拾捌硕　小麦壹拾肆硕　青麦玖硕　豆壹拾壹硕伍硕　床捌硕壹斗　麻子玖斗

26　户康敬仙(捌)卅六　妻石(伍)卅三　姊大娘(伍)五十六　女什二娘(肆)十一　女屯屯(叁)九

27　女妃娘(伍)十五　男进兴(肆)六　女娘子(贰)四　男进光(叁)一

28　计叁拾玖硕　小麦壹拾硕　青麦陆硕　豆玖硕　粟叁硕床壹拾硕壹斗　麻子玖斗

29　户冯屯奴(捌)四十三　妻赵(伍)卅六　女底底(肆)十一　男卿卿(肆)八　男太平(叁)五

30　男谈谤(叁)二　男汉信(叁)一(新)

31　计叁拾硕　小麦玖硕　青麦伍硕　豆捌硕　粟壹硕　床

陆硕叁斗　麻子柒斗

32　户曹典昌六十二　妻毛四十一　计壹拾壹硕　小麦叁硕　青麦贰硕　豆贰硕粟贰硕　床壹硕斗　麻子贰斗

33　户姜忠勖(捌)卅一　妻荆(伍)二十一　母李(伍)六十一　女性娘(贰)一

34　计贰拾硕　夷麦伍硕　青麦肆硕　豆肆硕　床肆硕陆斗　麻子肆斗

35　户徐游岩(捌)四十六　妻王(伍)卅六　弟游晟(捌)卅三　妻李(伍)二十一　男状(三)奴二

36　计贰拾玖硕　小麦玖硕　青麦陆硕　豆柒硕　粟贰硕　床肆硕伍斗　麻子伍斗

37　户高加福四十六　妻(伍)卅六　男英岳(叁)四　女满娘(贰)一

38　计壹拾捌硕　小麦伍硕　青麦肆硕　豆肆硕　粟壹硕　床肆硕陆斗　麻子肆斗

39　户张钦眖(捌)四十五　妻翟(伍)卅四　女丑丑(叁)九　男进业(叁)五　女相相(贰)一

40　计贰拾壹硕　小麦陆硕　青麦肆硕　豆伍硕　粟壹硕　床肆硕伍斗　麻子伍斗

41　户梁升云(捌)卅六　妻斋(伍)二十一　计壹拾叁硕　小麦肆硕　青麦叁硕　豆叁硕　粟壹硕　床壹硕捌斗　麻子贰斗

42　户宋光华(捌)四十四　妻程(伍)卅四　男海逸(柒)十五　妻曹(伍)十八　男海保(叁)十

43　男海(肆)通七　男平平(叁)五　女贤娘(伍)十八　婢妙相(伍)二十五　奴紧子(肆)六

44　婢花子(二)四　奴鹡子(叁)一

45　计伍拾陆硕　小麦壹拾伍硕　青麦玖硕　豆壹拾壹硕　粟柒硕　床壹拾贰硕捌斗　麻子壹硕贰斗

　　46　户吴庭光(捌)四十九　妻冯(伍)卅六　男琼淹(捌)二十六　妻李(伍)二十一　男庭俊(捌)卅六

　　47　妻李(伍)二十六　母索(伍)七十六　男不渫(伍)十一　女性娘(叁)八　女性性(叁)十

　　48　男琼岳(叁)五　男琼英(肆)八　女盐娘(贰)四　女胜娘(贰)五　侄男琼秀(叁)二

　　49　孙男明鸾(叁)二　婢善女(伍)卅一　女超超(肆)六

　　50　计捌拾壹硕　小麦贰拾贰硕　青麦壹拾肆硕　豆壹拾玖硕　粟陆硕　床壹拾捌硕贰斗　麻子壹朔捌斗

　　51　户曹奉进(捌)卅一　妻氾(伍)卅六　计壹拾叁硕　小麦肆硕　青麦叁朔豆叁硕　粟壹硕　床壹硕捌斗　麻子贰斗

　　52　户张奉章(捌)四十一　妻唐(伍)卅九　女洛洛(叁)九　男荣国(叁)四

　　53　计壹拾玖硕　小麦陆朔　青麦叁硕　豆伍硕　粟壹硕　床叁硕陆斗　麻子肆斗

　　54　户石秀林(捌)卅一　妻曹(伍)卅四　弟秀玉(捌)卅一　妻曹(伍)十六　女什五(肆)年十

　　55　女庄严九　计叁拾叁硕　小麦肆硕　豆肆硕　粟贰硕　床伍硕肆斗　麻子陆斗伍

　　56　户张汉妻(伍)孔卅一　母常(伍)六十一　男进兴(叁)四　男(叁)进玉二

　　57　计壹拾陆硕　小麦肆硕　豆肆硕　粟贰硕　床伍硕陆斗　麻子肆斗

　　58　户郭怀德(捌)卅四　妻安(伍)卅五　男承俊(肆)六　女

53

美娘(贰)四　男君君(叁)一

　　59　计贰拾贰硕　小麦陆硕　青麦伍硕　豆伍硕　粟壹硕　床肆硕伍斗　麻子伍斗

　　60　户安庭大(捌)卅六　妻韩(伍)卅一　女飐飐(肆)十一　男善奴(叁)一

　　61　计贰拾硕　小陆硕　青麦肆硕　豆伍硕　床叁硕陆斗　麻子肆斗

　　62　户张令皎(捌)四十三　妻王(伍)卅三　女皈娘(叁)九　男嗣加(叁)四

　　63　计壹拾玖硕　小麦陆硕　青麦叁硕　豆伍硕　粟壹硕　床叁硕陆斗　麻子肆斗

　　64　户石秀金(捌)卅一　妻史(伍)卅一　女美美(贰)叁

　　65　计壹拾伍硕　小麦肆硕　青麦肆硕　豆叁硕　粟壹硕　床贰硕柒斗　麻子叁斗

　　66　令狐思忠(捌)四十二　妻郭(伍)卅一　父智伯(陆)八十二　弟思温(捌)卅一　阿李五(伍)□□□

上述文书1至3行《敦煌资料》第一辑、《中国古代籍帐研究》均未录。

2行,年一岁下有后写的"阎、闻、闻、闻、问"五字,与计簿无关。

2行与3行间有后写的"君不见阎浮流转,暂时间何须苦死求名利",与计簿无关。

3行,付司之前有后写的"徒劳积业自"五字,与计簿无关。

10行"足"在《敦煌资料》第一辑作□。

12行与13行间有纸缝。纸缝上起首钤河西支度营田使印一颗。

18行"斗门"二字,在《中国古代籍帐研究》《敦煌资料》第一辑漏录。

22行"陆"在《敦煌资料》第一辑作"肆"字，误。《中国古代籍帐研究》录文为肆，注云："肆，陆之讹？"

26行"屯"，《敦煌资料》第一辑、《中国古代籍帐研究》均作毛。

26行与27行间有纸缝，起首骑缝钤有河西支度营田使印一颗。

29行"屯"《敦煌资料》第一辑、《中国古代籍帐研究》均作毛。

39行"眖"《敦煌资料》第一辑、《中国古代籍帐研究》均作□。

40行与41行间有纸缝，起首骑缝钤河西支度使印一颗。

41行与48行间，有后写的"丑年十二月曹先玉便麦契稿"：

1　丑年十二月二十八日，百姓曹先玉为少粮用，今于便小麦贰硕。其麦自限至秋八月内还足。如违，即任掣夺家资牛畜，用充麦直。如东西，仰保人代还。两共平章，道道道道道。

画［指］为记。

麦主
便麦人
保人
保人
保人

"便麦人"以下，《中国古代籍帐研究》未录。

47行"妻李"旁有倒勾，即为"李妻"。《敦煌资料》第一辑作"李妻"，漏录倒勾号。

48行，"女"，《敦煌资料》第一辑作"安"，误。

48行，"勝"，《敦煌资料》第一辑、《中国古代籍帐研究》均作"滕"。

48、49行间，有后写的"师，自师、斋、悟真"等字，与计簿无关。

54 行有纸缝,起首钤河西支度营田使印一颗。

56 行与 57 行间,右后写的五个字,与计簿无关。

59 行与 60 行间,有后写的"沙弥明慧"等二十六个字,与计簿无关。

61 行"小陆硕"应为"小麦陆硕",原件抄漏一个"麦"字。

66 行用朱笔书写的"陆,伍"二字《敦煌资料》第一辑,《中国古代籍帐研究》漏录。

(《中国历史博物馆馆刊》总第 10 期,1987 年 11 月出版)

注释:

① 《历史研究》1962 年第 4 期。
② 《东洋学报》1963 年 46—1。
③ 《食货半月刊》第 2 卷第 1 期,1972 年。
④ 《敦煌吐鲁番文献研究论文集》(二)。

关于敦煌寺院水硙研究中的几个问题

在敦煌写本中见到一种以水流为动力的碾硙设备,用来将麦粟等颗粒粮食磨成面粉。这种设备,名叫水硙。它的经营方式和收入以及与此相关的硙户等等问题,历来为研究者注意。早在四十多年前,日本那波利贞已就这个问题发表了《中晚唐时代敦煌地方佛教寺院的碾硙经营》一文,[①]1956年巴黎出版的谢和耐著《中国五至十世纪的寺院经济》一书亦有专节论述。[②]本文在前人研究基础上,就以下几个问题,进行再探讨。如有不当,请批评指正。

硙课入与硙入是否等同?

在敦煌寺院账目上有为数相当多的硙课入、硙入的记载,研究寺院水硙的收入,必须正确理解硙课入与硙入的含义。

什么是硙课入? 所谓硙课入,是将水硙出租于人所收的租费,或者是指用水硙替他人将麦粟等颗粒粮食磨成面粉所收的加工费。硙课,无论是加工费或租费,一般都以颗粒粮食麦粟等计算支付。举例如下:P.4694号诸色入破历计会残卷[③]:

麦七十二石,自年硙课入。

P.2974号乾宁四年(897)某寺请色入破历计会稿:

>　　　麦五十八石四斗,粟四十五石六斗,豆五石二斗,黄麻二石八
>　　斗。已上辰年硙课入。

辰年(896)一年收入麦粟等一百几十石,大概是水硙两轮的租费。
S.6061号某寺诸色入破历计会新附加①:

>　　小麦二百七十四石二斗,硙课。
>　　粟二石六斗,硙课。
>　　豌豆五斗五升,硙课。

仅小麦硙课入就有274石2斗,当是某寺几年的水硙租费收入。
P.非汉文文书336号:

>　　六月九日,于张法律边纳硙祼(课)麦十一石四斗。

这是硙户向寺院交纳的水硙租费。
P.3246号午年五月春新硙课抄录

>　　五月月生八日,吴汉汉家得麦七斗。

　　吴汉汉家得麦七斗,即从吴汉汉家得硙课麦七斗。这是硙户收的磨面加工费。
　　由于硙课入的含义比较清楚,仅举以上几例。
　　什么是硙入?国内外有不少研究者,都把硙入等同于硙课入。今以北原薰先生《晚唐、五代的敦煌寺院经济》一文⑤别表4,同光三年(925)直岁保护手下入历和长兴二年(931)直岁愿达手下入历诸园课收

一目中所列碓课入：面463斗、麸80斗；面535斗、麸120斗为例，进行剖析。

北原先生所列课入面463斗、麸80斗，来源于P.2049号背同光三年(925年)正月沙州净土寺直岁保护手下色入破历计会牒(以下简写同光三年牒)193—196行：

> 面四十石六斗自年春碓入。
> 粗面二石二斗自年春碓入。
> 粗面三面五斗秋碓入。
> 麸八石自年春碓入。

面535斗、麸120斗，来源于P.2049号背长兴二年(931年)正月沙州净土寺直岁愿达手下诸色入破历计会牒(以下简写长兴二年牒)130—193行：

> 面四十九石六斗自年春碓入。
> 粗面三石九斗自年春碓入。
> 麸十二石自年春碓入。

北原先生以及谢和耐等都把上引碓入等同于课入，用来计算出租水碓的收入量。但仔细考查上引两件牒状，净土寺根本没有课收入。理由有四：

其一，同光三年牒和长兴二年牒的起首部分所列收入项目中，未列碓课入。

碓课入是寺院的一项重要收入，如有此项收入，入破历计会牒起首详列各类收入项目时，必列碓课一项。如：S.4782号乾元寺堂斋修造两司都师文谦状起首部分记载：

> 从丑年二月廿日，于前都师神宝幢手下，交入见斛，兼自年新附硙课油梁课直及诸家散施麦粟油面豆米纸布绢回造色、折色等，总二百六石二升半。

自年新附入项目有课、油粮课、请家散施。硙课列收入项目之首。
P.2878号光启二年（886）安国寺上座胜净状起首部分：

> 光启二年丙午岁十二月十五日，僧政、法律、判官、徒众算会，胜净等所由手下，从辰年正月已后，至午年正月已前，中间三年，应入硙课、梁课、厨田及前帐回残⑥斛斗油苏等，总三百四十八石九斗三升。

三年的收入项目，有硙课、梁课、厨田。硙课也列第一。
P.3352号丙午年三界寺招提司法松状（稿）起首部分：

> 合从乙巳年正月一日已后，至丙午年正月一日已前，中间一周年，徒众就北院算会，法松手下，应入常住梁课、硙课及诸家散施，兼承前帐回残及今帐新附所得麦粟油面黄麻麸渣豆布毡等，总四百二十六石四斗六升九合。

在一年收入项目中，硙课位于第二。
S.5753号癸巳年正月一日已后，某寺入破历算会牒残卷起首部分，亦写有应入两轮硙课。

以上乾元、安国、三界等寺四件牒状说明，如有硙课收入，在计会牒起首部分,必列硙课入一项。这是当时会计账目通行格式。但是净土寺的牒状中都未见列入。

如同光三年起首部分:

> 右保护从甲申年正月一日已后,至乙酉年正月一日已前,众僧就北院算会,保护手下,承前帐回残及自年田收、园税、梁课、利润、⑦散施、佛食所得麦粟油苏米面黄麻豆布毡纸等,总一千三百八十八石三斗二升半抄。

自年收入项目有田收、园税、梁课、利润、散施、佛食等六项,唯独没有硙课。

长兴二年牒起首部分:

> 右愿达从庚寅年正月一日已后,至辛卯年正月一日已前,众僧就北院算会,愿达手下,承前帐回残及一年中间田收、园税;梁课、散施、利润所得麦油苏米面黄麻麸豆布毡纸等,总一千八百三石半抄。

所列收入项目,有田收、园税、梁课、散施、利润,但也未列硙课。

收入项目未列硙课,说明净土寺没有硙课收入。

其二,净土寺入破历计会牒收入部分也未见有硙课收入。

如上所述,硙课收入既然是重要收入,如有是项收入,在入破历计会牒的收入明显账部分,也必有记载。

如安国寺上座胜净状:

> 三年新附入中有

麦六十二石六斗，粟三十二石六斗，黄麻二石八斗。[已上辰年]碨课入。

麦六十二石六斗，粟三十二石六斗，黄麻二石八斗。[已上巳年]碨课入。

麦六十二石六斗，粟三十二石六斗，黄麻二石八斗。[已上午年]碨课入。

乾元寺堂斋修造两司都师文谦状：

第二柱记载："六十三石四斗麦粟油面，丑年碨课、油粱课及诸家散施入。"

不仅在丑年新附入项目中有碨课一项，而且在收入明显账部分载有"麦三石八斗，粟七石，碨课入"。

上举二例已足说明，有碨课收入，在收入明显账部分必有记载。这是不言自明的道理。但同光三年牒本期新收入部分，共记载了收入账三百四十三笔，其中竟无一笔是碨课收入。长兴二年牒情况相同。本期新附入部分记有一百四十五笔收入账，也未见一笔是碨课入。

这是为什么？答案只有一个，净土寺根本没有碨课收入。

其三，如果某一寺院有碨课收入，必然是拥有水碨设备的。伴随而来，就会有添置水碨的设备，进行安装、修理等活动和经费支出。如乾元寺有碨课入，在破用部分就载有：

白面五斗，油二升、粟二斗、麦二斗，已上充众僧行碨日用。

白面三斗五升，油一升，麦七斗，充两日修碨日用。

白面二石二斗，粟一石一斗，油一升，麦一斗五升，已上充打碨轮博士及解木人食用。

粟二石五斗,缘当寺硙不行,硙直用。

面一石五升,油二升,粟一石三斗,已上充硙轮3日设博士用。

面一石六斗,油三升,粟六斗,充修硙食用。

面一石六斗,粟一石四斗,已上充安硙轮日用。

面二斗,立书硙契日食用。

面二石三斗,油八升,粟一石口口,起硙轮设博士用。

面一石,充买硙辋用,油七升,买硙辋用。

面一斗,油一升,充安都师修硙门用。

麦一石,充修碗功直用。

乾元寺关于水硙的活动记载,有行硙、修硙、修硙门、打硙轮、安硙轮、起硙轮、买硙辋、订立租硙契约等。所用费用颇为可观,共支付面十石四斗,油二十三升,麦八斗五升,粟九石。

再如有硙课收入的安国寺,在破用部分也记有多笔修理,安装水硙费用:

粟三斗,麦一半,面一斗,油一升,开硙门用。

面一石,油三升,粟一石二斗,修硙轮食用。

又面一石,油三升,粟一石二斗,修硙轮食用。

面七斗,油四升,酒一瓮,徒众硙户商量打写□用。

S.1625号天福三年(938)十二月六日大乘寺徒众等诸色触斗入破历计会凭记载:

戊戌年,麦一十四石,又麦五石,粟一十四石,黄麻□□, 自年碾课入。

　　麦二石三斗,粟二石二斗,自年碾课入。

　　大乘寺是有碾课入的,而在破用部分也有沿河下白刺买木,打砧轮等支出。

　　就笔者所见敦煌寺院入破历计会文书,凡是比较完整的,有碾课入,必有安装、修理水磑等费用支出。

　　但同光三年牒和长兴二年牒,是现存最完整的入破历计会文书,各长447行,各有八九千字,竟无任何有关水磑活动的记载。同光三年牒,破用部分共记有199笔支出账,长兴二年牒共记有265笔支出账,而安装、修理水磑的费用支出,连一笔也没有。由此可见,净土寺根本没有水磑设备,因而也就没有水磑修理费的支出。既然净土寺没有水磑设备,自然谈不上有什么碾课收入。

　　其四,如果碾入等同于碾课入,那么作为碾租和磨面加工费用的支付手段,必然是麦粟等颗粒粮食,而不会是面粉。道理很简单,因为麦粟作为支付手段,远比面粉方便。这是人们在日常生活中体验到的。敦煌在吐蕃和归义军时期,货币经济萎缩,都以麦粟为支付手段。但在寺院账目上,碾入的都是面、麸、粗面、粟面,没有一笔是颗粒粮食。

　　如P.2040号背收入的分类统计有:

　　面六十石,自年春碾入。

　　连麸面六石八斗,春碾入。面三石八斗,秋碾入。面三石六斗,秋碾入。计十四石二斗。

　　麸十八石,自年碾面入。

又：

面四十四石四升，自年春碨入。

连麸面三石五斗，自年春碨入。连麸面三石九斗，就西仓取麦入。计七石四斗。

麸十石，自年春碨入。

又：

面入：面六十石，自年春　碨入。面又二十石，自年秋碨入。计面八十石。

面四石，春碨入。

粗面入：面十二石五斗，西仓付麦碨入。面七石八斗，秋碨入。计一十九石三斗。

谷面五斗，春碨入。

谷面入：面五石五斗，秋碨入。计五石五斗。

麸入：麸十八石，自年春碨入。麸六石，自年秋碨入。计二十三（四）石。

P.2032号背后晋时代诸色入破历计会稿收入分类部分有如下记载：

头面入：

面六十石，自年春碨入。面二石五斗，太傅亡时劝孝替入。

计六十二石五斗。

连麸面入：

面六石二斗,三月硙入。面三石六斗,六月硙入。面三石,秋硙入。

计十二石八斗五升。

谷面入:

面三石,秋硙入。面二石,春硙入。

计五石。

麸入:

麸一十八石,自年春硙入。

又:

面入:面六十石,自年春硙入。

连麸面入:面六石三斗,自年春硙入。面四石五斗,自年秋硙入。

计十石八斗。

不仅以上所引硙入的都是面、粗面、谷面、麸,没有颗粒粮食,其他硙入,亦无不如此。如果硙入等同于硙课入,就等于说水硙的租费和磨面加工费,一律以面粉和麸、粗面支付,而不是以麦粟支付。这显然是违反常理的。

由上述四点,可以看出硙入不是水硙的租费或磨面加工费,与硙课入是不能等同的。

那么,硙入的含义是什么?所谓硙入,是指用碾硙将颗粒粮食麦粟磨成面,麸、粗面、粟面。因而在账上所记,收入的都是面、麸、粗面、粟面,与硙课入都是麦粟等颗粒粮食明显不同。硙入,在入历部分,虽然也作为收入记上了账,但与硙课入根本不同。硙课入,是寺院的一项重要经济收入。硙入,只是将东西仓的麦粟交付东西库磨成面,实际上是寺院内部的一种转账,并没有增加收入。

关于敦煌寺院水硙研究中的几个问题

面麸硙入与麦硙面用有什么关系？

要回答这个问题，必先明了敦煌寺院的仓库设置及其职掌。在敦煌寺院中设有东仓、西仓和东库、西库（或南仓，南库，北仓、北库），各有职掌。前者职在麦粟豆黄麻等颗粒斛斗的收藏、保管、支付，后者职在面麸等收支。东西库供应寺院日常用途的面麸，一般是从东西仓取麦加工成面而得。这种收支关系，在寺院东西仓账上记载为麦粟若干付东西库硙面用，硙粗面用，硙干麦用，硙淘麦用；在东西库账上记载为面、麸若干，粗面若干，东西仓付麦硙入，取麦入，硙入，硙面入。如上述净土寺的面麸硙入，就是东西仓付麦磨面入。这只要观察一下两者的对应关系，就比较清楚。今将同光三年正月净土寺直岁保护手下诸色入破历计会牒的对应部分抄录如下：

自年新附入 193—196 行	诸色破用 258—263 行
面四十石六斗，自年春硙入。麸八石，自年春硙入	麦四十[石]九斗，东西两库春硙面用
粗面二石二斗，自年春硙入。粗面三石五斗，秋硙入	麦二石二斗，春硙担面用。麦三石，东西两库秋硙粗面用

以上对照，清楚地表明，东西库硙入的面40石6斗，麸8石，来源于东西仓付麦40石9斗加工成面、麸。同样，粗面2石2斗，粗面3石5斗，也都是东西仓付麦硙入。

这里还须说明一点。既然硙入是以麦磨面入，为什么上表所列麦和面麸、粗面的斛斗不相等？这是因为麦经过加工磨成粉，体积膨胀，容积增加是很自然的。又由于麦的品种不同、干湿程度不同，加工工艺不同，以及综合转写过程中多种因素影响，面麸入数量，会与麦磨成面麸的实际数有出入。如上表麦2石2斗，硙入粗面2石2斗，面的数量

67

显然少了,就是一例。

长兴二年牒中的面、麸硙入,也是指东西仓付麦硙入。其对应关系如下:

自年新附入 130—131 行	诸色破用 165—167 行
面四十九石六斗,自年春硙入。麸十二石,自年春硙入	麦五十石,春硙淘麦用
粗面三石九斗,自年春硙入	麦三石,春硙粗面用

上表说明,麦50石,磨成面49石6斗和麸12石。麦3石,磨成粗面为3石9斗。东西库的所谓面麸硙入,粗面硙入都是指以东西仓麦磨面入。

净土寺其他年份的账目上所载硙入,也都是东西仓付麦硙面入。

如 P.2040 号背乙巳年(945)正月廿七日已后净土寺胜净戒惠二人手下诸色入破历计会稿所载硙入亦为以麦硙面。其对应关系抄录如下:

入历部分 9—15 行	破用部分 102—107 行
面四十石,春硙入 麸十二石,春硙入	麦四十石,春硙淘麦用
面二十石,后件硙入 麸六石,后件硙入	麦二十石,后件硙沟麦用
粗面六石八斗,春硙入	麦三石,春硙干麦用 麦三石,后件硙干麦用
粗面六石八斗,秋硙入	麦六石,秋硙干麦用

从上表不仅清楚地看出,硙入都是以东西仓麦磨面麸入,而且以上数据

取自入破历计会稿,材料比较原始,较少变动,因而麦与面、麸和粗面比例,比较典型。如麦 40 石,磨成面 40 石、麸 12 石、其比例为 10 比 13,与其他入破历计会稿所载相同。⑧

限于篇幅,仅举以上三例,已足证明硙入是以麦磨面入,是东西库从东西仓取麦磨成面粉和麸,以供寺院日常之用,根本不是水硙的租赁费收入或硙户所收的磨面加工费。

再有,入历上的某些用语,也可直接证明硙入是以麦磨面入。如:
P.2040 号背:

  面四十四石四升,自年春硙入。

  连麸面三石五斗,自年春硙入。

  连麸面三石九斗,就西仓取麦入。

  粗面入:

  面四石,春硙入。

  面十二石五斗,西仓取麦硙入。

  面七石八斗,秋硙入。

P.2030 号:

  头面入:面六十石,自年春硙入。

  麸入:麸十八石,自年硙面入。

又:

  面入:面六十石,自年春硙入。

  麸入:麸十八石,自年春面入。

所谓面麸硙入，就是西仓取麦硙入、西仓取麦入、硙面入的简写。正因为硙入是以麦粟磨成面入，在账上所记收入的粮食，全部是面粉和麸，没有一笔是麦粟等颗粒粮食，就很自然。

如果以上所说：硙入是以麦磨面入，不是水硙租赁费或磨面加工费，与硙课入是两个不同概念，能够成立，那么，我们就可以断定敦煌寺院有水硙设备，有硙课收入的，只是安国、乾元、三界、大乘等少数寺院，多数寺院并无水硙设备、并无出租水硙的租费收入。这为我们今后正确研究硙课入在寺院经济收入中所占比重，打下了基础。

什么是硙课用？

在寺院账目上有若干笔硙课用记载。如：

> 麦四石二斗，硙课用。[9]
> 麦四石，硙课用。麦二石五斗，硙课用[10]
> 六石八斗，硙课、园子粮、思子等破用。[11]
> 粟九石，硙颗（课）用。[12]
> 粟七石，秋付硙课用。[13]

法国的谢和耐教授等认为硙课用，是指寺院向国家交纳的税金。[14]我以为这是可以商榷的。从现有资料看，还没有发现敦煌有征收碾硙税的证据。上引硙课用，多数见于净土寺的账目。根据本文上面的研究，净土寺并无水硙设备和水硙租费收入，因而也就不可能向国家交纳水硙的税金。

那么，硙课用的含义是什么？我以为是交纳的磨面加工费。例如上引"麦四石，硙课用"，是紧接在"麦四十石，春硙淘麦用"后，可以理解为麦四石是硙麦四十石的加工费，即磨麦一石为面粉，收加工费一斗。

P.3424号甲申年己丑年春硙粟麦历:

1　甲申年春,王都判硙粟十石,豆粟一石五斗,麦四石。
2　罗麦八石。己丑年麦王都了硙罗麦三十石,粟一车。麦,
3　一车。阴苟子罗麦三车,粟一车,干麦一车。
4　珠善住罗麦三十石。张员保罗麦一车。王满成
5　硙粟七石,麦三石。何盈盈粟三石,麦三石。
6　康阿桑罗麦十五石。目章三罗麦二十五石,
7　干麦六石。

以上所引系硙户替人将麦粟加工成面粉的纪录。共硙粟2车21石5斗,麦2车40石,罗麦3车78石,干麦1车6石,是怎样收加工费的,粟、干麦、罗麦收费有无不同,本文书没有记载。但伯希和非汉文文书1088(A、B、C)号硙课历回答了这些问题。这件文书,史料价值颇高,录文另行发表并交代几点。⑮

本文书的时代。这件文书包括六个断片,共99行。用硬笔书写,断片A(一)4行后,有7行藏文,藏文后又有汉文账目,其中有"已上并汉",⑯以及用驮计量,用巳、卯等纪年,故推断此件时代属吐蕃占领敦煌时期。

本文书的名称。断片A(二)23行,有卯年硙课麦一石八斗、粟一石八斗。已年十月硙课麦两石一斗、粟一石。所记粮食品种有干麦、罗麦、粟,与上引甲申年己丑年春硙麦粟历同,故拟名为硙课历。

本文书的内容。共记有66人的账目,包括姓名,时间,粟、干麦、罗麦数量,硙课数量。其中55人的账目(去掉重名,实际可能为51人)比较完整。为清晰起见,按数量多少,从少到多,顺次列表如下:

P.1088(A、B、C)

吐蕃占领敦煌时期55人麦粟硙课表

顺次	姓名	碾硙月份	碾硙石数				碾硙次数	硙课石数
			粟	干麦	罗麦	合计		
1	□□□	7			1.2	1.2	1	0.3
2	□□□	4			2	2	1	0.5
3	□朋子	5			2	2	1	0.5
4	张奴奴	3		1	1.2	2.2	1	0.4
5	宋还子	4			2.5	2.5	1	0.6
6	张要要	7.9			2.5	2.5	2	0.6
7	张顺子	8			4	4	2	1
8	邓道道	3.7			4.7	4.7	2	1.2
9	□骨仑	8			4.8	4.8	1	1.2
10	王颛颛	(无)		3	2	5	1	0.8
11	僧法会	4	1	2	2	5	2	0.9
12	阴云平	9			5	5	1	1.2
13	□□□	8		3	3	6	1	1
14	董奴子	9		3	3	6	1	1
15	□晟子	7		1	5.5	6.5	1	1.5
16	□再兴	4.5		3	4	7	2	1.25
17	宋德子	9		3	4	7	1	1.3
18	刘毛乂	9		3	4	7	1	1.3
19	□神宝	9		1	5	7	1	1.4
20	张再荣	4	5		2.5	7.5	2	1.6
21	张超进	8			7.5	7.5	1	1.9

(续表)

顺次	姓　名	碾硙月份	碾 硙 石 数 粟	干麦	罗麦	合计	碾硙次数	硙课石数
22	□□□	□6、7	3	2.5	2.5	8	3	1.45
23	氾保德	9	3	2	3	8	1	1.65
24	阳苟苟	9		5	4	9	1	1.5
25	李调顺	9		5	4	9	1	1.5
26	□金刚	6	4	3	2	9	2	1.6
27	任老子	9		3	6	9	1	1.8
28	□□□	4、5、8	3		6	9	3	2.05
29	阴辛洪	7			10	10	1	2.5
30	马曹玉	9		7	4	11	1	1.7
31	王保藏	9		6	5	11	1	1.8
32	范弟弟	9	3		5	11	2	2.1
33	王通子	3、4	5	3	3.5	11.5	3	2.2
34	氾顺	8		12		12	1	1.2
35	李佛奴	9		6	6	12	1	1.8
36	韩意奴	9		5	7	12	1	2.3
37	□□达	5、7、9		2	10	12	3	2.65
38	□□子	7、9	3	5	6	14	2	2.6
39	□二娘	7	2.5	5	7	14.5	2	2.8
40	□□□	4、□	2	9	4	15	2	2.8
41	□文子	9	3	4	8	15	2	3
42	范白泽	9	10		5	15	2	3.2
43	索再安	5、9	5	7	6	18	2	3.2
44	□黑黑	6	7	3	8	18	2	3.7
45	索黑黑	7、8	1	5	12	18	3	3.7
46	阴金刚	4、9	2	8	8.5	18.5	3	3.3

(续表)

顺次	姓 名	碾硙月份	碾 硙 石 数				碾硙次数	硙课石数
			粟	干麦	罗麦	合计		
47	□□了	9	7	8	5	20	1	3.4
48	阴君君	4、8		11	9	20	2	3.4
49	索卖奴	5、7	4.5	10	7	21.5	4	3.6
50	□□□	3、4、9	4	4	15	23	4	4.9
51	张奴奴	4、8	3	14	7.5	24.5	3	3.8
52	阴国进	9		17	10	27	1	4.2
53	索买奴	3、7	10	10	8	28	4	5
54	□仓曹	5、8	13	5	19	37	4	7.8
55	索国清	4	16	13	12	41	3	7.5
合 计			120	226.5	207.4	553.9	90	112.9

注:4张奴奴与51张奴奴,44□黑黑与45索黑黑,26□金刚与46阴金刚,49索卖奴与53索买奴,可能分别是同一人。因而上表实际可能为51人。

上表55人90次(其中27人各1次,15人各2次,9人各3次,4人各4次)共硙粟120石、干麦226.5石,罗麦207.4石,合计为553.9石,平均1人1次硙麦6石多,为数都不多。55人中有一半以上硙麦粟在9石以下,明显是供生活之用,而不是贩卖。硙麦粟的时间为三、四、五、六、七、八、九月,以九月最多。敦煌在三月以后,八月卅日以前,为行水浇田季节,首先保证浇田用水,其次才是碾硙用水。硙麦粟较多在九月进行,很是自然。55人90次的硙课数最少的一次为3斗,最多的一人为3次7.8石,共为112.9石,平均1人1次不到1.4石。

本文书所载的课指什么?有三种可能。

一、是否指向国家交纳的课税?答复是否定的。因为课税一般分夏秋两季按人户或田亩征收。而本文书课的时间,不是夏秋两季,而是三、四、五、六、七、八、九等七个月;也不是按户或按田亩征收,而是按粟、干麦，罗麦数量的不同百分比课收。

二、是否指硙户向硙主（即寺院）交纳的水硙租赁费？答复也是否定的。因为上引残卷录文有六十多人，敦煌地区不可能有那么多人拥有水硙设备，不可能有那么多硙户替人加工磨面，而且硙户交纳的水硙租费也不可能是三斗、四斗、五斗、六斗，如此零碎。

三、唯一可能为硙户收的磨面加工费。如阳苟苟，九月廿七日，干麦五石，罗麦四石，课一石五斗，即，阳苟苟，于九月廿七日，磨罗麦四石、干麦五石为面，磨面加工费为一石五斗。

接着要问，干麦、罗麦、粟的磨面加工费分别是怎样计算的？

断片A(二)5行："粟三石，课六斗。"粟的硙课费为百分之二十。断片B(一)9行："罗麦两石，课五斗。"罗麦的硙课费为百分之二十五。断片B(二)6行："干麦两石，课二斗。"干麦的硙课费为百分之十。以上述百分比，去核算六十多人的硙课历，除罗麦尾数五升，或如数记载，或舍去，或进位为斗，稍有出入，其他都能符合。可见本文书所记载的硙课，干麦为百分之十，罗麦为百分之二十五，粟为百分之二十，磨面加工费是相当昂贵的。这是吐蕃占领时期的加工费，其他时期，是否也是如此，缺乏材料，不得而知。

为什么同是磨面加工费，干麦、罗麦、粟那么悬殊？我以为其原因在于磨面的次数、难易不同，费工有多少。如干麦，据入破历计会记载，都是加工成粗面、连麸面，磨的次数少，不用筛网筛撒，比较省功，收费最少。罗麦则加工成细面，磨的次数多，而且费力，还要用筛网一而再、再而三地筛撒，分成面和麸，费工多，收费就高。粟磨成粟面，粟面也是细面，费工比干麦磨成粗面多，但不用筛撒，费工比罗麦磨成细面略少，因而加工费比干麦磨成粗面高一倍，而略低于罗麦磨成细面，这很自然。

总结本文，主要讲了二点。

所谓硙入,是指以麦粟磨成面,实际上是寺院内部的一种转账,并不是出租水硙的收入。长期以来,把硙入等同于硙课入,是不正确的,并据此推论敦煌寺院普遍拥有水硙设备,出租谋利,与事实相去更远。

二、所谓硙课入,或者是指寺院出租水硙所收的租费。在敦煌拥有水硙设备,出租谋利的只是安国、乾元、三界、大乘等少数寺院。净土寺等多数寺院,并无水硙设备,并无硙租收入。或者是指硙户替人将麦粟磨成面所收的加工费。在吐蕃占领时期的一件文书上,干麦、罗麦、粟磨成面的加工费,分别为百分之十、二十五、二十。

1987年4月

附注:

此文章成后,即投寄《文献》。9月17日获读姜伯勤同志寄赠《敦煌寺院碾硙经营的两种形式》一文(见《历史论丛》第三辑)也说净土寺中的春硙入、秋硙入,都不是硙课入,乃是加工后寺粮的重新入账,与鄙见相同,希读者参阅。

(《文献》1988年第1期)

注释:

① 见《东亚经济论丛》第1卷第3、4号,昭和16年。第2卷第2号,昭和17年。
② 见《敦煌译丛》第1辑。甘肃人民出版社1985年第1版。
③ 入破历计会,系会计用语,相当于现在通称的收支决算。
④ 新附加,会计用语,相当于现在通称的本期收入。
⑤ 见《敦煌讲座》3。
⑥ 前账回残,会计用语,相当于现在通称的上期结余。
⑦ 利润,即利息。敦煌文书中,放高利贷收的利息,都算利润,与目前词书上解释的含义不同。

⑧ 如 P.2040 号背己亥年(939)净土寺入破历稿有：面入：面六十石，自年春碨入。面又二十石，自年秋碨入。计面八十石。麸入，麸十八石，自年春碨入。麸六石，自年秋碨入，计麸二十四石。

以上所载，实乃是麦 60 石，磨成面 60 石、麸 18 石、麦 20 石磨成面 20 石、麸 6 石。其比例为 10 比 13。

再如 2032 号背甲辰年(994)一日已后净土寺直岁惠安手下诸色入历稿："而 60 石，自年春碨入。麸十八石，自年春碨入。"实际上也是麦 60 石成面 60 石、麸 18 石。

⑨ S.4912 号 1V 亥年三月某寺寺主义琛牒。
⑩ P.2040 号背净土寺诸色入破历。
⑪ P.3234 号。
⑫ P.2032 号背甲辰年一日已后净土寺直岁惠安手下诸色入破历。
⑬ P.3763 号净土寺诸色入破历计会稿。
⑭ 见《敦煌译丛》第一辑《敦煌的碨户与梁户》。
⑮ 此件文书，《中国社会经济史研究》1986 年第 3 期曾发表过一部分。
⑯ 三行汉文如下：

1. □年，赵小君作贾，寒食令麦四斗，堆地人粮食
2. □令麦粟三斗半。五月，还索教[授]麦三石。七月，义表人
3. 麦二斗。已上并汉。九月十五日，令麦六驮纳仓。十月十二日令麦一驮一斗。

8至10世纪敦煌的物价

物价,在封建社会主要是粮价,直接影响人民生活、社会生产和安危,历来为社会经济史研究者所注意。但史书所载,多半是战乱、灾荒、丰收年代的,零零星星,为数甚少,且多为议论他事时连带涉及,不能反映物价的基本面貌及其变动升降趋势。敦煌写本中的物价资料,可以补充史书不足。国内外学者对此已有论及。[①]前几年,我辑录《敦煌社会经济文书》,感到其中尚有一些物价资料还未充分利用。今在前人研究基础上,将八十多种物价分成十二类,按年次辑录如下,供学界参考之用。

一、粮 价

1. 小麦

天宝年代,小麦和籴价为每石铜钱三百二十文、三百七十文;时价为每石铜钱四百九十文。

① P.3348号背唐天宝四载(745)河西豆卢军和籴会计牒(一)22—23行:

  天宝三载冬季和籴:七十六石七合小麦,斗估三十二文,计二十四贯三百二十文五分。

按:豆卢军在沙州城内,神龙元年置。斗估指唐政府规定的和籴估价,与时价并不一致。钱指铜钱。以下同。

② 同上(一)45—46行:

天宝四载春季和籴:二百四十一石八斗二升六合小麦,斗估三十二文,计七十七贯三百八十四文三分。

③ 同上(二)35—36行:

天宝四载冬季:四百一十七石三斗五升三合小麦,斗估三十七文,计一百五十四贯四百二十文六分。

④ 同上(二)77—78行:

天宝四载:二百四十一石八斗二升六合小麦,斗估三十七文。计八十九贯四百七十五文四分。

⑤ P.2662号P.2626号拼合天宝时代敦煌郡会计牒:

五谷时价:
小麦一斗,直钱四十九文。

2. 青麦
天宝三、四载,青麦和籴价为每石铜钱三百文、三百五十文。
① P.3348号背天宝四载(745)河西豆卢军和籴会计牒(一)20—21行:

天宝三载夏季和籴：二百六十二石五斗青麦，斗估三十文，计七十八贯七百五十文。

② 同上（一）43—44行：

天宝四载春季和籴：二百三十石六斗青麦，斗估三十文，计六十九贯一百八十文。

③ 同上（二）42—43行：

天宝四载和籴：二百六十二石五斗青麦，斗估三十五文，计钱九十一贯八百七十五文。

④ 同上（二）73—74行：

天宝四载和籴：二百三十石六斗青麦，斗占三十五文，计八十贯七百一十文。

3. 粟
天宝年代粟和籴估价为每石铜钱二百七十文、三百二十文、二百一十文；时价为每石四百四十文。
① P.3348号背天宝四载（745）河西豆卢军和籴会计牒（一）1—2行：

天宝三载夏季和籴：一万四百五十五石四斗一升八合粟，斗估二十七文，计二千八百二十二贯九百六十二文八分。

② 同上(一)16—17行：

  天宝三载冬季和籴：五千四百五石八斗三升七合粟，斗估二十七文，计一千四百五十九贯五百七十六文。

③ 同上(一)41—42行：

  天宝四载春季和籴：六千七百九十九石九斗二升八合粟，斗估二十七文，计一千八百三十五贯九百八十文五分。

④ 同上(二)33—34行：

  天宝四载支军仓粮：九千二百四十七石七升四合粟，斗估三十二文，计二千九百五十九贯六十四文四分。

⑤ 同上(二)56—57行：

  给副使李景玉天宝四载春夏两季禄：
  粟一百二十石直，斗估三十二文，计三十八贯四百文。

⑥ 同上(二)71—72行：

  天宝四载支粮：九千二百六十石六斗三升七合粟，斗估三十二文，计二千九百六十三贯四百四文九分。

⑦ P.3348号背天宝六载(747)十一月河西豆卢军军仓收纳和

籴牒：

　　　　行客任愍子粟一百八石六斗，斗估二十一文，计钱二十二贯八百六文。

⑧ P.2662 号、P.2626 号天宝年代敦煌郡会计牒：

　　五谷时价：
　　粟一斗，直钱三十四文。

4. 床

天宝年代，床和籴估价为每石铜钱二百七十文、三百二十文；时价为三百一十文。

① P.3348 号背天宝四载(745)河西豆卢军和籴会计牒(一)18—19 行：

　　　　天宝三载夏季和籴：一十七石一斗床，斗估二十七文。计四贯六百一十七文。

② 同上(一)47—48 行：

　　　　天宝四载春季和籴：二百七十六石一斗二升床，斗估二十七文。计七十四贯五百五十二文四分。

③ 同上(一)38—39 行：

　　　　天宝四载和籴：一百三十九石二斗六升四合床，斗估三十二文,计钱四十四贯五百六十五文二分。

④ 同上(二)75—76行:

二百七十六石一斗二升床,斗估三十二文,计八十八贯三百五十八文四分。

⑤ P.2662号、P.2626号拼合天宝时代敦煌郡会计牒:

五谷时价:
床一斗,直钱三十一文。

5. 豌豆

天宝时代,豌豆和籴估价为每石铜钱二百九十文、三百四十文;时价为三百五十文。

① P.3348号背天宝四载(745)河西豆卢军和籴会计牒(一)24—25行:

天宝三载和籴:二十九石八斗豌豆,斗估二十九文,计八贯六百四十二文。

② 同上(一)50—51行:

天宝四载春季和籴:一十八石豌豆,斗估二十九文,计五贯二百二十文。

③ 同上(二)40—41行:

天宝四载和籴：四十九石五斗豌豆，斗估三十四文，计钱一十六贯八百三十五文。

④ 同上（二）79—80行：

　　　天宝四载和籴：一十八石豌豆，斗估三十四文，计六贯一百二十文。

⑤ P.2662号、P.2626号拼合天宝年代敦煌郡会计牒：

　　　五谷时价：
　　　豌豆一斗，直钱三十五文。

6. 粟米折比
P.2763号背（三）午年（790）三月沙州仓曹杨恒谦等牒：

　　　辰年十二月已前给宴设厨造酒：三石五斗七升粟，折米二石。

按：即粟一石，折米五斗八升，与《通典》卷六食货典赋税下天宝元年敕文"应贮米处，折粟一斛，输米六斗"相近。

7. 面麦折比。
S.6233号（9世纪前期）诸色斛斗破历：

　　　付面三斗，付黑女，折麦二斗。

按：面三斗折成麦二斗，不合理。疑记载有误。

8. 面麸折比：

P.2763号背(三)午年(790)三月沙州仓曹杨恒谦等牒14行：

辰年二月已前给宴设厨造酒面 三斗二升,折麸一石。

二、油和油料价

1. 油

归义军张氏、曹氏时期,油升价约为小麦二斗或土布二尺。

① P.2838号唐中和四年(884)正月沙州某寺上座比丘尼体圆等斛斗破除及见在牒：

纳布七十尺,准油三斗五升。

按：布指土布,即油一升准土布二尺。

② P.6002号归义军张氏辰年某寺诸色入破历计会：

油八升,折麦一石六斗。

按：即油一升,折麦二斗。

③ P.2049号背同光三年(925)正月沙州净土寺直岁保护手下诸色入破历计会牒：

油三斗五升,梁户入绢一段共三丈七尺准折用。

按：即油一升,约折绢一尺。

④ P.2049号背长兴二年(931)正月沙州净土寺直岁愿达手下诸色入破历计会牒：

　　油一斗五升，梁户入粗缲一匹用。
　　油二斗四升，入布五十尺用。

按：即油一升，约折土布二尺。

2. 麻子

天宝年代，麻子时价为一石五百二十文；归义军时代为麻子一石，折麦粟二石。

① P.2662号、P.2626号天宝年代敦煌郡会计牒：

　　五谷时价：
　　麻一斗，直钱五十二文。

按：麻即麻子，用以榨油。又同件，粟一斗，时价直钱三十四文。则黄麻一斗五十二文，合粟一斗五升。

② P.3150号癸卯年(943)吴庆顺典身契：

　　黄麻一石六斗，折麦三石二斗。

按：黄麻即黄麻子、麻子，麦指小麦。即黄麻一石，折小麦二石。

① P.3631号辛亥年(951)善因、愿通将物色折债历：

　　麦粟七石八斗，折黄麻三石九斗。
　　麦粟八石，折黄麻四石。

麦粟十石,折黄麻五石。
麦粟三石二斗,折黄麻一石六斗。
麦粟四石五斗,折黄麻二石五斗。
麦粟九石,折黄麻四石五斗。

按:以上所载,黄麻一斗,一般为折麦粟二斗,比上引天宝年代黄麻一斗换算折合粟一斗五升略高。

3. 油和麻子折比

P.6002号归义军张氏辰年某寺诸色入破历计会:

黄麻一石五斗,折油二斗一升。按:即黄麻七升约折油一升。

4. 酥

S.6233号背(9世纪)某寺诸色斛斗破历:

五月二十四日,付黑女苏一升,折麦二斗。

按:苏即酥,指以羊乳制成的酥油。

5. 饼渣

按:饼渣,又称滓、查,即麻子榨油后的渣饼。据P.2049号背沙州净土寺同光三年和长兴二年诸色入破历计会牒记载,饼渣一,合麦粟一斗。

三、纺织品价

1. 绢

① P.3448号背天宝四载(745)河西豆卢军和籴会计牒:

87

五千六百匹大生绢,匹估四百六十五文,计二千六百四贯文。

按:同件同年小麦和籴估价为每石三百七十文,即大生绢一匹合小麦一石二斗五升。

② P.3448号背天宝六载(747)十一月河西豆卢军军仓收纳和籴牒:

生绢六十匹,匹沽三百八十文。

③ P.4979号天宝十载(751)酒行胡到芬牒:

天宝十载二月二十三日,付生绢一匹,准时估五百八十文。

④ P.2504号(10世纪)龙勒乡百姓曹富盈牒稿:

绢一匹,断麦粟二十七石。

⑤ S.4884号辛未年(971?)梁保德取斜褐契:

取斜褐一十四段。断生绢一,匹长三丈九尺,幅二尺一寸。

2. 絁
① P.3348号背天宝四载(745)河西豆卢军会计牒:

五百五十四河南府絁,匹估六百二十文,计三百四十⋯⋯贯文。

② 同上：

　　一千七百匹陕郡熟絁，匹估六百文，计一千六十贯文。

3. 缦绯
P.3348号背天宝四载(745)河西豆卢军和籴会计牒：

　　二百七十匹缦绯，匹估五百五十文，计一百四十八贯五百文。

4. 缦绿
P.3348号背天宝四载(745)河西豆卢军和籴会计牒：

　　二百七十匹缦绿，匹估四百六十文，计一百二十四贯二百文。

5. 大练
P.3348号背天宝四载(745)河西豆卢军和籴会计牒：

　　四千二百七十八匹一丈六尺三寸大练，匹估四百六十文，计一千九百六十八贯六十八文七分。

6. 锦
P.2680号丙申年氾恒安纳绫绢等历：

　　准绢八匹，又折绢一匹。

按：即红锦一匹，折绢九匹。

7. 罗

P.2680号丙申年氾恒安纳绫绢等历：

　　白花罗一匹，准绢七匹。

8. 绫，附腰带

① P.2583号吐蕃申年比丘尼修德等施舍疏：

　　紫绫一匹，折绢三匹。

② P.2680号丙申年氾恒安纳绫绢等历：

　　楼绫小绫子一匹，准绢四匹。
　　紫孔雀绫一匹，准绢七匹。
　　白驼绫一匹，准绢七匹。
　　犀牛绫一匹，绢二匹，共准绢七匹。

按：即犀牛绫一匹，准绢五匹。

　　腰带，准绢二匹。

③ S.4120号壬戌—甲子年(962—964)布褐等破历：

　　斜褐一十八段，买楼绫一匹。

按：即楼绫一匹，准斜褐一十八段。

④ S.6781 号丁丑年算会阳王三欠油凭：

紫八窠欺政绫两乌全长三十二尺,准折油二石五斗一升。

9. 缎
P.2680 号丙申年氾恒安纳绫绢等历：

漏颜雨缎子[一匹],折绢二匹。

10. 布
（1）杂布
P.3034 号年代不明（吐蕃占领前）买卖姜布等历：

阿郎杂布一端,准八百文。
令狐敬杂布一端,准八百五十文。

（2）葛布
P.3034 号年代不明（吐蕃占领前）买卖姜布等历：

葛布一端,一千文。

（3）布
① P.2583 号吐蕃申年比丘尼修德等施舍疏（十二）：

与李 3 布一匹,准麦四石五斗。又与张寺加一匹,准麦四石五斗。

② S.6829号丙戌年(806)正月十日已后缘修造破历：

五月十六日，布一丈一尺出卖，每尺[麦]五升。
五月二十一日，付布四匹，计一百七十六尺，折麦十石。

按：即布一匹，折麦二石五斗。

③ 北图59：500号吐蕃寅年(822)氾英振承造佛堂契：

布一匹，折麦四石二斗。

④ 北图372：8462号吐蕃丑年—未年某寺得付麦油布历：

寅年三月，布一匹，折麦四石二斗。

⑤ P.2912号吐蕃丑年正月已后施入破用历：

送路布十五匹，准麦六十七石五斗。

按：即布一匹，准麦四石三斗七升弱。

都头分付慈灯布十匹，准麦四十五石。
与宋国宁布两匹，准麦九石。

按：即布一匹，准麦四石五斗。

斋俫布二匹，四石二斗。

緤布一匹,四石二斗。

布一匹,四石二斗。

按:以上六笔,土布一匹,准麦为四石二斗至四石五斗。

⑤ P.6002号归义军张氏辰年某寺诸色入破历计会:

布半匹,准麦两石。

按:即布一匹,准麦四石。

⑥ S.6064号未年正月十六日报恩寺诸色入破历计会:

粟八石,折纳布一匹。

⑦ P.3631号辛亥年(951)善固、愿通将物色折债历:

善因入布七十八尺,准麦粟七石八斗。
愿通入布三丈八尺,折麦粟三石八斗。
保善入布一丈五尺,折麦粟一石五斗。
愿通入褐布七十五尺,准麦粟八石。
愿威入昌褐四十尺,准麦粟四石。
保瑞入昌褐二丈四尺,折麦粟二石四斗。
愿住入昌褐四十尺,折麦粟四石。
保遂入斜褐一段,准麦粟四石。

按:以上所记,布一尺,一般折麦粟一斗。P.2049号背沙州净土寺同光三年和长兴二年诸色入破历计会牒总收入和支出部分所载布,均以布一尺,折麦粟一斗计算。可见这是当时通行的折价。

⑧ P.2504号(10世纪)龙勒乡百姓曹富盈牒稿:

麦十二石,直布二匹。

按:即布一匹,准麦六石。

11. 緤

P.4763号丁未年(947?)三月十二日分付邓阇梨物色名目:

己酉年(949)十一月六日邓阇梨细緤一匹,折物六石。

按:折物六石,指麦粟六石。又 P.2049号背长兴二年(931)正月沙州净土寺直岁愿达手下诸色入破历计会牒:前账旧緤九十七尺。自年新附緤一百二十尺,诸色破用緤二十六尺,每尺均折合麦一斗。

12. 大绵

P.3348号背天宝四载(745)河西豆卢军和籴会计牒:

三百二十七屯一十铢大绵,屯估一百五十文,计四十九贯五十文。

一千六百屯大绵,屯估一百五十文。

13. 毡

P.3631号辛亥年(951)善因、愿通将物色折债历:

白方毡一领。准麦粟四石。
白羊毛毡一领,折麦粟二石五斗。

又，P.2049号背沙州净土寺同光三年(925)和长兴二年(931)两件诸色入破历计会牒所载毡，每尺均折成麦粟一斗。

四、服装履靴价

1. 紫罗衫子
P.2838号中和四年(884)正月沙州某寺上座比丘尼体圆等斛斗破除及见在历牒：

麦六石四斗，粟两石四斗，入紫罗衫子一领。

按：即紫罗衫子一领，准麦粟十石八斗。

2. 紫绵绫衫
P.3631号辛亥年(951)善因、愿通将物色折债历：

紫绵绫衫一领，准麦粟九石。

3. 真红锦袄子
P.4046号后晋天福七年(942)十一月归义军节度使曹元深施舍疏：

红锦袄子一领，准绢五匹。

4. 绢裙
P.2912号吐蕃丑年正月已后施入破用历稿：

红单绢裙一并腰带,出唱得布一百三十尺。
　　　青绿绢裙一,[麦]五石一斗。
　　　碧绢裙一,[麦]七石。

5. 披子

P.2921号吐蕃丑年正月已后施入破用历稿:

　　　披子一,麦一石五斗。

6. 袈裟

P.2583号吐蕃申年比丘尼修德施舍疏:

　　　袈裟一,准麦八石。

7. 履、靴

① P.1261号吐蕃丑年正月已后施入破用历稿:

　　　麻履一量,[麦]三石八斗。
　　　毡履一量,八斗。
　　　麻靴一量,三石八斗。

② 北图372;8462号吐蕃丑年一未年某寺得付麦油布历:

　　　靴一量,折麦四石二斗。

⑧ S.4445号庚寅年(930?)二月三日米家汉不勿等贷褐历:

白鞋壹俩,断麦一石二斗。

五、五金价

1. 金

P.2049号背长兴二年(931)正月沙州净土寺直岁愿达手下诸色入破历计会牒:

麦三石,买金一钱。
麦二石,买金半钱。

2. 银

P.2049号背长兴二年(931)正月沙州净土寺直岁愿达手下诸色入破历计会牒:

麦三石,买银一两。

3. 铜

P.2049号背长兴二年(931)正月沙州净土寺直岁愿达手下诸色入破历计会牒:

黄麻六斗,高孔目入熟铜四量(两)造佛焰用。

按:黄麻一斗,折麦粟二斗,黄麻六斗,折麦一石二斗,即熟铜一两折麦三斗。

4. 铁

① S.6829号丙戌年(806)正月十日已后缘修造破用历：

　　五月九日，出麦一石四斗、粟三斗五升，买铁四斤打钉。

按：即铁一斤，准麦粟四斗四升。

② P.2040号背净土寺诸色入破历计会稿：

　　豆一石，于曹虞侯边买生铁二斤用。

按：即铁一斤，豆五斗。

5. 钢

S.60645号未年正月十六日报恩寺诸色入破历计会：

　　三石二斗麦，出卖钢八两。

按：即钢一两为麦四斗。

6. 金花

P.2049号背长兴二年(931)正月沙州净土寺直岁愿达手下诸色入破历计会牒：

　　麦六石，买金花七钱。

按：即金花一钱，值麦八斗五升七合.

7. 金水

P.2049号背长兴二年(931)正月沙州净土寺直岁愿达手下诸色入

破历计会牒：

　　麦三石，张胡人边买金水陆钱。

按：即金水一钱，值麦五斗。

8. 水银

P.2049号背长兴二年(931)正月沙州净土寺直岁愿达手下诸色入破历计会牒：

　　水银钱，值麦五斗。

六、木柴价

1. 木

① P.2838号中和四年(884)正月沙州某寺上座比丘尼体圆等斛斗破除及见在牒：

　　粟一石四斗，麦一石四斗，买椙冲天木用。
　　麦一石四斗，买看碨老捣木用。
　　麦一石四斗，买大木一条用。

② P.3631号辛亥年(951)善因、愿达将物色折债历：

　　榆木二根，准麦粟六石。

按：即榆木一根，值麦粟三石。

2. 柴

（1）柴：

P. 6002 号归义军张氏辰年诸色入破计会：

柴两车，折粟四石。

（2）茨柴：

① P. 6002 号归义军张氏辰年某寺诸色入破历计会：

茨柴一车，折麦二石。
茨柴一车，折麦二石七斗。

② P. 2049 号背同光三年（925）正月沙州净土寺直岁愿达手下诸色入破历计会牒：

油一斗，梁户入茨柴一车用。

按：油一斗，折麦二石，则茨柴一车折麦二石。与上一条之一价相同。

（3）刺柴：

① S. 5927 号背戌年某寺诸色斛斗入破历计会：

麦一石五斗、粟一石五斗，买刺柴两车用。

按：即刺柴一车价值麦粟一石五斗。

② P.2838号中和四年(884)正月沙州上座比丘尼体圆等斛斗破除及见在牒：

麦一石四斗，粟一石四斗，买刺柴一车。

按：即一车刺柴为麦粟二石八斗。
（4）磨柴：
P.6002号归义军张氏辰年某寺诸色入破历计会：

磨柴两车，折麦一石二斗。

（6）桱
① P.6002号归义军张氏辰年某寺诸色入破历计会：

桱一车，折麦七石。

② P.2838号中和四年(884)正月沙州上座比丘尼体圆等斛斗破除及见在牒：

麦四石二斗，买桱一车用。
取桱两车，准油三斗四升。

按：油一升，准麦二斗，即桱两车，准麦六石八斗，一车为麦三石四斗。
③ P.2838号光启二年(886)安国寺上座胜净状：

101

麦一石、粟三石四斗,买柽一车用。

按,即柽一车为麦粟四石四斗。

④ P.2049号背同光三年(925)正月沙州净土寺直岁保护手下诸色入破历计会牒:

油三斗,梁户入柽两车用。

按:油一斗折麦二石,即柽一车,折麦三石。

⑤ P.2049号背长兴二年(931)正月沙州净土寺直岁愿达手下诸色入破历计会牒:

麦三石四斗,寒苦入柽一车用。
油二斗,梁户入苦水柽一车用。
布一匹,宋承边买柽一车用。

按:油二斗,准麦四石,布一匹准麦四石,即上引二、三条柽一车均为麦四石。

⑥ S.4120号壬戌一甲子年(962—964)布褐等破历:

土布一匹,于索盈达面上买柽一车用。

按:土布一匹,准麦粟四石,即柽一车值麦粟四石。

⑦ P.4763号己酉年(9487)十二月十一日:

柽一车,折[布]六十尺。

(6) 白刺

P.2838号中和四年(884)正月沙州上座体圆等斛斗破除及见在牒：

麦四石、粟三石，买白刺五车。

按：即白刺一车为麦粟一石四斗。

(7) 枝：

P.2838号中和四年(884)正月沙州上座体圆等斛斗破除及见在牒：

麦一石四斗，买枝一车用。

(8) 白刺和枝。

P.2838号中和四年(884)正月沙州上座比丘尼体圆等斛斗破除及见在牒：

麦二石一斗、粟二石一斗、麦二石五斗，粟二石五斗，买枝五车、白刺三车等用。

麦五石六斗、粟二石八斗，买白刺二车、枝四车用。

按：据白刺与枝项，白刺与枝一车各为麦粟一石四斗。与此条记载价相近。

七、纸张、工具、什物价

1. 纸张

P.6002号归义军张氏辰年某寺诸色斛斗入破历计会：

纸一贴,准麦五石。

按:纸一贴,约五百张,即纸一张,价值麦一升。
又P.2049号背沙州同光三年和长兴二年两件诸色入破历计会记载,纸一张均加麦粟一升计算。

2. 钁

北图372:8462号吐蕃丑年——未年某寺得付麦油布历:

寅年钁一具,折麦二石二斗。

3. 车小头钏

S.1350号大中五年(851)僧光镜赊买车小头钏契:

大中五年二月十三日,买车小头钏一枚,作价值布一百尺,十月填纳。

按:二月买,十月付款。中间相差八个月,加上利息因素,当时即付款的时价应低得多。

4. 掘

P.2838号中和四年(884)正月沙州座比丘尼体圆等斛斗,破除及见在牒:

麦一石四斗,粟七斗,买掘十五笙用。
麦六石二斗,买掘三十一笙用。

按:掘,疑即橛。以上二笔,橛一笙价为麦粟一斗四升或二斗。

5. 斧

S.6233号背(9世纪)某寺诸色斛斗破历：

三石,买斧一量。

6. 铛

北图图字14号丙辰年十二月十八日汜流口卖铛契：

口斗五升铛一口,作铛价麦粟三十石。

7. 鏃子

P.4763号丁未年三月十二日分付邓梨物色名目昌：

戊申年(946?)九月十一日,鏃子一面,折物二十七石。

按：物指麦粟。

8. 罗轮

P.6002号归义军张氏辰年诸色入破历计会：

罗轮价麦一石四斗。

按：罗轮为碾硙重要部件。

9. 袋

P.3631号辛亥年(951)善因、愿通将物色折债历：

褐袋一口,折麦粟四石。

八、菜蔬食料价

1. 姜
P.3034号(吐蕃占领敦煌前)买卖姜布等历：

　　买姜五两，两别六十文。
　　宋坚齐姜二两，两别六十文。
　　[姜]六两，两别六十文。
　　姜二两，两别六十文。
　　高贞买姜一两，准五十文。
　　王郎取姜九两、六两，两别五十文。
　　令狐元姜一两，准五十文。

2. 桂心
P.3034号(吐蕃占领敦煌前)买卖姜布等历：

　　桂心二两，两别二十文。

3. 胡粉
P.1912号吐蕃丑年正月已后入破历稿记载一十六人次均为胡粉一两准麦四石：

　　胡粉半两，准麦两石。
　　张三一两，准麦四石。
　　宋荣粉二两，准八石。

五十四人次为胡粉一两,准麦五石。如:

  赵庭琳粉半两,准二石五斗。
  广逸妹一两,准麦五石。
  吕江清一分,麦一石二斗五升。

按:四分为一两,一分为一石二斗五升,则一两为五石。

  程贲母半两一分,准三石七斗五升。

此外,有"阴米老母一分一石五斗"。即一两准麦六石,比较特殊,疑一石五斗为一石二斗五升之误。

4. 沙糖

P.2583号吐蕃甲年比丘尼修德等施舍疏:

  沙唐一两,崇哲取,准三斗。

按:唐即糖,三斗指麦。

5. 草豉

S.5927号背戌年某寺诸色斛斗入破历计会:

  麦八斗,买草豉二石用。

6. 菌子

S.5927号背戌年某寺诸色斛斗入破历计会:

戌年麦一斗,买菌子十斗用。

按:菌子即蘑菇。

九、买卖牲口价

1. 马
① P.3359号P.3664号拼合天宝十三载(754)敦煌郡会计牒:

马一百匹,当绢二千五百匹。

按:即马一匹,当绢二十五匹。
② P.2504号(10世纪)龙勒乡百姓曹富盈牒稿:

八岁父马一匹,准绢二匹。

2. 牛
① P.2583号吐蕃申年比丘尼修德等施舍疏:

福田牛八头,折得麹麈绢两匹,绯绢三匹,紫绫一匹,
折绢三匹,每牛一头,得绢一匹。

② P.2504号(10世纪)龙勒乡百姓曹富盈牒稿:

绢一匹,断牛一头。

③ S.5807号 S.5826号拼合吐蕃未年(807)尼明相卖牛契:

　　黑牸牛一头,三岁。准作汉斗麦一十二石、粟二石,共十四石。

④ S.1475号吐蕃寅年(822)令狐宠宠卖牛契:

　　紫犍牛一头,六岁,麦汉斗一十九石。

⑤ S.6233号吐蕃寅年换牛契:

　　紫犍牛一头,八岁,博回青草驴一头,贴细布一匹。

⑥ S.2447号吐蕃亥年(831)十月一日以后诸家散施入经物历:

　　三岁㹀子一头,出唱得纸三十帖。

按:上引纸一帖准麦五石,即合一百五十石。似价太贵。
⑦ P.4083号丁巳年(957?)唐清奴买牛契:

　　五岁耕牛一头,断作价值生绢一匹,长三丈七尺。

3. 羊
P.2838号中和四年(884)正月沙州上座比丘尼体圆等斛斗破除及见在牒:

　　羖羊一母子,准油二斗五升。

109

按：据上引，油一斗准麦二石，即合麦五石。

十、雇佣牲口价

1. 驼

① P.2825号乾宁三年(896)冯文达雇驼契稿：

雇八岁黄父驼一头，敦煌至京来回，准绢五，现付。

② 北图殷字41号癸未年(937?)二月十五日张修造雇父驼契：

雇五岁父驼一头，敦煌至西州来回，官布一十六匹。到日交纳。

③ 北图殷字41号癸未年(937?)七月十五日张修造雇驼契：

雇六岁父驼一头，敦煌至西州来回，断作官布抬个（匹？）使入后三日内填还。②

④ P.3448号背辛卯年(931?)董善通、张善保雇驼契：

雇十岁黄骆驼一头，敦煌至京来回，断作价生绢六匹。

⑤ P.2652号丙午年(946)宋某雇驼契：

雇八岁父驼一头，敦煌至西州来回，断作驼价生绢一匹，正月至七月填还。

2. 牛

S.6341号壬辰年(932?)雇牛契：

雇黄自[牸]牛一头，年八岁，断作雇价每月一石。

十一、买卖人口奴婢价

1. 卖儿

S.3877号丙子年(916)阿吴卖儿契：

阿吴将儿庆德七岁，出卖与令狐信通，断作时价，干湿共三十石。

按：干湿一般指麦粟干湿各半。

2. 卖婢

S.1946号宋淳化二年(991)韩愿定卖妮子契：

韩愿定将家妮子名滥胜，年可二十岁，出卖与常任百姓朱愿松妻男，断偿女人价生熟绢五匹。内熟绢一匹，断出褐六段，白褐六段，共十二段，各长一丈二尺。

十二、工　　价

1. 使用车牛具

北图372;8462号吐蕃丑年—未年某寺得麦油布等历：

>　寅年正月五日,使车牛七日,折麦三石五斗。
>　三月五日,使车牛种两日,折麦一石。
>　九月十日,使车牛两日,折麦一石。

按:据以上所载,使用车牛具耕种一日为麦五斗。

2. 解木工

S.6829号丙戌年(806)正月十一日已后缘修造破用历:

>　四月二日,出麦七斗,付曹昙恩解木七日价。
>　同日,出麦二斗,付索家儿解木二日价。
>　又一日,价麦一斗。
>　九日,出粟七斗,付索鸾子充解木五日价。

按:据以上所载,解木一日价为麦一斗或粟一斗四升。

3. 书幡

北图372:8462号吐蕃丑年—未年某寺得付麦油布等历:

>　丑年,杜都督当家书幡卅二口,每一口麦一石,准麦三十二石。
>　寅年,僧海印书幡十二口,每口麦一石二斗。
>　卯年,僧福渐书幡一口,每口麦山石二斗。

4. 写经

P.2912号吐蕃占领敦煌时期康秀华疏:

>　写大般若经一部,施银盘子三枚三十五两,麦一百石,粟一十五石,粉四斤,充写经值。纸墨笔自供足。

按：前引录文，银一两折麦三石，三十五两共折麦一百五石。胡粉一两折麦四石或五石，四斤为六十四两，共折麦为二百五十六石，或三百二十石。写大般若经一部共合麦粟四百七十六石，或五百四十石。

以上所录物价共十二类八十多种二百四十多笔。时代，以有纪年的文书计算，上起天宝三载(744)，下讫宋淳化二年(991)。可分为两个时期，前一时期为唐朝直接统治的天宝年代，商品经济发达，都以货币为价值尺度，有和籴估价和时价二种。后一时期，为吐蕃和归义军张氏及曹氏统治时期，商品经济萎缩，主要以麦粟，其次以布及绢为价值尺度和交换手段。从同一时期同类物品价格对比中可以看出，天宝年代的物价变动升降情况是：

小麦，天宝三、四载，和籴估价上升百分之十二。

青麦，天宝三、四载，和籴估价上升百分之十六。

豌豆，天宝三、四载，和籴估价上升百分之十七。

床，天宝三、四载，和籴估价上升百分之十八。

粟，天宝三、四载，和籴估价上升百分之十九。

粟，天宝六载比四载和籴估价下降百分之三十八。

大生绢，天宝六载比四载和籴估价下降百分之二十。

吐蕃和归义军时代，实行物物交换，布一尺一般折麦粟一斗，油一升折麦粟二斗，麻一斗折麦粟二斗。以天宝年代与吐蕃和归义军时代相比，突出的一点是纺织品价格普遍上升。如天宝四载，大生绢一匹，和籴估价为四百六十五文，小麦一石和籴估价为三百七十文，大生绢一匹折小麦一石二斗；而在吐蕃和归义军时代，布一匹折麦粟一般为四石以上。所谓布，即敦煌当地出产的麻布，亦称土布，比天宝年代内地输入的大生绢，质量次得多，价格低得多。后一时期布帛价格比天宝年代上升了几倍。影响布价上升的因素很多，但主要原因，在于天宝年代唐朝在河西地区广泛推行和籴，从内地运去大批布绢，换取粮食，解决驻军的粮食供应,人为地提高了粮价,降低了布帛价。河西陷蕃以后,敦煌与内地交通阻隔,内地不再运去大宗绢布,纺织品缺少,价格上升,土布一尺折麦一斗、土布一匹折麦粟四石(或四石多)是当时通行的比价。至于外地输入丝织晶,如绢、绫,罗等价上升更高。

(《纪念陈寅恪教授国际学术讨论会文集》,
中山大学出版社 1989 年版)

注释:

① 池田温:《中国古代物价的考察——以天宝元年交河郡市估案断片为中心(1)(2)》,《史学杂志》第 77 卷第 1、2 期,1968 年 1、2 月。
② 郑学檬:《从敦煌文书看唐代河西地区的商品货币经济》,见《敦煌吐蕃出土经济文书研究》。

伯 2032 号甲辰年净土寺诸色入破历计会稿残卷试释

在敦煌文书中有一批记载寺院资产粮食布匹等收支和借贷活动的簿历。如常住什物交割点检历、诸色入历、诸色破用历、诸色出便历、诸色入破历计会等。都是研究敦煌寺院经济和社会经济结构的宝贵资料其中以诸色入破历计会内容最为丰富。

所谓诸色入破历计会,类似现在的收支决算账目,综合而又具体地记载了一年或二三年的诸色收入与支出以及现在数。它是寺院定期向本寺徒众公布,或向管辖本寺的僧官报告而编制的收支决算书,件数甚多。有草稿,有腾清稿,多数因剪贴而被分割,或残缺或颠倒,有的仅存残片,需要缀合、复原。本文仅对伯 2032 号中的一件诸色入破历计会稿残卷,试作缀合与初步探讨。

一、诸色入破历计会稿残卷的部分缀合

伯 2032 号是一个长卷子,一面是维摩诘经残卷。存不思议品第六、观众生品第七、佛道品第八、入不二法门第九。一面是专院收支簿历。从抄写情况看,账目在前,佛经在后。是利用收支簿历,抄写佛经。

收支簿历,前后残缺,现存 870 行。包括多件诸色入历、破用历、入破历计会,都残缺不全,前后颠倒。今天多已不可能复原,但比类完整

的入破历计会,有的可以部分缀合复原。

在敦煌文书中最长最完整的诸色入破历计会有两件。

其一,伯2049号后唐同光三年(925)正月沙州净土寺直岁保护手下诸色入破历计会牒,记载收支决算账目顺次有以下几个部分:

(1) 前账回残入和自年新附入的麦粟油苏米面黄麻麸查(查即渣饼,以下同)豆布氎纸张等数量,即总收入。

(2) 前账回残入的诸色数量,即上一年的结余数量。

(3) 自年新附入的麦粟油面黄麻麸查豆布等数量,即本会计年度新的收入。

(4) 自年新附入的麦粟油面黄麻麸查豆布等数量,紧接着是顺次分类记载麦粟油面黄麻查麸豆布等一次次的收入。

(5) 麦粟油面黄麻麸查豆布等破用的总数,即全年总支出,紧接着是麦粟油面黄麻麸查豆布等数量,随后是顺次分类记载麦粟油黄麻麸查豆布等一次次的破用。

(6) 沿寺破除外应及见存,即诸色破用后的现存数,也就是总收入减去总支出后的结余。

其二,伯2049号后唐长兴二年(931)正月沙州净土寺直岁愿达手下诸色入破历计会牒其记载收支决算账目顺次有以下几个部分:

(1) 前账回残与一年中间新收入总数。

(2) 前账回残旧的诸色数量。

(3) 自年新附入的诸色数量以及分类记载的一次次收入。

(4) 诸色破用及其分类记载的一次次破用。

(5) 沿寺破除外应及见存:即诸色破用外的现在数。

除节略了上一件三、四重复部分。其他五部分的顺次分类记载与上一件全部相同。可见诸色入破历计会有大致相同的格式。

比类上述两件完整的入破历计会牒,可以看出:伯2032号553行

伯2032号甲辰年净土寺诸色入破历计会稿残卷试释

至576行前账回残和自年新附入,实为某件诸色入破历计会稿的组成部分。其中553行至564行与伯2032号292至802行相同。自年新附入之麦粟油苏面黄麻麸查豆数量,分别顺次与1至64行、502至552行面麦入、西仓麦入、粟入、西仓粟入、油入、苏入、头面入、连麸面入、谷面入、黄麻入、麸入、查入、豆入相等。如:

566行,八十六石八斗五升麦,与1至15行麦入相等。

566至567行,三十七石七斗西仓麦,与16至31行西仓麦入相等。

567行,五十七石三斗粟。与32至40行粟入相等。

568行,一百五十二石二斗西仓亮粟,与41至64行、502至506行西仓粟入相等。

569行,四升苏,与510至511行苏入相等。

570行,六十二石五斗面,与512至514行头面入相等。

570至571行,十二石八斗五升连麸面,与515至517行连麸面入相等。

571行,五石谷面,与518至520行谷面入相等。

571至572行,一十一石八斗五升黄麻,与521至539行黄麻入相等。

572行,一十八石麸,与540至541行麸入相等。

572至573行,三十三饼查,与542至544行查入三十三饼相等。

573至574行,七石六斗五升豆,与545至552行豆入相等。

不仅数量相等,麦粟等先后顺次也完全相同,且出自同一人手笔。比类上述两件完整的诸色入破历计会牒,可知565至576行自年新附入是以1至64行和502至552行诸色入历之分类流计为基础编制的。其先后应是565至576行在前。1至64行、502行至552行在后。兹将缀合的录文移录于后。

在每一行上,我加了阿拉伯数字。缀,表示缀合后的行数。原,表

117

示原件行数。

诸色入破历计会稿残卷录文：

（前缺）

一千九百二十六石（八斗两合麦粟油苏米面黄麻麸查豆布缣纸等前帐回残）

二百一十七石八斗九升麦。七百三十

八石六斗五合粟，六石一斗九升

七合油，一升苏，一斗九升米，

一百三十三石八斗一升面，一

十六石九斗八升连麸面，

两石二斗四升谷面，六十石

六斗九升黄麻。三十三石

四斗麸、一百八十六饼查。六

百三十八石贰斗九升豆

一尺缣，二百张纸[①]

伍百四拾贰硕　三斗[②] 肆胜麦粟油苏面黄麻麸查（渣）豆布缣褐等自年新附入。

八十六石八斗五升麦。三十七

石七斗西仓麦。五十七石三

斗粟，一百五十二石二斗西仓

粟，三石六斗油，四升苏，

六十二石五斗面，十二石八斗五升连麸

面，五石谷面，一十一石八斗

五升黄麻，一十八麸。三

十三饼查，七石六斗五升

豆,二十九石四斗西仓豆,三
百三十三尺布,一百五十四尺䌷。五十四尺褐。③
麦入。④

麦肆硕,二月六日、七日沿行像散施入。麦肆斗,张善盈患念诵入。麦肆硕贰斗春佛食料入。麦壹硕伍升,城上转经神佛料入。麦贰斗,春官斋入。变贰拾贰硕肆斗,菜田渠税入。麦贰拾叁硕,无穷厨田入,麦捌硕肆斗,园南地税,麦肆硕贰斗,秋佛食入。麦壹硕,六月城上转经神佛僧食⑤用,麦肆四斗。⑥安平水患念诵入。麦肆硕。生地种入,麦两硕,令狐启达抹木价入。麦壹硕柒斗,人上菜价入。麦肆斗,十二月八日,王赤⑦丰念诵入。麦捌斗,何义员折豆本利入。麦伍斗,张骨儿利润入。麦壹硕。张粉堆利润入。麦伍斗,翟王久利润入。麦柒斗伍斗。⑧康王仵利润入。麦伍斗,贺成润利润入。麦贰斗伍升,彭员达利润入。麦伍斗,张普启利润入。麦伍斗,贺定子利润入。麦伍斗,彭丑儿利润入。麦伍斗,彭憨子利润入。麦壹硕,吴德信利润入。麦两硕贰斗,押衙宋略宕利润入。

计麦八十六石八斗五升。(中有十一行佛经)

西仓麦入。麦伍硕,董延进利润入。麦叁硕,王富延利润入。麦伍斗。董庆子利润入,麦壶硕,王思子利润入,麦一石,冯友友利润入,麦一石,王恒信利润入,麦一石,白昌友利润入。麦叁斗,李庆达利润入。麦伍斗,⑨王恒启利润入。麦壹硕伍斗,范盈达利润入。麦壹硕伍斗,贺成润利润入,妾贰斗伍升,索庆恩利润入。麦壹硕贰斗,郭再升利润入。麦叁硕,王德友利润入。麦雨硕,王富启利润入。麦两硕伍斗。康善住利润入。麦叁斗伍升,曹花子利润入。麦伍斗王富住利润入。麦壹硕,李富延利润入。麦伍斗,郭怀义利润入。麦二石,康永吉利润入。麦壹硕

119

伍斗安元进利润入。麦壹硕伍斗,王定并将粟换入。麦叁硕,令狐搕撻将粟换入。麦伍斗,阴安信将粟换入。麦陆斗,张万达将粟换入。

计麦三十七石七斗。

(中有七行佛经)

粟入。

粟叁硕贰斗,二月六七日沿行像散施入。粟叁斗,王家大朗子患念诵入。粟肆斗,张善盈患念诵入。粟柒硕二⑩斗,高孔目换豆入。粟壹硕玖斗,春官斋儭入。粟拾玖硕伍斗,延康渠地税入。粟贰硕,善惠亡时面替入。粟肆斗,油替入。粟陆硕,孔僧统亡百日斋儭入。粟肆斗,安平水患念诵入。粟拾硕贰斗,自年僧上菜价入。粟壹硕柒斗,人上菜价入。粟壹硕,诸巷道场经儭入。粟壹斗,僧家仓换豆入。粟叁硕,张定子利润入。

计粟五十七石三斗。

(中有十七行佛经)

(前缺)

⑪……………………………………………………………

□□[入]。粟壹硕,李义延利润入。粟壹硕,李盈子利润入。粟二硕,阳略罗利润入。粟伍斗,宋住子利润入。粟壹硕,王安信利润入。粟伍斗,马什德利润入。粟伍斗,宋保住利润入。粟壹硕,张定子利润入。粟伍斗,李再住利润入。粟伍斗,田达儿利润入。粟壹硕,氾通子利润入。粟壹硕,郭黄儿利润入。粟壹硕伍斗,王富启利润入。粟伍斗,彭安定利润入。粟伍斗,曹进员利润入。粟壹硕,孔恩子利润入。粟两石,安搕撻利润入。粟壹硕伍斗,郭住儿⑫13利润入。粟伍斗,孝愿利润入。粟叁斗伍升,曹安六利润入。粟壹硕伍斗,李流子利润入。粟陆斗,王骨

120

子利润入。粟伍斗,刘苟子利润入。粟伍斗,张骨儿利润入。粟壹硕,李王三利润入。粟伍斗,盈德利润入。粟伍斗,陈攨攞利润入。粟柒斗,康⑬递子利润入。粟壹硕,阴保成利润入。粟捌斗,画章章利润入。粟壹硕伍斗,石佛德利润入。粟伍斗,孟通信利润入。粟壹硕伍攞斗,张麹子利润入。粟两硕,安千略利润入。粟壹硕,进员利润入。粟伍斗,矾通子利润入。粟伍斗,樊进贤利润入。粟伍斗,赵流德利润入。粟伍斗,道□利润入。粟贰斗,富通利润入。粟贰斗⑭15,康员利润入。粟贰斗伍升,张阿朵利润入。粟伍斗,刘欺泊利润入。粟伍斗,李流富启利润入。粟伍斗,龙义子利润入。粟一石五斗,龙葛盈利润入。粟一石,阴骨子利润入。粟五斗,再昌利润入。粟一石五斗,石通子利润入。粟二斗五升,彭员达利润入。粟柒斗伍升,梁善启利润入。粟壹硕,令狐盈达利润入。粟壹硕、粟两硕贰斗伍升,僧义忠利润入。粟柒斗伍升,信子利润入。粟壹硕壹斗,邓住子利润入。粟一石,陈石儿利润入。粟伍斗,张贤住利润入。粟伍斗,郭道信利润入。粟一石五斗,

16⑮ ....

(中有残缺)

17⑯ ....

☐☐☐☐入。粟一硕,张儒通利润入。粟贰斗,愿善利润入。粟伍斗,李义延利润入。粟伍斗,彭保定利润入。

计一百五十一石四斗。

粟捌斗惠进等四人利润入。

计一百五十二石四斗。

(中有空白)

油入。

油陆斗,付黄麻押入。油叁硕,自年梁课入。
计三石六斗。
苏入。苏四升,将油换入。
计四升。
(中有空白)
头面入。
面陆拾硕,自年春碨入。面两硕伍斗,太傅亡时,劝孝替入。
计六十二石五斗。
连麸面入。
面陆硕贰斗,三月碨入。面叁硕陆斗,六月碨入。面叁硕,秋碨入。
计十二石八斗五升。
谷面入。
面叁列秋碨入。面两硕春碨入。
计五石。
黄麻入。
黄麻壹斗,索延启利润入。黄麻肆斗,陈黑子利润入。黄麻贰斗,刘欺泊利润入。黄麻壹斗,祥启利润入。黄麻伍斗,唐粉堆利润入。黄麻贰斗伍升,丑婢利润入。黄麻叁斗,李昄达利润入。黄麻伍升,邓住子利润入。麻壹斗伍升,张进通利润入。麻伍升,张友子利润入。麻贰斗,氾元进利润入。麻壹伍斗伍升,孙富住利润入。黄麻伍升,史富通利润入。黄麻贰斗,邓员德利润入。黄麻肆斗,康撝搔利润入。黄麻壹斗伍升,索万迁利润入。黄麻伍升,彭保定利润入。黄麻壹斗,张竹讷利润入。黄麻壹斗伍升,王康三利润入。黄麻壹斗,王友信利润入。麻壹斗,何安定剂润入。麻壹斗,何留子利润入。麻伍升,赵里三利润入。黄麻伍升,李义延利润入。麻伍升,李君君利润入。麻壹斗,李盈子利润入。麻贰斗,李婆利润入。黄麻壹斗伍升,李押衙妻利润入。黄麻壹斗,张儒通利润入。麻壹斗伍升,米里久利润入。黄麻叁斗,张见子利润入。麻壹斗,安擖搔利润入。麻壹斗,邓住子利润入。麻贰斗,朱赞子利润入。麻壹斗,愿真利润入。黄麻柒斗,春秋二季佛食入。麻肆硕玖斗,西仓付粟换入。麻柒斗伍升,王幸丰利润入。

十一石八斗五升。

(中有空白)

麸入。麸壹拾捌硕自年碨面入。

计一十八石。

查入,查贰拾柒并自年梁课入。渣陆并付麻押入。

计三十三并。

豆入。

豆叁斗,轻老道场经儭入,豆伍斗,李幸端利润入。豆伍斗,张和子利润入。豆捌斗,安员进利润入。豆壹硕,冯友友利润入。豆贰斗,曹安信利润入,豆壹硕,齐义员利润入。豆伍斗,郭清奴利润入。豆伍斗,张竹讷利润入。豆伍斗,汜盈达利润入。豆伍斗,烧保达利润入。豆贰斗,邓定于利润入。斗贰斗伍升,彭神奴利润入。豆伍斗,安久利润入。豆肆斗,武通子利润入。

计七石六斗五升。

· ·

(后缺)[17]

以上缀合的录文,仅限于诸色入破历计会稿的第三部分自年新附入,其他四部分,前账回残与自年新附入总数前账回残,诸色破用、结余部分,尚还不知。

二、诸色入破历计会稿残卷的来源

上述诸色入破历计会稿前账回残和自年新附入部分,前后残缺。因而不知道它是哪一年的,是哪个寺院的。但就现有资料考察除上面已经说明的前账回残来源于上一年度的应及见存外,已知道的还有两个来源。

(一)是同卷甲辰年一日已后直岁惠安手下请色入历。(二)是伯3234号甲辰年二月后东库惠安惠戒手下便物历。今以:

甲,代表上录2032号诸色入破历计会稿自年新附入部分。

乙,乙代表伯232号甲辰年一日已后直岁惠安手下诸色入历。

丙,丙代表3234号甲辰年二月后净土寺东库安惠戒手下便物历。试作对照如下。

麦入:

例一:

甲,麦肆硕,二月六日、七日沿行像散施入。

乙,麦肆硕,二月六日、七日沿行像散施入。

例二:

甲,麦肆斗,张善盈患念诵入。

乙,麦四斗,张善盈患时念诵入。

例三:

甲,麦肆硕贰斗,春佛食入。

乙,麦肆硕贰斗,春季佛食入。

例四:

甲,麦壹硕五升,城上转经神佛料入。

乙,麦壹硕五升,城上转经佛[18]神僧料入。

例五:

甲,麦贰斗,春言斋儭入。

乙,麦贰斗,春言斋儭入。

例六:

甲,麦贰拾贰硕肆斗,菜田渠税入。

乙,麦贰拾贰石四斗,菜田渠厨[19]入。

例七:

甲,麦贰拾参硕,无穷[20]厨田入。

乙,麦贰拾叁石,无穷厨田入。

例八:

甲,麦捌硕肆斗,园南地税。

乙,麦八石四斗,园南地税入。

例九:

甲,麦肆硕贰斗,秋佛食入。

乙,麦四石二斗,秋佛食入。

例十:

甲,麦壹硕,六月城上转经神佛僧食用(料入)。

乙,麦一石,六月城上转经神佛及僧料入。

例十一:

甲,麦肆四斗,安平水患念诵入。

乙,麦四斗,安平水患时时念诵入。

例十二:

甲,麦肆硕,生地种入。

乙,麦肆石,生地种入。

例十三:

甲,麦两硕　令狐启[21]送抹木价入。
乙,麦两硕　令狐庆达抹木价入。
例十四:
甲,麦壹说柒斗,人上菜价入。
乙,麦一石七斗,人上菜价入。
例十五:
甲,麦肆斗,十二月八日,王赤丰念诵入。
乙,麦四斗,十二月八日,王幸丰念诵入。
例十六:
甲,麦捌斗,何义员[22]折豆本利入。
丙,何义信便豆壹硕,秋壹硕伍斗。
例十七:
甲,麦伍斗,张骨儿利润入。
丙,张骨儿便麦壹硕,至秋壹硕伍斗。
例十八:
甲,麦一硕,张粉堆利润入。
丙,张粉堆便麦两硕,至秋叁硕
例十九:
甲,麦伍斗,翟王久利润入。
丙,翟王久便麦壹硕,至秋壹硕伍斗。
例二十:
甲,麦柒斗伍斗(升),康王忤利润入。
丙,康王午便麦壹硕伍斗,至秋两硕贰斗伍腾。
例二一:
甲,麦伍斗,贺成润利润入。
丙,贺成闰便麦壹硕,至秋壹硕伍斗。

例二二：

甲,麦贰斗伍升,彭员达利润入。

丙,彭员达便麦伍斗,至秋柒斗伍升。

例二三：

甲,麦伍斗,张善启㉓利润入。

丙,张善庆便麦壹硕。至秋壹硕伍斗。

例二四：

甲,麦伍斗,贺定子利润入。

丙,贺定子便麦壹硕,至秋壹硕伍斗。

例二五：

甲,麦伍斗,彭丑儿利润入。

丙,彭丑儿便麦壹硕,至秋壹硕伍斗。

例二六：

甲,麦伍斗,彭憨子利润入。

丙,彭憨子便麦壹硕,至秋壹伍斗。

例二七：

甲,麦壹硕,吴德信利润入。

丙,吴德信便麦两硕,至秋叁硕。

例二八：

甲,麦两硕贰斗㉔,押衙宋略宕利润入。

丙,押衙宋略明便麦肆硕伍斗,至秋陆硕柒斗伍升。

以上二十八例,十五例来自乙,十三例来自丙。

粟入：

例一：

甲,粟叁硕贰斗,二月六七日,沿行像散施入。

乙,粟叁硕贰斗,二月六日七日,亦行像散施入。

127

例二：

甲，粟叁斗，王家大郎子念诵入。

乙，粟叁斗，王家大郎子念诵入。

例三：

甲，粟肆斗，张善盈患念诵入。

乙，粟肆斗，张善盈患时念诵入。

例四：

甲，粟柒硕二斗，高孔目换豆入。

乙，粟柒硕贰斗，高孔目换豆入。

例五：

甲，粟壹硕玖斗，春官斋䞋入。

乙，粟壹石九斗，春官斋入。

例六：

甲，粟十玖硕伍斗，延康渠地税入。

乙，粟拾玖石五斗，延康地税入。

例七：

甲，粟贰硕，善惠亡时面替入。

乙，粟贰石，善惠亡面替入。

例八：

甲，粟肆斗，油替入。

乙，粟四斗，油替入。

例九：

甲，粟陆硕，孔僧统亡百日斋䞋入。

乙，粟陆硕，孔僧统亡百日斋䞋入。

例十：

甲，粟肆斗，安平水患念诵入。

乙,粟四斗,安平水患时念诵入。

例十一：

甲,粟拾硕贰斗,自年僧上菜价入。

乙,粟拾硕贰斗,自年僧上菜价入。

例十二：

甲,粟壹硕柒斗,人上菜价入。

乙,粟一石七斗,人上菜价入。

例十三：

甲,粟壹硕　诸巷道场经儭入。

乙,粟一石　十一月诸道转经经儭入。

例十四：

甲,粟壹斗,僧家仓换豆入。

乙,粟壹斗,僧家仓将豆换入。

以上粟入十四例均来自乙。

黄麻入：

例一：

甲,黄麻壹斗,索延启㉟利润入。

丙,索延庆便黄麻贰斗,至秋叁斗。

例二：

甲,黄麻肆斗,陈黑子利润入。

丙,陈黑子便黄麻捌斗,至秋壹硕贰斗。

例三：

甲,黄麻贰斗,刘欺泊利润入。

丙,刘欺泊便黄麻肆斗,至秋陆斗。

例四：

甲,黄麻壹斗,祥启㊱利润入。

129

丙,祥庆便黄麻贰斗,至秋叁斗。

例五:

甲,黄麻伍斗,唐粉堆利润入。

丙,唐粉堆便黄麻壹硕,至秋壹硕伍斗。

例六:

甲,黄麻贰斗伍升,丑婢利润入。

丙,丑婢便黄麻伍斗,至秋柒斗伍升。

例七:

甲,黄麻叁斗,李贩达[⑦]利润入。

丙,人户李贩汉便黄麻陆豆,至秋玖斗。

例八:

甲,黄麻伍升　邓住子利润入。

丙,邓住子便麻壹斗　至秋壹斗伍升。

例九:

甲,麻壹斗伍升,张进利润入。

丙,张进通使麻叁斗,至秋肆斗伍升。

例十:

甲,麻伍升,张支子[⑧]利润入。

丙,张猪子便麻壹斗,至秋壹斗伍胜。

例十一:

甲,麻贰斗,氾元进利润入。

丙,氾元进便麻肆斗,至秋陆斗。

例十二:

甲,麻壹斗五升,孙富住利润入。

丙,孙富住便黄麻叁斗,至秋肆斗伍升。

例十三:

伯 2032 号甲辰年净土寺诸色入破历计会稿残卷试释

甲,黄麻伍升,史富通利润入。

丙,史富通便黄麻壹斗,至秋壹斗伍胜。

例十四:

甲,黄麻贰斗,邓员德利润入。

丙,邓员德麻肆斗,至秋陆斗。

例十五:

甲,黄麻肆斗,康揭搥利润入。

丙,康揭搥便黄麻捌斗,至秋壹硕贰斗。

例十六:

甲,黄麻伍升,索万迁㉔利润入。

丙,同日。索万千便黄麻叁斗,至秋肆斗伍胜。

例十七:

甲,黄麻伍升,彭保定利润入。

丙,彭保定便麻壹斗,至秋壹斗伍胜。

例十八:

甲,黄麻壹斗,张讷竹利润入。

丙,张竹讷便黄麻贰斗,至秋叁斗。

例十九:

甲,黄麻壹斗,王康三利润入。

丙,康三便黄叁斗,至秋肆斗伍胜。

例二十:

甲,黄麻壹斗,王友信利润入。

丙,王友信便黄麻贰斗,至秋叁斗。

例二一:

甲,麻壹斗,何安定利润入。

丙,何安定便黄麻贰斗,至秋叁斗。

131

例二二:

甲,麻壹斗,何留子利润入。

丙,何留子便麻贰斗,至秋叁斗。

例二三:

甲,麻伍升,赵里三利润入。

丙,赵里三便黄麻壹斗,至秋壹斗伍胜。

例二四:

甲,黄麻伍升,李义延利润入。

丙,李义延便黄麻壹斗,至秋壹斗五升。

例二五:

甲,麻伍升,李君君利润入。

丙,李君君便黄麻壹斗,至秋壹斗五升。

例二六:

甲,麻壹斗,李盈子利润入。

丙,李盈子便黄麻贰斗,至秋叁斗。

例二七:

甲,麻贰斗,李婆利润入。

丙,李婆便黄麻肆斗,至秋陆斗。

例二八:

甲,黄麻壹斗伍升,李押衙妻利润入。

丙,李押衙妻便黄麻叁斗,至秋肆斗五升。

例二九:

甲,黄麻壹斗,张儒通利润入。

丙,张儒通便黄麻贰斗,至秋叁斗。

例三十:

甲,麻壹斗伍升,米里久利润入。

乙,米里久便黄麻叁斗,至秋肆斗伍胜。

例三一:

甲,黄麻叁斗,张见子利润入。

丙,行者张建子便黄麻陆斗,至秋玖斗。

例三二:

甲,麻壹斗,安揭搥利润入。

丙,安揭搥便黄麻贰斗,至秋叁斗。

例三三:

甲,麻壹斗,邓住子利润入。

丙,邓住子便麻贰斗,至秋参斗。

例三四:

甲,麻贰斗,朱赞子③利润入。

丙,朱替子便黄麻肆斗,至秋陆斗。

例三五:

甲,麻壹斗,愿真利润入。

丙,愿真便黄麻贰斗,至秋叁斗。

例三六:

甲,黄麻柒斗,春秋二季佛食入。

乙,黄麻七斗,春秋两季佛食入。

例三七:

甲,麻肆硕玖斗,西仓付粟换入。

乙,丙,均未见。

例三八:

甲,麻柒斗伍升,王幸丰利润入。

丙,王幸丰便麻壹硕伍斗,至秋两石二斗伍升。

以上黄麻入三十八例,除一例乙、丙未见外,其中三十六例来自丙,

133

一例来自乙。

豆入：

例一：

甲，豆叁斗，诸巷道场经䁖入。

乙，豆三斗，十一月诸道场转经经䁖入。

例二：

甲，豆伍斗，李幸端利润入。

丙，李幸端便豆壹硕，至秋壹硕伍斗。

例三：

甲，豆捌斗，安员进利润入。

丙，安员进便豆壹硕陆斗，至秋贰硕肆斗。

例四：

甲，豆壹硕，冯友友利润入。

丙，冯友佑便豆两硕，至秋叁硕。

例五：

甲，豆贰斗，曹安信利润入。

丙，曹安信便豆肆斗，至秋陆斗。

例六：

甲，豆壹硕，齐义员[㉛]利润入。

丙，程义员便豆贰硕，至秋叁硕。

例七：

甲，豆伍斗，郭清奴利润入。

丙，郭清奴便豆壹硕，至秋壹硕伍斗。

例八：

甲，豆伍斗，张竹讷利润入。

丙，张竹讷便豆壹硕，至秋壹硕伍斗。

例九：

甲,豆伍斗,氾盈达利润入。

丙,盈达便豆壹硕。至秋壹硕伍斗

例十：

甲,豆伍斗,烧保达利润入。

丙,烧保达便豆壹硕,至秋壹硕伍斗。

例十一：

甲,豆贰斗,邓定子利润入。

丙,邓定子便豆肆斗,至秋陆斗。

例十二：

甲,豆贰斗伍升彭神奴利润入。

丙,彭神奴便豆伍斗,至秋柒斗伍胜。

例十三：

甲,豆伍斗,氾安久利润入。

丙,氾安久便豆壹硕。至秋壹硕伍斗。

例十四：

甲,豆肆斗,武通子利润入。

丙,武通子便豆捌斗,至秋壹硕贰斗。

以上豆入十四例,一例来自乙,十三例来自丙。

头面[32]入：

例一：

甲,面陆拾硕,自年春碨入。

乙,面陆拾硕,自年寒碨入。

例二：

甲,面两硕伍斗,太傅亡时劝孝替入。

乙,面两硕五斗。故太傅劝孝入。

头面入二例。都来自乙。

连麸面入：

例一：

甲，面③陆硕贰斗，三月碨入。

乙，连麸面陆硕贰斗，三月碨入。

例二：

甲。面叁硕陆斗，六月碨入。

乙，连麸面三石六斗，六月碨入。

例三：

甲，而叁硕，秋碨入。

乙，面叁石六㉞秋碨入。

连麸面入三例，都来自乙。

麸入：

例一：

甲，麸壹拾捌硕，自年春碨入。

乙，麸壹拾捌硕，[自年春碨]入。

此外，上述（甲）自年新附入总数部分之布缣褐数量。在诸色入类分类统计中残缺未见。但散见于（乙）甲辰年一日已后直岁惠安手下诸色入历：兹补缀对照如下：

布入：

甲，三百三十三尺布（自年新附入）。

乙，官布一匹。王都头车头念诵入。

布一匹，范校拣折豆入。

布一匹，净戒折道引手上欠豆入。

布一匹，春官斋入。

布一丈六尺，宋法律伭女亡时丧前念诵入。

布四十七尺，道引西仓折物入。

布三十尺，大友儭斋入。

官布一匹，连兴押患时经儭入。

布一匹，秋官斋入。

以上合计布六匹九十三尺，每匹以四十尺计，共三百三十三尺，与甲相等。

绁入：

甲，一百五十四尺（自年新附入）。

乙，立机壹匹，宋法律手上西仓折物入。

立机壹匹，唐丑儿押衙女患念诵入。

立机一匹，史生息念诵入。

立机一匹，连兴押开患时经儭入。

以上合计为四匹。

立机一匹，即绁一匹。

民间习惯，一匹合四十尺左右。四匹与甲一百五十四尺并不矛盾。

褐入：

甲，五十四尺褐（自年新附入）。

乙，斜褐一段，宋法律手上西仓折物入。

昌褐八尺，康都料妻患念诵入。

褐一丈叁尺，陈法律患念诵入。

以上合计为一段二十一尺。

民间习惯，一段长短不一。一段加二十一尺，与五十四尺并不矛盾。

由以上对照，可以知道，自年新附入总数及其分类统计，除油入三石六斗、苏入四斗、面入五石、查入三十三饼、西仓豆入二九石四斗外，麦入、粟入、黄麻入、豆入、头面入、连麸面入、麸入、布入、绁入、褐入分

137

别来源于甲辰年一日巳后直岁惠安手下者色入历、甲辰年二月后东库惠安惠戒手下便物历。

三、余　　论

从上所述，可以明确如下几点：

第一，上录伯 2032 号诸色入破历计会残卷是净土寺的。其年代为甲辰年。这个甲辰年，为 944 年，上报年代为乙巳年。

第二，大致知道了诸色入破历计会稿的编制顺序。如本件诸色入历计会的自年新附入，来源于分类的诸色入类。而分类的诸色入历，一部分来于序时流水账式的诸色入历，另一部分即利润入，来源于便历。换句话说，以各种收入历为基础，分类编制成诸色入历，再以分类的诸色入历，汇总为诸色入破历计会的新年附入。

由此类推，诸色入破历的诸色破用，是以序时流水账式的沿寺破用历等为基编制的。前账回残，则来源于上一年度的算会结余，即应及见存。此外，还会有其他原始账目，以及与诸色入历、诸色破用历、诸色出便历等密切相关的各种凭据。

诸色入破历计会如何编制，须另作研究，但以上粗略的叙述，已可看出敦煌寺院的会计制度是多么完备。寺院的兴旺不衰，经济条件是必不可少的。而完备的会计制度，可以保证寺院经济正常运转。

第三，可以看出甲辰年净土寺有哪几种收入、各占多少比重。

寺院的经济收入，大致可分为两大类：一是各种施舍、道场念诵等佛事收入。一是经营和出租土地、油梁以及放高利贷等收入。净土寺甲辰年的主收入有：

一、经营和出租土地的收入。地税即地租收入，在麦粟入中占很大比例，甲辰年麦新附入为一百二十四石五斗五升，其中地租为五十七石八斗，占百分之四十六强。粟入为二〇九石五斗，其中地租为一十九石五斗，占百分之八强。地租收入，仅见于麦粟入部分，这与敦煌地区地租额普遍以麦粟计算是一致的。

麦入中有菜价入一石七斗，粟入中有菜价入十一石九斗，当是净土寺经营菜园的收入。

二、利润入即高利贷的利润收入，在麦粟黄麻豆入中都占很大比例。如麦利润入为四石五斗，占甲辰年新附入麦的百分之三十二强。粟利润入可能为一百五十五石二斗，㊵占粟入的百分之七十三以上。黄麻利润入为七石三斗五升，占黄麻入十一石八斗的百分之六十二以上。豆利润入可能为三十三石三斗五升，㊶占豆入三十七石五升的百分之九十九以上。

此外，在布入中，有布一匹，氾校拣折豆入；布一匹，净戒道引手上欠豆入；布四十七尺，道引西仓折物入。缣入中有立机壹匹，宋法手上西仓折物入。褐入中有斜褐一段，宋法律手上西仓折物入。其中至少有一部分也是利润入。

三、经营油梁收入。在油入渣入部分，有润叁硕，渣贰拾七饼。自年梁课入。即经营或出租油梁的收入㊷。

四、散施、斋儭、道场、念诵等佛收入，分别在麦粟豆麻等新附入中占的比例甚小，如麦为一十五石八斗，占百分之十二。粟一十三石二斗，占百分之六。麻斗，亦占百分之六。豆三斗，占百分之八。面、连麸面、谷面、油、苏入中，都没有散施斋儭、道场、念诵等佛事活动收入。但在布缣褐入中占的比例颇大。如布为二〇六尺，占自年新附入三百三十三尺的分之六十一；缣三匹，占缣入的百分之七十五；褐二十一尺，占入五十四尺的百分之四十八。

由上所述，散施、斋儭、念诵、道场等宗活动收入，只是收入的一个方面。在甲辰年净土寺总收入中所占比重不大。㊸净土寺的收入，主要

139

是靠经营、出租土地、油坊、放高利贷。

附：伯 2032 号甲辰年一日已后
直岁惠安手下诸色入历残卷

甲辰年一日已（后）已后直岁惠安手下诸色入历。

麦肆硕，二月六日七沿行像散施入。粟叁硕贰斗，二月六日七日亦沿佛散施入。官（布）一匹，王都头车头念诵入。粟斗王家大郎子念诵入。麦四斗粟四斗张善盈患时念诵入。布一匹，氾校拣折豆入。布一匹，净戒折道引手上欠豆入。连麸面陆硕贰斗，三月砲入。粟柒硕贰斗，高孔目换豆入。粟壹斗，僧家仓将豆换入。面两石五斗，黄麻伍斗六升，故太博劝孝入。面陆拾硕，自年春砲入。麸壹拾捌硕［自年春砲］入。麦肆硕贰斗，春季佛食入。麦壹硕五胜，城上转经佛神（神佛）僧料入。麦（衍）布一匹，粟壹石九斗、麦贰斗，春官斋㒲入。连麸面三石六斗六月砲入。布壹丈六尺，宋法律侄女亡时丧前念诵入。布四十七尺，道引西仓折物入。立机壹匹，斜褐一段，宋法律手上西仓折物入。立机壹匹唐丑儿押衙女患念诵用（入）。麦贰拾贰石四斗，菜田渠厨［田］入。麦贰拾叁石，无穷厨田入。麦八石四斗园南地税入。粟拾玖石五斗，延康地税入。麦肆石生地种入。粟贰石，善惠亡面替入。粟四斗，油替入。麦四石二斗，秋佛食入。麦一石，六月城上转经神佛及料入。粟陆硕，孔僧统亡百日斋㒲入。立机一匹史生患念诵入。昌褐八尺，康都料妾患念诵入。麦四斗、粟四斗，安平水患时念诵入。布三十尺，大友㒲斋入。官布一匹、立机一匹，连兴押患时㒲入。麦两石。令狐庆达抹木价入。粟拾硕贰斗，自年僧上菜价入。麦一石七斗、粟一石七斗，人上菜价入。粟一石、豆三斗，十一月诸道扬转经经㒲入。麦四斗，十二月八日王幸丰念诵入，黄麻七斗，春秋两季佛食入。面叁石大秋入。布一匹，秋官斋㒲入。粟八斗、褐一丈叁尺，陈法律患念诵入。

（后缺）

1985年5月稿

又附注：

在本文正文五页上说明：移录伯2032号原文时，每一行上我加了阿拉伯数字。缀，表示缀合后的行数。原，表示原件行数。由于植字方面的困难，未能实现。

1988年7月

（《敦煌吐鲁番文集》，敦煌吐鲁番学会北京资料中心1988年版）

注释：

① 起首1至18行来源于伯2032号292至302行，其文如下：
（前缺）壹千九伯二拾六石八斗两合麦粟油苏米面黄麻麸查豆布缏纸等沿寺破除外应及见存

贰百壹拾柒硕捌斗玖升麦柒百叁拾八硕陆斗伍合粟陆硕壹斗玖升柒合油壹升苏壹斗玖升米壹百叁拾叁硕捌斗一升面壹拾陆硕玖斗捌升连麸面两石贰斗肆升粟面陆拾硕陆斗九升麻叁硕肆斗麸壹百捌拾陆并查陆百叁拾捌硕贰斗玖升豆伍百伍拾捌尺布拾壹尺缏贰百张纸。

这十一行与前录正文十二行，除数量字一用繁写，一用简写，以及十二行之残片第一行下半部有残缺外。其品名、数量、顺次全部相同。从笔锋看又是同一人手笔，因此，我推断正文十二行的内容是转录这十行的。所谓沿寺破除外应及见存即本会计年度的结余。转入下会计年度成为前账回残，因正文十二行连贴于自年新附前，按照诸色入破历计会格式可以推断其为前账回残。

② 565行，伍旁注误书号卜，又旁注三，应读三。

③ 576行，后帖是诸色入破历计会稿的结余部分。

④ 1行麦入以下至84行,中间都抄有佛经。
⑤ 6行,僧食用,应是僧料入。
⑥ 6行麦肆四斗,应为麦肆斗,四是衍文(可参照甲辰年正月一日已后直岁惠安手下诸色入历)。
⑦ 8行,王赤丰,应为王幸丰,赤是幸之误。
⑧ 10行,柒斗伍斗,应为柒斗伍升,后一斗字是升之误讹。
⑨ 20行应斗,原写斗伍,旁有倒勾号。
⑩ 34行,二,原写壹,已涂抹,旁注二。
⑪ 41行,这一部分应为西仓粟入,因剪贴而有残缺。
⑫ 47行,凡旁注子,应读子。
⑬ 52行,康已圈掉,似应不读。
⑭ 56行,贰斗已涂抹,旁注两石,但两石上面有一直,应是抄佛经者所加,应读两石。
⑮ 64行后原帖为甲辰年正月一日已后直岁惠安手下诸色入历。
⑯ 502行前,原帖为诸色破用。从内容、笔迹看,64行应与502行都是两仓粟入。602行应在64行之后,但中有残缺。
⑰ 552行后帖为另一件请色入破历计会结余部分。552行后,因剪贴而缺了西仓豆入二十九石四斗,布入三百三十三尺,缣入一百五十四尺,褐入五十四尺。
⑱ 佛神,当为神佛。
⑲ 厨入,当为厨田入或税入。
⑳ 无穷,即无穷渠。
㉑ 启,乙、丙之庆,甲都写成启,大概是避讳。
㉒ 何义员、何义信,当是同一人,信、员不同,系传抄有误。麦捌斗价可能当于豆五斗。
㉓ 启,是庆之改写。
㉔ 两硕贰斗,应为两硕贰斗伍升,漏写了伍升,宋略宕与宋略当是同一人。
㉕ 启,是庆之改写。
㉖ 祥启,即祥庆,启是庆之改写。
㉗ 李眅达,是李眅汉之兄,可能把眅汉误书成眅达,或者是眅达代眅汉偿还债务。
㉘ 张支子,即张猪子,支、猪同音。
㉙ 索万迁,即索万千,千、迁同音。
㉚ 朱赞子,即朱替子,赞是替之讹误。

㉛ 齐义员，与程义员当是同一人，齐、程不同，可能是传抄讹误。
㉜ 头面，即白面，通称为面。
㉝ 连麸面，即粗面，其下之所谓面，即连麸面。
㉞ 六，可能是衍文。
㉟ 西仓粟入，有残，但据其他诸色入历西仓粟入多为利润入，而现存部分又都为利润入，故推断都为利润入。
㊱ 西仓豆入，全部残缺，据其他诸色入历，西仓入多为利润入，故推断可能都是利润入。
㊲ 面入部分，有面叁硕碨入，面两硕舂碨入。麸入部分，有麸量壹拾捌硕自年碨面入。所谓碨入，就是以麦谷等颗粒粮食磨成面粉和麸皮。以上各笔收入，实际上寺院内部不同部门之间转账，从纯收入角度讲，并没有增加收入，因此本文在分析寺院收入时，未予计算。
㊳ 宗教活动收入在总收入中所占比例甚少，原因何在，须另行探讨。

乙巳年(945)净土寺诸色入破
历算会牒稿残卷试释

  在敦煌文书中有一批记载寺院资产粮食布匹等收支和借贷活动的簿历,如常住什物交割点检历、诸色入历、诸色破用历、诸色出便历、诸色入破历算会牒等,都是研究敦煌寺院经济和社会经济结构以及社会交往的宝贵资料。其中以诸色入破历算会牒内容最为丰富。

  所谓诸色入破历算会牒,类似现在的收支决算报告,综合而又具体地记载了一年或二三年的收入和支出以及现在数。它是寺院有关责任者定期向本寺徒众公布,或向管辖本寺的都僧统报告而编制收支决算书。件数颇多,有草稿,有誊清稿。多数因剪贴而被分割,或颠倒,或残缺,有的仅剩残片,需要缀合、复原,以致辨认。本文仅对伯2032号中一件诸色入破历算会稿残卷进行缀合和探讨。

  伯2032号是一个长卷子,一面是维摩诘经残卷,存不思议品第六、观众生品第七、佛道品第八、入不二法门第九,一面是寺院收支簿历,全长870行,按现存顺次,可分为17件残卷。本文缀合的是其中的三件残卷,共139行。为便于同好复核原卷,在每一残卷前加注原若干行至若干行。缀合后的行数,在每行上面用阿拉伯数字表示。

一、录　　文

（前缺）
（以下原 553—576 行）

　　　　　　（一）

1　一仟九百二十六石[八斗两合麦粟油苏米面黄麻麸查布缣纸等前账回残]①

2　二百一十七石八斗九升麦，七百三十

3　八石六斗五合粟，六石一斗九升

4　七合油，一升苏，一斗九升米，

5　一百三十三石八斗一升面，一

6　十六石九斗八升连麸面

7　两石二斗四升谷面，六十石

8　六斗九升黄麻，三十三石

9　四斗麸，一百八十六并查，六

10　百三十八石贰斗九升豆，

11　五缣，二百张纸。

（中有空白）

13　五佰四拾贰硕三斗肆胜麦粟油苏面黄麻麸查豆布缣褐等自年新附入

14　八十六石八斗五升麦，三十七

15　石七斗西仓麦，五十七石三

16　斗粟，一百五十二石二斗西仓

17　粟，三石六斗油，四升苏，

18　六十二石五斗面,十二石八斗五升连麸

19　面,五石谷面,一十一石八斗

20　五升黄麻,一十八石麸,三

21　十三并查,七石六斗五升

22　豆,二十九石四斗西仓豆,三

23　百三十三尺布,一百五十

24　四尺缥,五十四尺褐。

(后有空白)

(以下原1至64行)

(二)

25　麦入②

26　麦肆硕,二月六日七日沿行像散施入。麦肆斗,张善盈患念

27　诵入。麦肆硕贰斗,春佛食料入。麦一硕伍升,城上转经神

28　佛料入。麦贰斗,春官斋入。麦贰拾贰硕肆斗,菜田渠税

29　入。麦贰拾叁硕,无躬厨田入。麦捌硕肆斗,菌南地税[入]。麦肆硕

30　贰斗,秋佛食入。麦一硕,六月城上转经神佛僧食用(料入)。麦肆四(衍)斗,

31　安平水患年诵入。麦肆硕,生地种入。麦两硕,令狐启达林木

32　价入。麦壹硕柒斗,人上菜价入。麦肆斗,十二月八日王赤(幸)丰念诵

33　入。麦捌斗,何义员折豆本利入。麦伍斗,张骨儿利

润入。

34　麦壹硕,张粉堆利润入。麦伍斗,翟王久利润入。麦柒斗五斗(豆升),

35　康王仵利润入。麦伍斗,贺成润利润入。麦贰斗伍升,彭员达

36　利润入。麦伍斗,张善启利润入。麦伍斗,贺定于利润入。麦

37　伍斗,彭丑儿利润入。麦伍斗,彭憨儿利润入。麦一硕,吴德信

38　利润入。麦两硕贰斗,押衙宋略岩利润入。

39　计麦八十六石八斗五升。

(中有十一行佛经)

40　西仓麦入:麦伍硕,董廷进利润入。麦叁硕,王富延

41　利润入。麦伍斗,董庆子利润入。麦一硕,王恩子

42　利润入。麦一石,冯友友利润入。麦一石　王恒信利

43　润入。麦一石,白昌友利润入。麦叁斗,李庆达利

44　润入。麦伍斗,王恒启利润入。麦一硕伍斗,

45　氾盈达利润入。麦壹硕伍斗,贺成润利润入。麦贰斗

46　伍升,索庆恩利润入。麦一硕贰斗,郭再升利润入。麦

47　叁硕,王德友利润入。麦两硕,王富启利润入。麦两硕伍

48　斗,康善住利润入。麦叁斗伍升,曹花子利润入。麦

49　伍斗,王富住利润入。麦一硕,李富延利润入。麦伍斗,郭

50　怀义利润入。麦二石,康永吉利润入。麦一硕伍斗,

51　安元进利润入。麦壹硕伍斗,王定讲将粟换入。麦两硕,

52　令狐住子将粟换入。麦叁硕,令狐撌撻将粟换入。麦

两硕,

53 伍斗,阴安信将粟换入。麦六斗,张万达将粟换

54 入

55 计麦三十七石七斗。

(中有七行佛经)

56 粟入:

57 粟叁硕贰斗,二月六七日沿行像散施入。粟叁硕,王家大郎于患

58 念诵入。粟肆斗,张善盈患念诵入。粟柒硕二斗,高孔目换豆入。

59 粟壹硕玖斗,春官斋儭入。粟拾玖硕伍斗,延康渠地税入。

60 粟贰硕,善惠亡时面替入。粟肆斗,油替入。粟六硕,孔僧统亡百日斋

61 儭入。粟肆斗,安平水患念诵。粟拾硕贰斗,自念僧上菜买入。

62 粟壹硕柒斗,人上菜买入。粟壹硕,诸巷道场经儭入。粟壹斗,

63 僧家仓换豆入。粟叁硕,张定于利润入。

64 计粟五十七石三斗。

(后有十七行佛经)

(前缺)③

65 □□入。粟壹硕李义延利润入。粟壹硕,李盈子利润入。

66 粟二硕,阳略罗利润入。粟伍斗,宋住子利润入。粟壹硕,王安信利

67 润入。粟伍斗,马什德利润入。粟伍斗,宋保住利润入。

粟壹硕,

　　68　张定子利润入。粟伍斗,李再住利润入。粟伍斗,田达儿利润入。

　　69　粟壹硕,氾通子利润入。粟壹硕,郭黄儿利润入。粟壹硕伍斗,王

　　70　富启利润入。粟伍斗,彭安定利润入。粟伍斗,曹进员利润入。

　　71　粟壹硕,孔恩子利润入。粟两石,安撝撶利润入。粟一硕伍斗,邓住儿利润入。粟伍斗,孝

　　72　愿利润入。粟叁斗伍升,曹安六利润入。粟壹硕伍斗,李流子利

　　73　润入。粟六斗,王骨子利润入。粟伍斗,刘苟子利润入。粟伍斗,

　　74　张骨儿利润入。粟壹硕,李王三？利润入。粟伍斗,盈德利润入。粟

　　75　伍斗,陈撝撶利润入。粟柒斗,康递子利润入。粟壹硕阴保晟

　　76　利润入。粟捌斗,晝章章利润入。粟一硕伍斗,石佛德利润入。

　　77　粟伍斗,孟通信利润入。粟壹硕伍斗,张麹子利润入。粟两硕

　　78　安于略利润入。粟壹硕,进勇利润入。粟伍斗,矾通子利润入。

　　79　粟伍斗,樊进贤利润入。粟伍斗,赵流德利润入。粟伍斗,道□

　　80　利润入。粟贰斗,富通利润入。粟两石,康员？进利

润入。

81　粟贰斗伍升,张阿孞利润入。粟伍斗,刘欺泊利润入。粟伍

82　斗,李流富启利润入。粟伍斗,龙义子利润入。粟一石五斗,龙

83　葛盈利润入。粟一石,阴骨子利润入。粟五斗,再昌利润入。

84　粟一石五斗,石通子利润入。粟二斗五升,彭员达利润入。

85　粟柒斗伍升,梁善启利润入。粟壹硕,令狐盈达利润入。粟

86　壹硕、粟两硕贰斗伍升,僧义忠利润入。粟柒斗伍什,信

87　子利润入。粟壹硕壹斗,邓住子利润入。粟一石,陈石儿利润入。

88　粟伍斗,张贤住利润入。粟伍斗,郭道信利润入。粟一石五斗,

(中缺)

(以下原502—552行)

89　□□□□入。粟一硕,张儒通利润入。粟贰斗,愿善利润

90　入。粟伍斗,李义延利润入。粟伍斗。彭保定利润入。

91　计一百五十石四斗。

92　粟捌斗,惠进等四人利润入。

93　计一百五十二石二斗。

(中空)

94　油入:

95　油陆斗,付黄麻押入。油叁硕,自年梁课入。

96　计三百石六斗。

97　苏入：苏四升,将油换入。

98　计四升。

(中空)

99　头面入：

100　面陆拾硕自年春砲入。面两硕伍斗,太傅亡时劝孝替入。

101　计六十二石五斗。

102　连麸面入：

103　面陆硕贰斗,三月砲入。面叁硕陆斗,六月砲入。面叁硕,秋砲入。

104　计十二石八斗五升。

105　谷面入：

106　面叁硕,秋硕入。面两硕,春砲入。

107　计五石。

108　黄麻入：

109　黄麻壹斗,索延启利润入。黄麻肆斗,陈黑子利润入。黄麻

110　贰斗,刘欺泊利润入。黄麻壹斗,祥启利润入。黄麻伍斗,唐粉

111　堆利润入。黄麻贰斗伍升,丑婢利润入。黄麻叁斗,李皈达

112　利润入。黄麻伍升,邓住子利润入。麻壹斗伍升,张进通利润入

113　入。麻五升,张支子利润入。麻贰斗,氾元进利润入。

麻壹斗

　　114　五升,孙富住利润入。黄麻伍升,史富通利润入。黄麻贰斗,邓

　　115　员德利润入。黄麻肆斗,康攜擡利润入。黄麻壹斗伍升,索万迁

　　116　利润入。黄麻伍升,彭保定利润入。黄麻壹斗,张竹讷利润入。黄

　　117　麻壹斗伍升,王康三利润入。黄麻壹斗,王友信利润入。麻壹斗,

　　118　何安定利润入。麻壹斗,何留子利润入。麻伍升,赵里三利润入。

　　119　黄麻伍升,李义延利润入。麻伍升,李君君利润入。麻壹斗,李

　　120　盈子利润入。麻贰斗,李婆利润入。黄麻壹斗伍升,李押

　　121　衙妻利润入。黄麻壹斗,张儒通利润入。麻壹斗伍升,米里久

　　122　利润入。黄麻叁斗,张见子利润入。麻壹斗,安攜擡利润入,麻

　　123　壹斗,邓住子利润入。麻贰斗,朱赞子利润入。麻壹斗,愿真

　　124　利润入。黄麻柒斗,春秋二季佛食入。麻肆硕玖斗,西仓付

　　125　粟换入。麻柒斗伍升,王幸丰利润入。

　　126　十一石八斗五升。

　　(中空)

127　麸入：麸壹拾捌硕,自年硙面入。

128　计一十八石。

129　查入：查(淬)贰拾柒并,自年梁课入。淬陆并付

130　麻押入。

131　计三十三并。

132　豆入：

133　豆叁斗,诸巷道场经儭入。豆伍斗,李幸端利润入。豆伍斗,张

134　和子利润入。豆捌斗,安员进利润入。豆壹硕,冯友友利润入。豆

135　贰斗,曹安信利润入。豆壹硕,齐义员利润入。豆伍斗,郭清

136　奴利润入。豆伍斗,张竹讷利润入。豆伍斗,氾盈达利润入。豆伍斗

137　烧保达利润入。豆贰斗,邓定子利润入。豆贰斗伍升,彭神奴

138　利润入。豆伍斗,氾安久。豆肆斗,武通子利润入。

139　计七石六斗五升。

（后缺）[④]

二、诸色入破历算会牒稿残卷的来源

以上缀合的139行,只是诸色破历算会牒的第一柱前账回残总数与分类数、第二柱自年新附入总数、分类数和明细账；其他四部分,即第三柱诸色破用、第四柱应及现在,起首,结尾,尚还不知。

这缀合的139行,从现有资料考察,已知的有三个来源。1至12行

前账回残总数和分类数,上面已经说明,来源于伯2032号即同一残卷292至302行。自年新附入部分,一是来源于同卷65至92行甲辰年一日直岁惠安手下诸色入历,二是来源于伯3234号甲辰年二月后东库惠安手下便物历。

今以"甲"代表上录139行诸色入破历算会牒稿残卷自年新附入。

"乙"代表伯2032号甲辰年一日已后直岁惠安手下诸色入历。

"丙"代表伯3234号甲辰年二月后净土寺东库惠安、惠戒手下便物历。

麦入:

例一:

甲,麦肆硕,二月六日七日沿行像散施入。

乙,麦肆硕,二月六日七日沿行像散施入。

例二:

甲,麦肆斗,张善盈患念诵入。

乙,麦四斗,张善盈患念诵入。

例三:

甲,麦肆硕贰斗,春佛食入。

乙,麦肆硕贰斗,春季佛食入。

例四:

甲,麦壹硕五升,城上转经神佛料入。

乙,麦壹硕伍升,城上转经佛神[5]僧料入。

例五:

甲,麦壹斗,春官斋䭋入。

乙,麦壹斗,春官斋䭋入。

例六:

甲,麦贰拾壹硕四斗,菜田渠税入。

乙,麦贰拾壹石四斗,菜田渠厨⑥入。

例七:

甲,麦贰拾三硕,无穷⑦厨田入。

乙,麦贰拾三石,无穷厨田入。

例八:

甲,麦捌硕肆斗,蔺南地税。

乙,麦八石四斗,蔺南地税入。

例九:

甲,麦肆硕贰斗,秋佛食入。

乙,麦四石二斗,秋佛食入。

例十:

甲,麦壹硕,六月城上转经神佛僧食用(料入)。

乙,麦一石,六月城上转经神佛及僧料入。

例十一:

甲,麦肆(衍)四斗,安平水患念诵入。

乙,麦四斗,安平水患时念诵入。

例十二:

甲,麦肆硕,生地藉入。

乙,麦四石,生地藉入。

例十三:

甲,麦两硕,令狐启⑧达枺木价入。

乙,麦两硕,令狐庆达枺木价入。

例十四:

甲,麦壹硕柒斗,人上菜价入。

乙,麦一石七斗,人上菜价入。

例十五:

甲,麦肆斗,十二月八日,王赤(幸)丰念诵入。
乙,麦四斗,十二月八日,王幸丰念诵入。
例十六:
甲,麦肆斗,何义员⑨折豆本利入。
丙,何义信便豆壹硕,秋壹硕伍斗。
例十七:
甲,麦伍斗,张骨儿利润入。
丙,张骨儿便麦壹硕,至秋壹硕伍斗。
例十八:
甲,麦壹硕,张粉堆利润入。
丙,张粉堆便麦两硕,至秋三硕。
例十九:
甲,麦伍斗,翟王久利润入。
丙,翟王久便麦壹硕,至秋麦壹硕伍斗。
例二十:
甲,麦柒斗伍斗斗,康王仵利润入。
丙,康王午便麦壹硕伍斗,至秋两硕贰斗伍胜。
例二一:
甲,麦伍斗,贺成闰利润入。
丙,贺成闰便麦壹硕,至秋壹硕伍斗。
例二二:
甲,麦贰斗伍升,彭员达利润入。
丙,彭员达便麦伍斗,至秋柒斗伍胜。
例二三:
甲,麦伍斗,张善启⑩利润入。
丙,张善庆便麦壹硕,至秋便麦壹硕伍斗。

例二四：

甲，麦伍斗，贺定子利润入。

丙，贺定子便麦壹硕，至秋壹硕伍斗。

例二五：

甲，麦伍斗，彭丑儿利润入。

丙，彭丑儿便麦壹硕，至秋壹硕伍斗。

例二六：

甲，麦伍斗，彭憨子利润入。

丙，彭憨子便麦壹硕，至秋壹硕伍斗。

例二七：

甲，麦壹硕，吴德信利润入。

丙，吴德信便麦两硕，至秋三硕。

例二八：

甲，麦两硕贰斗，[11]押衙宋略岩利润入。

丙，押衙宋略明便麦肆硕五斗，至秋陆硕柒斗伍升。

以上二十八例，十五例来自乙，十三例来自丙。

粟入：

例一：

甲，粟三硕贰斗，二月六七日，沿行像散施入。

乙，粟三硕贰斗，二月六七日，亦沿行像散施入。

例二：

甲，粟三斗，王家大郎子念诵入。

乙，粟三斗，王家大郎子念诵入。

例三：

甲，粟肆斗，张善盈患念诵入。

乙，粟四斗，张善盈患念诵入。

例四：

甲，粟七硕二斗，高孔目换豆入。

乙，粟七硕贰斗，高孔目换豆入。

例五：

甲，粟壹硕玖斗，春官斋儭入。

乙，粟壹石九斗，春官斋入。

例六：

甲，粟拾玖硕伍斗，延康渠地税入。

乙，粟拾玖石伍斗，延康地税入。

例七：

甲，粟贰硕，善惠亡时面替入。

乙，粟贰石，善惠亡面替入。

例八：

甲，粟肆斗，油替入。

乙，粟四斗，油替入。

例九：

甲，粟陆硕，孔僧统亡百日斋儭入。

乙，粟陆硕，孔僧统亡百日斋儭入。

例十：

甲，粟肆斗，安平水患念诵入。

乙，粟四斗，安平水患时念诵入。

例十一：

甲，粟拾硕贰斗，自年僧上菜价入。

乙，粟拾硕贰斗，自年僧上菜价入。

例十二：

甲，粟壹硕柒斗，人上菜价入。

乙巳年(945)净土寺诸色入破历算会牒稿残卷试释

乙,粟一石七斗,人上菜价入。

例十三:

甲,粟壹硕,诸巷道场经儭入。

乙,粟一石,十一月诸道场转经经儭入。

例十四:

甲,粟壹斗,僧家仓换豆入。

乙,粟壹斗,僧家仓将豆换入。

以上粟入十四例,均来自乙。

黄麻入:

例一:

甲,黄麻壹斗,索延启[12]利润入。

丙,索延庆便黄麻贰斗,至秋三斗。

例二:

甲,黄麻肆斗,陆黑子利润入。

丙,陆黑子便黄麻捌斗,至秋壹硕贰斗。

例三:

甲,黄麻贰斗,刘欺泊利润入。

丙,刘欺泊便黄麻肆斗,至秋陆斗。

例四:

甲,黄麻壹斗,祥启[13]利润入。

丙,祥庆便黄麻贰斗,至秋三斗。

例五:

甲,黄麻伍斗,唐粉堆利润入。

丙,唐粉堆便黄麻壹硕,至秋壹硕伍斗。

例六:

甲,黄麻贰斗伍升,丑婢利润入。

丙,丑婢便黄〔麻〕伍斗,至秋柒斗伍升。

例七:

甲,黄麻三斗,李皈达[13]利润入。

丙,人户李皈汉便黄麻陆斗,至秋玖斗。

例八:

甲,黄麻伍升,邓住子利润入。

丙,邓住子便麻壹斗,至秋壹斗伍升。

例九:

甲,麻壹斗伍升,张进通利润入。

丙,张进通便麻三斗,至秋肆斗伍升。

例十:

甲,麻伍升,张支子[15]利润入。

丙,张猪子便麻壹斗,至秋壹斗伍胜。

例十一:

甲,麻贰斗,氾元进利润入。

丙,氾元进便麻肆斗,至秋陆斗。

例十二:

甲,麻壹斗五升,孙富住利润入。

丙,孙富住便黄麻叁斗,至秋肆斗伍升。

例十三:

甲,黄麻伍升,史富通利润入。

丙,史富通便黄麻壹斗,至秋壹斗伍胜。

例十四:

甲,黄麻贰斗,邓员德利润入。

丙,邓员德便麻肆斗,至秋陆斗。

例十五:

甲,黄麻肆斗,康掲擅利润入。

丙,康掲擅便麻捌斗,至秋壹硕贰斗。

例十六：

甲,黄麻伍升,索万迁[19]利润入。

丙,同日,索万千便黄麻叁斗,至秋肆斗伍胜。

例十七：

甲,黄麻伍升,彭保定利润入。

丙,彭保定便黄麻壹斗,至秋壹斗伍胜。

例十八：

甲,黄麻壹斗,张竹讷利润入。

丙,张竹讷便黄麻贰斗,至秋叁斗。

例十九：

甲,黄麻壹斗,至康三利润入。

丙,王康三便黄麻叁斗,至秋肆斗伍胜。

例二十：

甲,黄麻壹斗,王友信利润入。

丙,王友信便黄麻贰斗,至秋叁斗。

例二一：

甲,麻壹斗,何安定利润入。

丙,何安定便黄麻贰斗,至秋叁斗。

例二二：

甲,麻壹斗,何留子利润入。

丙,何留子便黄麻贰斗,至秋叁斗。

例二三：

甲,麻伍升,赵里三利润入。

丙,赵里三便黄麻壹斗,至秋壹斗伍胜。

例二四：

甲，黄麻伍升，李义延利润入。

丙，李义延便黄麻壹斗，至秋壹斗伍升。

例二五：

甲，麻伍升，李君君利润入。

丙李君君便黄麻壹斗，至秋壹斗伍升。

例二六：

甲，麻一斗，李盈子利润入

丙，李盈子便黄麻二斗，至秋三斗。

例二七：

甲，麻二斗，李婆利润入。

丙，李婆便麻四斗，至秋六斗。

例二八：

甲，黄麻一斗五升，李押衙妻利润入。

丙，李押衙妻便黄麻三斗，至秋四（斗）五升。

例二九：

甲，黄麻一斗，张儒通利润入。

丙，张儒通便黄麻二斗，至秋三斗。

例三十：

甲，麻一斗五升，米里久利润入。

乙，米里久便黄麻三斗，至秋四斗五升。

例三一：

甲，黄麻三斗，张见子利润入。

丙，行者张建子便黄（麻）六斗，至秋九斗。

例三二：

甲，麻一斗，安挶搥便黄麻二斗，至秋三斗。

丙,安擖擅便黄麻二斗,至秋三斗。

例三三:

甲,麻一斗,邓住子利润入。

丙,邓住子便麻二斗,至秋三斗。

例三四:

甲,麻二斗,朱赞子[17]利润入。

丙,朱赞子便黄麻四斗,至秋六斗。

例三五:

甲,麻一斗,愿真利润入。

丙,愿真便黄麻二斗,至秋三斗。

例三六:

甲,黄麻七斗,春秋二季佛食入。

乙,黄麻七斗,春秋两季佛食入。

例三七:

甲,麻四硕九斗,西仓付粟换入。

乙,丙均未见。

例三八:

甲,麻七斗五升,王幸丰利润入。

丙,王幸丰便麻一硕五斗,至秋两石二斗五升。

以上黄麻入三十八例,除一例乙、丙未见外,其中三十六例来自丙,一例来自乙。

豆入:

例一:

甲,豆三斗,诸巷道场经儭入。

乙,豆三斗,十一月诸道场转经经儭儭入。

例二:

甲,豆五斗,李幸端利润入。

丙,李幸端便豆一硕,至秋一硕五斗。

例四:

甲,豆八斗,安员进利润入。

丙,安员进便豆一硕六斗,至秋二硕四斗。

例五:

甲,豆一硕,冯友友利润入。

丙,冯友佑便豆两硕,至秋三硕。

例六:

甲,豆一斗,曹安信利润入。

丙,曹安信便豆四斗,至秋六斗。

例七:

甲,豆壹硕,齐义员[⑬]利润入。

丙,程义员便豆二硕至秋三硕

例八:

甲,豆伍斗,郭清奴利润入

丙,郭清奴便豆壹硕。

例九:

甲,豆伍斗张行讷利润入。

丙,张行讷便豆壹硕。

例十:

甲,豆伍斗,氾盈达利润入。

丙,氾盈达便豆壹硕,至秋壹硕伍斗。

例十一:

甲,豆伍斗,烧保达利润入。

丙,烧保达便豆壹硕,至秋壹硕伍斗。

例十二：

甲,豆壹硕,邓定子利润入。

丙,邓定子便豆四斗,至秋六斗。

例十三：

甲,豆二斗伍升。

丙,彭神奴利润入。

例十四：

甲,豆五斗,氾安久利润入。

丙,氾安久便豆一硕,至秋一硕五斗。

例十五：

甲,豆四斗,武通子利润入。

丙,武通子便豆八斗,至秋壹硕二斗。

以上豆入十五例,一例一例来自乙,十四例来自丙。

头面入⑲：

例一：

甲,面陆拾硕,自年春碨入。

乙,面陆拾硕,自年春碨入。

例二：

甲,面两硕伍斗,太傅亡时劝孝入。

乙,面两硕五斗,故太傅劝孝入。

头面入二例,都来自乙。

连麸面入：

例一：

甲,面⑳陆硕贰斗,三月碨入。

乙,连麸面三石六斗,三月碨入。

例二：

甲，面叁硕陆斗，六月硙入。

乙，连麸面三石六斗，六月硙入。

例三：

甲，面叁硕，秋硙入。

乙，面叁石六㉑秋硙。

连麸面入三例，都来自乙。

麸入：

例一：

甲，麸壹拾捌硕，自年春硙入。

乙，麸壹拾捌硕，[自来年春硙]入。

此外，上述(甲)自年新附入总数部分之布缣褐数量，在诸色入类分类统计中残缺未见，但散见于(乙)甲辰年一日已后直岁惠安手下诸色入历，兹补缀对照如下：

布入：

甲，三百三十三尺布（自年新附入）。

乙，官布一匹，王都头车头念诵入。

布一匹，氾校拣折豆入。

布一匹，净戒折道引手上欠豆入。

布一匹，春官斋入。

布一丈六尺，宋法律侄女亡时丧前念诵入。

布四十七尺，道引西仓折物入。

布三十尺，大友儭斋入。

官布一匹，连兴押患时经儭入。

布一匹，秋官斋入。

以上合计六匹九十三尺，每匹以四十尺计，共三百三十三尺，与甲相等。

缣入：

甲，一百五十四尺缣（自年新附入）。

乙，立机壹匹，宋法律手上西仓折物入，

立机壹匹，唐丑儿押衙女患念诵入，

立机一匹，史生患念诵入，

立机一匹，连兴押患时经儭入。

以上合计四匹。立机一匹，即缣一匹。缣一匹合二十五尺，四匹共一百尺，与甲一百五十尺相比，差五十四尺，估计还有他种来源。

褐入：

甲，五十四尺褐（自年新附入）。

乙，斜褐一段，宋法律手上西仓折物入

昌褐八尺，康都料妻患念诵入，

褐一丈叁尺，陈法律患念诵入。

以上合计有一段二十一尺，民间习惯，一段长短不一。一段加二十一尺，与五十四尺并不矛盾。

三、余　　论

由上对照，可以看出自年新附入总数及其分类数，除油入三石六斗、苏入四升、谷面入五石、渣入三十三并、西仓豆入二十九石四斗以及缣五十四尺外，分别来源于甲辰年二月后东库惠安、惠戒手下便物历、甲辰年正月一日已后直岁惠安手下诸邑入历。所谓东库指净土寺的东库；甲辰年则相当于944年。这一点，前贤已经指出。我同意这一结论，不再赘言。由此知道以上过录的139行自年新附入，其内容是甲辰年(944)净土寺的收入账。但收支决算报告，一般都在下一年的正月。因此，本件作为收支决算报告稿应定名为：乙巳年(945)净土寺诸邑入破历算会牒稿残卷。

从这个残卷可以看出净土寺甲辰年主要收入有：

一、经营和出租土地的收入。地税即地租收入，在麦粟中占很大比例。甲辰年麦新附入为一百二十四石五斗五升，其中地租为五十七石八斗，占百分之四十六强。粟入为二〇九石五斗，其中地租为一十九石五斗，占百分之八强。地租收入，仅见于麦粟入部分，这与敦煌地区地租额普遍以麦粟计算是一致的。麦入中有入上菜价一石七斗，粟入中有僧上、八上菜价入十一石九斗，菜价入就是净土寺经营菜园的收入。

二、利润入即高利贷的利息收入，在麦粟黄麻豆入中都占很大比例。如麦利润入为四十石五斗，占甲辰年新附入麦的百分之三十二强。粟利润入可能为一百五十五石二斗，㉒占粟收入的百分之七十三以上。黄麻利润入为七石三斗五升，占黄麻入十一石八斗的百分之六十二以上。豆利润入可能为三十三石三斗五升，㉓占豆入三十七石五升的百分之九十九以上。

此外，在布入中，有布一匹氾校拣折豆入，布一匹净戒道引手上欠豆入，布四十七尺道引西仓折物入；缣入中有立机壹匹宋法律手上西仓折物入；褐入中有斜褐一段，宋法律手上西仓折物入。其中至少有一部分也是利润入。

三、经营油梁收入。在油入渣入部分，有油叁硕，渣贰拾柒饼，自年梁课入，即经营或出租油梁的收入。㉔

四、散施、斋馂、道场、念诵等佛事收入，分别在麦粟豆麻等新附入中占的比例甚小。如麦为一十五石八斗，占百分之十二；其中佛食料入等，可能是寺院内部的开支，而不是纯收入。粟一十三石二斗，占百分之六；麻七斗，亦占百分之六；豆三斗，占百分之八。面、连麸面、谷面、油、苏入中，都没有散施、斋馂、道坊、念诵等佛事活动收入。但在布缣褐入中占的比例颇大。如布为二〇六尺,占自年新附入布三百三十三尺的百分之六十一以上;缣三尺,占缣入的百分之七十五;褐二十一尺,占褐入五十四尺的百分之四十八。

由上所述,散施、斋僟、念诵、道坊等宗教活动收入,只是收入的一个方面,在甲辰年净土寺总收入中所占比重不大。⑤净土寺的收入,主要是靠经营、出租土地、油坊、放高利贷。

1985 年 5 月写,1988 年 12 月删定。

(《敦煌吐鲁番学研究论文集》,汉语大词典出版社 1990 年版)

注释:

① 1 至 12 行的数量、品名顺次与伯 2032 号 292 至 302 行,全部相同。所不同的是 292 行最末 9 个字为"延寺破除外应及见存",而 1 行推补的最后四个字为"前账回残"。我推补时之所以改动,是基于诸色入破历算会牒四柱式的结构。即:

第一柱,前账回残,即上一会计年度结余。
第二柱,自年新附入,即本会计年度收入。
第三柱,破除用,即本会计年度支出。
第四柱,破除外应及见存,即本会计年度结余。

转入下一会计年度就变成了前账回残。13 行为第二柱自年新附入,前面连接之 1 至 12 行,据诸色入破历算会牒四柱结构顺次,理应是"前账回残"。

② 24 行与 25 行以下(原 1 行以下)缀合之理由是:自年新附入麦、粟、油、苏、面、黄麻、查、豆、分类数量,分别与麦入、西仓麦入、油入、苏入、头面入、连麸面入、谷面入、黄麻入、麸入、查入、豆入等合计数量相等。如:

14 行,八十六石八斗五升麦,与 39 行麦入数相等。
14 行,三十七石七斗西仓麦,与 55 行西仓麦入相等。
15 行,五十七石三斗粟,与 64 行粟入相等。

16行,一百五十二石二斗西仓粟,与93行西仓粟入相等。

17行,三石六斗油,与96行油入相等。

17行,四升苏,与96行苏入相等。

18行,十二石八斗五升连麸面,与104行相等。

19行,五石谷面,与107行谷面入相等。

19行,一十一石八斗五升黄麻,与126行黄麻入相等。

20行,一十八石麸,与128行麸入相等。

21行,三十三并查,与131行查入相等。

21行,七石六斗五升豆,与139行豆入数相等。

从伯2049号同光二年、长兴三年净土寺诸色入破历算会牒看,第二柱自年新附入包括三部分:一、自年新附入总数;二、分类数;三、明显账。其编制程序可分为二大步:第一步,从序时流水账等原始账目上分类过录,进行小计;第二步,将上述小计按麦粟等转抄成自年新附入分类数,分类数相加则成自年新附入总数,分类过录则成为麦粟等明细账。

上述对照,不仅麦、粟、油、苏、面、黄麻、麸、渣、豆等数量相等,且物品的先后顺次也完全相同,从笔锋看,又出自同一人手笔,说明13乃至21行,是以25至139行为基础编制的,说两者有连续关系是可以成立的。

③ 65行至93行为西仓粟入。65行前有缺,88、89行间有残缺。尽管有缺,但是可以断定是西仓粟入,89行至93行,应在88行之后。其理由是按照先后顺次,粟入之后应该是西仓粟入,93行数量,与16行西仓粟数量相同,89行以下与88行以前笔迹相同,系同一人书写。抄写佛经时,经过剪贴,使中间残缺。

④ 139行以下,因剪贴而缺了西仓豆入二十九石四斗,布入三百三十三尺,缧入一百五十四尺,褐入五十四尺。

⑤ 佛神,当为神佛。

⑥ 厨入,当为厨田入或税入。

⑦ 无穷,即无穷渠。

⑧ 启,乙、丙之庆,甲都写成启,大概是避讳。

⑨ 何义员,与何义信当为同一人,信、员不同,系传抄有误。麦捌斗与豆伍斗数量不同,可能是麦豆价格不同。

⑩ 启,是"庆"之改写。

⑪ 两硕贰斗,应为两硕贰斗伍升,漏写了伍升。宋略宕与宋略明当是同一人。

⑫ 启,是"庆"之改写。

⑬ 祥启,即祥庆,启是"庆"之改写。

⑭ 李皈达,是李皈汉之兄,可能把皈汉误书写成皈达,或者是皈达代皈汉偿还债务。
⑮ 张支子,即张猪子,支、猪同音。
⑯ 索万迁,即索万千,迁、千同音。
⑰ 朱赞子,即朱替子,替是赞之讹误。
⑱ 齐义员,与程义员当是同一人。齐、程不同,可能是传抄讹误。
⑲ 头面,即白面,通称为面。
⑳ 连麸面,即粗面,其下之所谓面,即连麸面。
㉑ 六,可能是衍文。
㉒ 西仓粟入有残缺,但据其他诸色入历西仓粟入多为利润入。而现存部分又都为利润入,故推断都为利润入。
㉓ 西仓豆入,全部残缺,据其他诸色入历,西仓入多为利润入,故推断可能都是利润入。
㉔ 油入部分,有"油六斗付黄麻押入",查(渣)入部分,有滓(渣)大饼付麻押入,即以黄麻榨油收入。苏入部分,有苏四升,将油换入。头面入部分,有面六十石自年春碓入。连麸面入部分,有面陆石贰斗,三月碓入,面叁硕六斗六月碓入,面叁硕秋碓入。谷面入部分,有面叁硕秋碓入,面两项春碓入;麸入部分,有麸壹拾捌硕自年碓面入。所谓碓,就是以麦谷等粿粒粮食磨成面粉和麸皮。以上各笔收入,实际上是寺院内部不同部门之间转账,从纯收入角度讲,并没有增加收入。因此本文在分析本院收入时,未予计算。以物换物的收入,实际上也不是纯收入。
㉕ 宗教活动收入在总收入中所占比例甚少,原因何在,须另行探讨。

敦煌寺院会计文书

一、概　　述

20世纪初,敦煌石室所出几万件古代写本中有一批会计文书。这批会计文书,多属唐开元、天宝以及吐蕃占领敦煌时期和归义军节度时期,分为官府、私家、寺院三类。数量最多的为寺院会计文书,大致可分为两个方面,一是常住什物方面的,二是财务方面的。

常住什物方面的簿历,有常住什物领得历、付历、借历、点检历、交割历(牒)等。

所谓常住什物领得历,又名领得抄录,是执掌常住什物的职事僧从寺院方面或从前任职事僧领得的常住什物账目,有的还包括麦粟等食粮,如 P.3638 号:

辛未年(911)正月六日,沙弥善胜于前都师慈恩手上现领得函柜铛鏊碗楪毡褥门户鏁鑰,一一谐实,抄录如后:

拾硕柜壹口,象鼻屈鈠并全,在李上座。柒硕柜壹口,并象鼻全。针线柜壹口,象鼻屈鈠并全,在李老宿房。

(后略)

这是净土寺后执掌者沙弥善胜,从前任执掌都师慈恩处接收的什物账抄录,起首部分写年月日、前后执掌者的身份、法号、账目名称,而后写清单:品名、数量、并注明新旧、是否齐全、破裂,以及来源去向,现在何处等。

相对于领得历,有付历,乃是寺院方面记明交付给某职事僧常住什物若干。借历,是指寺院方面所记借用的什物账。点检历,即常住什物清点账。

常住什物交割历,即寺院常住什物前后执掌僧等办理移交手续时所造移交清册。这类移交清册,按规定,离任的寺主等职事僧须上报寺院的上级领导河西都僧统(吐蕃时期为都教授),审核备案。这种报告,名为常住什物交割历牒(状),是常住什物类文书中最重要的一种,但就笔者所见,没有一件是完整无缺的。从现存多件残卷,得知它的结构分为三部分。

一为起首部分,记某年某月某日于某处某某等在场参加下,前任某职事僧执掌的各种常住什物一一清点清楚,交割于后任某僧,清单如后。如 P.2613 号:

> 咸通十四年癸巳岁正月四日,当寺尊宿、刚(纲)管、徒众等,就库交割前都师义进、法进手下常住幡像、幢伞、供养具、铛鏊、铜铁、函柜、车乘、毡褥、天王衣物、金银器皿及官匹帛纸等,一一点活,分付后都唯法胜、直岁法深,具色目如后。

交割即移交、交付;前即前任,都师义进、法进是前任职事僧;后即后任、继任,法胜、法深是后任职事僧。当寺尊宿、纲管、徒众是移交时在场者,是监督移交人、见证人。

二为清单部分,先写货物的类别,次写货物的品名、数量、是否齐全或残破,以及在何处等。如 S.1774 号后晋天福七年(942)十二月沙州大乘寺前所由法律智定等常住什物交割历清单部分:

供养具　长柄熟铜香炉贰,内壹在柜。小铜师子壹。小经案贰,内壹在延定真。(后略)

三为结尾部分,写常住什物交割历牒(状)的套语、年月日、上状者的寺职法号等。如 P.3495 号后唐长兴元年(930)正月沙州某寺法瑞状结尾:

右通前件幡伞、函柜、铛璈、锅釜、毡褥、家具什物等,一一点检,分付后寺主定园具实如前,伏清　处分。
牒件状如前,谨牒。
长兴元年辛卯岁正月　日　法瑞状。

从"一一点检,分付后寺主定园",知上状者法瑞为前寺主。常住什物交割历状是由离任寺主上报的。此状上报给谁?牒状未载,但敦煌官寺属河西都僧统领导,寺职任免状、诸色入破历算会牒状等都是上报河西都僧统,常住什物交割历状,自然也不例外。

财务方面的簿历,有入历、破历、便物历、各种凭证、诸色入破历算会牒状,以及唱卖历、斋儭历等。

所谓入历,即收入账,可分为序时流水式入历、汇总的诸色入历、分类入历(或称入历分录文书)。

序时流水式入历,即按日期顺次记载的收入日记账,如 S.1313 号:

辛未年十一月廿二日,都师领得麦贰斗伍升。廿五日,麦叁

斗,马寺主施入。壬申年后正月一日,麦叁斗、粟肆斗,画知官施入。五日,领得麦叁斗,六日,领得麦捌斗,得粟捌斗。(后略)

汇总的诸色入历,是供编造诸色入破历算会第二柱新附入部分用的,重点在会计年度。因此,除在起首部位写明年月日外,每笔收入账一般都不记日期,这是它和序时流水式入历显著的不同点。如 P.3234 号 101—116 行:

壬寅年正月一日已后直岁沙弥愿通手上诸色入历。
　　麦两硕伍斗、粟肆硕五斗,二月六日七日沿行像散施入。官布一匹,张万水车头念诵入。布一丈,安婆车头念诵入。面陆拾硕,自年春硙入,麸十八硕,自年硙入。(后略)

直岁是寺院的重要职事僧,职掌一切作务,是该会计年度各种收支账目的总负责人,要定期向本寺徒众和上级僧伽组织——都僧统司报告寺院收支状况,因而要将寺院各有关机构所管账目进行汇总,以便编造诸色入破历算会。

上述壬寅年诸色入历就是汇总的入历,服从于年度会计报告的要求,每笔收入,只迻录货物的品名、数量、来源,而省略月日。

分类入文书,系由汇总的入历分录而成,有麦入、西仓麦入、粟入、西仓粟入、油入、米入、苏入、面入、粗面入、谷面入、黄麻入、麸入、豆入、西仓豆入、渣饼入、布入、褐入、缭入、毡入、纸入等,为数颇多。这类文书,以往学者将它当作入历,其实它是诸色入破历算会稿的组成部分,是诸色入破历算会牒第三柱自年新附入分类数和明细账的前身。

所谓破历,即支出账,又名破用历、付历、出历、使用历、使历、用使破历、所用抄录等,也可分为序时流水式破历、汇总的诸色破历、分类破历(或称破历分录文书)。

序时流水式破历,即按日期顺序记载的支出账,与入历同为寺院基本簿历之一,原始的很少,绝大多数是经过整理的。如 S.6829 号:丙戌年正月十一日已后缘修造破用斛斗布等历。

> 十九日,买张奉进木,付麦肆硕。
> 廿二日,买康家木价,付布肆匹,计壹佰柒拾陆尺,折麦壹拾硕。又付粟参硕。
> 二月十一日,付翟家朝木价,布壹匹,肆拾伍尺,却入。
> 三月十四日,出麦捌斗,雇索鸾子等解木手工城西。(后略)

汇总的诸色破历,是供编造诸色入破历算会第三柱沿寺破除用部分用的,重点也是在会计年度,因而从各种破历上汇总时,除起首日期外,每笔账前一般都省略日期。如 P.2032 号 93—280 行为己亥年汇总的诸色破历,记载有己亥年西仓破:

> 粟拾贰硕,康都料造西仓檐手工用。麦壹斗,官换豆来看判官用。麦拾硕,付东库春碨面用。麦一石、粟两石伍斗,王再盈梁子贾(价)用。(后略)

这是汇总的己亥年(939)西仓破历,从它上面将麦粟豆等破用分类迻录,就可成为己亥年诸色入破历算会稿第三柱沿寺破除用之西仓麦破、粟破、豆破数。

分类破历,是指从汇总的诸色破历等上面分类迻录而成,它的目的是直接供编造诸色入破历算会稿第三柱沿寺破除用之用,同专记一类物品破用的序时流水式破历显著不同之处,除起首外,每笔破用账一般都不记日期。如 P.3490 号 56—92 行：

  辛巳年正月一日已后破历。
   面贰斗，太岁日解斋用。面叁斗，正月十五日大众上窟用。面壹斗伍胜，堆园日斋时用。面贰斗柒胜，二月八日前修行像塑匠木匠等用。（后略）

  这是面的破历。每笔账，都只记品名、数量、用途，而不记破用日期。它和题为麦破、西仓麦破、粟破、西仓粟破、油破、苏破、米破、面破、粗面破、谷面破、黄麻破、麸破、渣破、豆破、西仓豆破、布破、缏破、褐破等分录账，都属诸色入破历算会稿的组成部分，是第三柱沿寺破除用分类数和明细账的前身，破用明细账和分类数，即抄自分类破历（破用分录账）。

  诸色入破历算会牒即收支决算报告，是敦煌寺院会计文书中数量最多，又最为重要，可以分为两类，一是诸色入破历算会牒，二是编制诸色入破历算会牒过程中形成的各种草稿。其中又有四柱式和非四柱式诸色入破历算会牒之分。

  四柱式诸色入破历算会牒，以 P.2049 号后唐长兴二年（931）正月沙州净土寺直岁愿达手下诸色入破历算会牒最为完整、最为典型。其结构可分为：起首、第一柱、第二柱、第三柱、第四柱、结尾六个部分。

  起首部分：

   净土寺直岁愿达
    右愿达从庚寅年正月一日已后，至辛卯年正月一日已前，众僧就北院算会愿达手下承前帐回残及一年中间田收、园税、梁课、散施、利润所得麦粟油苏米面黄麻麸滓豆布缏纸等总壹阡捌佰叁硕半抄。

　　伍佰贰拾柒硕伍斗肆胜麦,伍佰玖拾捌硕贰斗玖胜粟,陆硕捌斗伍胜半抄油,贰胜苏,壹斗玖胜米,壹佰贰硕肆斗壹胜面,玖硕叁斗伍胜连麸面,壹伍胜谷面,捌拾玖硕贰斗半胜黄麻,伍拾陆硕肆斗麸,壹佰卷叁拾叁饼滓,贰佰捌拾柒硕玖胜豆,捌佰捌拾壹尺布,贰佰贰拾壹尺缣,贰佰张纸。

起首部分,包括上状的单位、执掌僧的寺职、法名、算会起讫年月日、地点、在场参加者,上一会计年度结存和本会计年度收入的项目、物品名称以及总数和分类数。分类数相加等于总数。总数以斛斗计算,饼渣一个折合麦粟壹斗,布、缣壹尺,各折合麦粟壹斗,纸一张折合麦粟壹升。

第一柱部分:

　　壹阡伍佰肆拾玖硕柒斗陆胜半抄麦粟油苏米面黄麻麸渣豆布缣纸等承前帐旧

　　肆佰伍拾叁硕柒斗壹胜麦,伍佰叁拾伍硕贰斗玖胜粟,叁硕捌斗壹胜半抄油,壹斗肆胜米,伍拾贰硕捌斗壹胜面,伍硕肆斗伍胜半连麸面,壹斗伍胜谷面,捌拾柒硕伍斗伍胜半黄麻,肆拾肆硕肆斗麸,壹佰陆饼渣,贰佰柒拾陆硕肆胜豆,陆佰捌拾壹尺布,玖拾柒尺缣,贰佰张纸。

第一柱名为承前账旧,即上期结余,又名前账回残、先年旧回残、前账回残今附此账、前账回残旧、前账、前账回残入、前账存、前账回残、前案回残入等,包括物品名称、总数和分类数。总数以斛斗为单位计算,分类数相加等于总数。其中壹佰陆饼滓折合壹拾硕陆斗,陆佰捌拾壹

178

尺布折合陆拾捌硕壹斗，玖拾柒尺缏折合玖硕柒斗，贰佰张纸折合贰硕。

第二柱部分：

贰佰伍拾叁硕贰斗肆胜麦粟油苏米面黄麻麸渣豆布缏等自年新附入

柒拾叁硕捌斗叁胜麦，陆拾叁硕粟，叁硕肆胜油，贰胜苏，伍胜米，肆拾玖硕陆斗面，叁硕玖斗连麸面，壹硕陆斗伍胜黄麻，壹拾贰硕麸，贰拾柒饼渣，壹拾壹硕伍胜豆，贰佰尺布，壹佰贰拾肆尺缏。

麦肆斗伍胜，宅内富恩念诵入。麦叁斗正月燃灯社入。麦柒斗，郭骨儿妻患念诵入。（后略）

第二柱部分为自年新附入，即本期新附入，又名今账新附，新附领入、新加附等，包括本期麦粟油苏米面黄麻麸渣豆布缏等新收入总数、分类数、明细账。总数以斛斗为单位计算。其中饼渣贰拾柒个折合贰石柒斗，布贰佰尺折合贰拾硕，缏壹佰贰拾肆尺折合壹拾贰硕肆斗。总数控制分类数，分类数控制明细账。明细账依次为麦（分东库和西仓）、粟（分东库和西仓）、油、苏、米、面、粗面、黄麻、麸、滓、豆（分东库和西仓）、布、缏，与分类数麦粟等顺次一致。

第三柱部分：

叁佰贰拾肆硕柒斗壹胜半抄麦粟油面黄麻麸渣豆布缏等沿寺修造破用

壹佰肆拾陆硕叁斗麦，陆拾伍硕壹斗壹胜粟、叁硕叁斗肆胜半抄油，肆拾柒硕伍斗叁胜面，叁硕贰斗叁胜连麸面，玖硕黄麻，玖硕贰斗麸，壹拾壹饼查，玖硕豆，贰佰捌拾叁尺布，贰拾陆尺缏。麦壹

硕,正月与园子用。麦壹硕伍斗,买铁新伞骨造钉塔用。麦伍拾硕,春碓淘麦面用。(后略)

第三柱为破用,即本期支出,又名破除用、破、出、出破、破除、破除支付,包括破用总数、分类数、明细账。总数以斛斗为单位计算,其中壹拾壹饼渣折合壹硕壹斗,贰佰捌拾叁尺布折合贰拾捌硕叁斗,贰拾陆尺缏折合贰石陆斗。总数控制分类数,分类数控制明细账。明细账依次为麦(东库和西仓)、粟(东库和西仓)油、面、连麸面、黄麻、麸、饼渣、豆(东库和西仓)、布、缏,与分类数顺次相同。

第四柱部分:

> 壹阡肆伯柒拾捌硕贰斗玖胜麦粟油苏米面黄麻麸渣豆布缏纸等沿寺破除外应及见存
>
> 叁佰捌拾壹硕贰斗肆胜麦,伍佰叁拾叁硕壹斗捌胜粟,叁硕伍斗壹胜油,贰胜苏,壹斗玖胜米,伍佰肆硕捌斗捌胜面,壹斗伍胜谷面,捌拾贰硕贰斗半胜黄麻,肆拾柒硕贰斗麸,壹佰贰拾贰饼渣,贰佰柒拾捌硕玖胜豆,伍佰玖拾捌尺布,壹佰玖拾伍尺缏。贰佰张纸。

第四柱为破除外应及见在,即本期结余,又名破除外见在、破除外回残、破外见存、应及见在、应及见存、应见在、见存、见在、见存额、应在人上欠及见存、应上及见存、回残等,包括结余物品的名称,总数及其分类数,分类数相加等于总数。其中壹佰贰拾贰饼渣折合壹拾贰硕贰斗,伍佰玖拾捌尺布折合伍拾玖硕捌斗,壹佰玖拾伍尺缏折合壹拾玖硕伍斗,贰佰张纸折合贰硕。

结尾部分:

右通前件算会出现破除一一诣实如前。

伏请处分。

长兴二年辛卯岁正月　日净土寺愿达

徒众（签名）

（中略）

释门法律愿济

释门赐紫僧政绍宗

　　结尾部分包括牒状套语、上状年月日、上状者的单位名称、职掌僧法号，以及徒众和僧官具名签字。

　　上述六部分，其核心由四柱：第一柱前账旧、第二柱新附入、第三柱破用、第四柱应及见在，分隔组成。其结算公式为：前账旧＋新附入－破除用＝应及见在。应及见在转入下一会计年度即成为前账旧。其形式，四柱都顶格起写，直至行末，形似一条柱子，分类数居中偏下起写，新附入和破用明细账，起首书写高度在第二、三柱与分类数之间，按麦粟等货物分类顺次记载，记完一类，再记一类。每笔账只记物品名称、数量、来源或用途，不记日期。形式非常清楚。这是典型的。但也有形式与此不同的。其不同点为不是记完分类数后再依次记明细账，而是一种分类数后即记明细账，如麦分类数后立即记麦的明细账，形成麦分类数直接控制麦明细账。

　　寺院诸色入破历算会牒，最多的是四柱式的，除此之外，还有非四柱式的。数量很少，可以分为三种。

　　一是虽有回残旧、新收、出破、见在四柱内容，但没有采用四柱式结算。如P.2638号后唐清泰三年(936)儭司教授福集等状。

　　除起首、结尾外，也分四部分。第一部分为唱卖所得布的明细账。第二部分，先记回残和官施所得大小绫、生绢、锦绫、粗䌷、细䌷、布的明细账，再记分类数，而后又记都计陆万壹阡肆佰伍拾陆尺（应为五万玖千柒百陆尺）。第三部分为出破明细账、出破分类数、破除外见存分类数。第四部分为支付应管僧尼儭布数，支付儭布后余布数。这四部分虽包括了四柱内容，但由于未按四柱式顺序记载，层次条理不清，如果不仔细研究，有些部分就难以理解。如本会计年度结余应为布肆仟陆佰捌拾尺、大白绫壹匹、楼机绫贰匹，不集中在最后一起记载，而是分记于两处（81行、71行）。本会计年度总收入及其分类数，不在起首部分记载，而是混杂记在回残、唱卖所得之中，经过仔细分析才能找到（见33行、41行）。在回残部分也不分类顺次记载，而将布绫缥等前后混杂。黄小绫袄子壹领、乌玉要带壹、鞋踝具玖事，计又得见布捌佰肆尺，经过仔细计算，才知即共折合布捌佰肆尺。支付僧尼儭布数，只记僧尼人数，每人应支多少尺，而未记合计支付了多少尺，读者须经仔细计算才能得知。这种形式的诸色入破历算会牒，条理不清，勘算核审，颇不方便。但为数少，完整的仅此一件。S.1625号也属这一类。

　　二是只有新收、破用、见在三柱内容的诸色入破历算会牒，如P.3850号酉年龙兴寺方等所僧神威等牒。这是道场等临时性活动的收支报告，没有常设的财务机构，临时指派人员经营，活动告一段落，即由经管人员进行结算，结余部分交割给有关部门，因而没有旧回残，只有新收、破用、见在三部分。这类结算报告，到现在为止，笔者仅见到二件（内一件不全）。

　　三是五柱式的诸色入破历算会牒，如P.4957号，除第一柱、第二柱、第三柱、第四柱外，还有第五柱：

　　　　伍拾柒硕叁斗半胜麦粟油苏米面黄麻豆等应在人上
　　　　贰拾贰硕贰斗麦，肆硕捌斗粟，已上在碢户张苟苟下——
　　　　两硕玖斗粟，壹斗捌胜白面，壹硕玖斗柒升麦，捌硕贰斗豆，叁斗柒胜油，柒胜苏，壹 斗捌胜半米，叁斗肆胜黄麻，已上在威胜下——

两硕陆斗麦，两硕玖斗粟，已上在张苟苟午年碢课欠负未入——

（后缺）

第四柱后又有一柱，名为应在人上，又名应在人上欠，即账面收支结余欠在某人身上。寺院职事僧移交或上报收支决算报告清单时，结余部分有两种情况，一为结余的都是现在实物，名之为应见在；二为结余部分为现存实物和未收回的欠债，分别名之为应见在和应在人上，用两柱表示，加上前面的第一、第二、第三柱，成了五柱，可以称它为五柱式诸色入破历算会牒。但第五柱是由第四柱衍生而来，且敦煌文献中仅此一例，我们可以将它归入四柱式一类。

便物历，即借贷账目，也可分为二种，一是序时流水式便物历，另一种是汇总的便物历是供编造诸色入破历算会牒第二柱自年新附入部分之利润入明细账用。便物历为数颇多，日本池田温教授和笔者都早有专文发表，此不赘述。

此外，还有唱卖历，即寺院唱卖施主布施和死亡僧尼的衣物等所得的收入账，官斋历，指官府施斋时的破用历。凭证，指各种契据以及算会后所立的欠物凭、交付回残物凭、掌管回残物凭，交付记录、领得回残物凭等，准备另作专文，此处不再多述。

敦煌寺院会计文书，纷繁杂乱，且多由僧徒剪开后粘贴，已失其原有次序，须要下大力精心整理。以上只是作了概括性的叙述。有兴趣的同道，请参阅拙编《敦煌社会经济文献真迹释录》第三辑、第二辑，和将要出版的《敦煌寺院会计文书研究》，以及正在整理准备争取出版的《敦煌会计文书集成》。

二、价　　值

敦煌寺院会计文书的史料价值是多方面的。首先,它是研究古代会计史的稀世瑰宝。中国会计制度真是源远流长,成书于战国时代的《周礼》,已设计有组织比较完备、分工比较明确的财计机构以及岁会、月要、日成的会计制度。汉朝初年,建立了全国性的会计制度,各郡国依据会计簿书每三年要编制上计簿,派员呈送朝廷报告财政收支结余情况,为后代沿袭。到了唐宋时代,会计制度发展得更加完备,在全世界处于领先地位,有许多会计典籍问世,但多已佚失,至于真正原始状态的簿历,更是废毁无剩,因此敦煌石室所出的会计簿历,其珍贵自不待言。

在敦煌文书大量公布以前,人们以为中国四柱结算法是从宋代开始的。近年,学者已经据敦煌文书指出在吐蕃占领敦煌时期已经有这一算法。但据笔者研究,四柱结算法在唐五代时期不但有了,而且已广泛存在。据笔者考察以下 20 件为四柱式诸色入破历算会牒稿:

一、S.4782 号寅年乾元寺堂斋修造两司都师文谦状。[①]

二、S.4191 号戌年正月乾元寺状。[②]

三、S.6061 号年代不明算会牒稿。[③]

四、P.6002 号(1)年代不明乾元寺算会牒。[④]

五、P.4957 号申年(?)乾元寺算会牒。[⑤]

六、P.2838 号(1)唐中和四年(884)正月安国寺上座体员等牒。[⑥]

七、P.2838 号(2)唐光启二年(886)安国寺上座胜净等状。[⑦]

八、P.3352 号丙午年(886)正月三界寺招提司法讼状。[⑧]

九、P.2574 号唐乾宁四年(897)正月某寺算会牒。[⑨]

十、P.2821 号北图新 1446 号(1)(4)缀合庚辰年(920)正月报恩寺寺主延会状。⑩

十一、S.372、378号缀合丁亥年（927?）正月沙州某寺诸色入破历算会稿。⑪

十二、S.5753号癸巳年（933?）正月以后沙州某寺诸色斛斗入破历算会牒。⑫

十三、P.2049号后唐同光三年（925）正月沙州净土寺直岁保护手下诸色入破历算会牒。⑬

十四、P.2049号后唐长兴二年（931）正月沙州净土寺直岁愿达手下诸色入破历算会牒。⑭

十五、P.2040号511—538行、419—510行、406—418行、P.2032号93—280行缀合己亥年（939）净土寺诸色入破历算会牒稿。⑮

十六、P.2040号319—330行、P.3234号256—263行、264—275行缀合己亥年（939）前后净土寺诸色入破历算会稿残卷。⑯

十七、P.3763号1—118行、P.2040号1—106行、P.2032号576—587行缀合壬寅年（942）净土寺诸色入破历算会牒稿残卷。⑰

十八、P.3234号117—130行、P.2032号593—707行、P.2040号311—318行、P.3234号174—184行、P.3234号185—255行、P.2032号588—592行、P.2032号303—304行、P.2032号281—291行、P.2032号305—308行、P.2032号292—302行缀合癸卯年（943）正月一日已后净土寺直岁广进手下诸色入破历算会牒稿残卷。⑱

十九、P.2032号552—575行、1—64行、501—551行、709—805行缀合甲辰年（944）正月一日以后净土寺直岁惠安手下诸色入破历算会稿残卷。⑲

二十、P.2040号130—205行、P.3234号276—332行、P.2040号206—269行、P.2032号309—330行、P.2040号270—310行、P.2032号806—870行、P.3234号131—173行缀合乙巳年（945）正月一日以

185

后净土寺诸色入破历算会稿。[⑳]

　　例证还可找出若干,但以上 20 例已可充分证明敦煌寺院诸色入破历算会牒,普遍运用四柱结算法。这些寺院都是河西都僧统司管辖的官寺,从这个意义上讲,敦煌官寺普遍运用四柱结算,也就是官厅广泛运用四柱结算法。杨际平先生《吐蕃时期沙州仓曹状上勾覆所复原研究》,[㉑]证明唐代后期四柱结算法已在敦煌官厅运用。僻在敦煌的官厅、寺院已广泛运用四柱结算法,内地自然也不会例外。它的创立时间应该更早。P.2507 号唐开元二十五(737)年水部式残卷记载:"余应给鱼处及冬藏,度支每年支钱二百贯,送都水监,量依时价给直,仍随季具破除、见在,申比部勾覆,年终具录,申所司计会,如有回残,入来年支数。"就都水监来说,度支每年支钱二百贯,即度支拨款数,在账上表现为收入,每季具状报告,则为收入、破除、见在。年终结算,如有回残,转入来年支数即成为旧回残。这样,第二年收入就有旧回残和新收入,年终结算时,就由收入、破除、回残三柱,增为旧回残、新收入、破除、回残(即结余)四柱。水部式是唐朝廷制定的,推行于中央和各地方政府,结合敦煌文书可以推断盛唐时四柱结算法已在官厅广泛运用了。

　　其二,使我们感兴趣的是敦煌寺院的常住什物和财务管理制度。寺院的存在和兴盛不衰,必要前提是具有稳固的物质基础。而物质基础的稳固,必须要有健全的财产管理制度和财务会计制度。敦煌寺院在这方面的制度是比较完备的,广泛使用的四柱结算法在当时的世界上是最进步的。从会计文书中可以看到,寺院的常住什物和诸色斛斗,由寺主、直岁等主要职事僧总管,而由若干僧徒结伴、结团集体执掌,分工负责。执掌僧上任时对领得的财物出具领物凭,以作离职结算时的底账凭证。执掌期间,财物收支变动,则由入历、破历进行记载。定期结算时,要将收入、支出分别汇总成:汇总的破历、汇总的入历、汇总的便物历等,并对仓存、库存进行清点。而后分类迻录成分类入或分类破

(或称入历分录和破历分录)并通计,再编成正式的收支决算。离职时,对在职期间执掌的财物及其变动情况,要造具常住什物交割历牒、诸色斛斗入破历算会牒,面对本寺徒众和上级僧团派来的僧官(如果是都僧统司直属的儭司,则面对各寺的代表),进行宣读、听取质疑、审查。宣读通过后,上报河西都僧统,经审勘无误,再由都僧统签具"勘算既同,连附案记"才能结案。离职结算时,如发现财物缺少,执掌僧要承担经济责任,或以现物填赔,或作为欠债入账。如 P. 3631 号辛亥年(951)正月廿九日善因、愿通等柒人将物色折债抄录,都是以布等实物折赔执掌期间所欠缺的斛斗。㉒S. 4701 号庚子年(940)报恩寺算会分付斛斗凭,㉓记载"阴法律、寺主定昌、戒宁三人身上欠麻叁硕贰斗贰升,徐僧正、寺主戒福、善清等三人身上欠麻两硕叁斗伍升",就是指前任职掌僧移文时所缺欠的货物数量。

其三,敦煌寺院的寺主、上座、都维那、直岁、典座等主要职事僧,既不是终身制,也不是师门承袭的。他们的任职,都是先经徒众推举,而后上报都僧统批准。这在寺职任免文书中记载得很清楚。㉔而且任职期限甚短,如 P. 4004 号、S. 4706 号、P. 3067 号、P. 4908 号缀合庚子年(940)前后报恩寺常住什物交割历牒,㉕记载现任和离任尚还在世的寺主就有:法□、教通、保惠、明戒、明信、定昌、善清、法净、法兴、戒会、明藏、员会、教珍(一作教真)、保藏、法清、法林等十六位之多,可见寺主任职期限之短和替换之频繁。而从 P. 3290 己亥年(939)报恩寺算会分付黄麻凭,㉖S. 4701 号庚子年(940)报恩寺分付斛斗凭,见到法律惠兴、寺主宁昌、都师戒宁,以及徐僧正、寺主戒福、都师善清执掌常住仓斛斗为期都是一年,法律法进、法律惠文等八人集团主持常住斛斗也只有一年。上引净土寺壬寅、癸卯、甲辰、乙巳年诸色斛斗入破历算会牒之直岁广进、惠安等也都是任期一年。寺主等主要职事不仅任期短,替换频繁,而且像直岁那样总领一切作务的要职,连沙弥也可担任,既是敦煌

187

寺职实行定期轮换差替制的体现,又表明寺院封建化还未深入到寺职方面,担任寺职执掌财物可能没有多大特权,相反要尽更多义务,承担重大责任,经管不善要按约负责赔偿。②

其四,应该强调指出,敦煌寺院职事僧离任经济责任稽审制有现实意义。敦煌寺院的职事僧在职期间所执掌的财物,包括接任时所领得的常住什物,上一会计年度结余,本年度内常住什物的增减变动,各种财务收支,都建有账历和凭证,离任时进行结算清点,造具清单,予以稽审。其特点是:一、移交清单与现实数对照,如有无故短缺欠少,职事僧负责赔偿。二、徒众审查与上级审勘相结合。移交清单当众宣读,由于职事僧任期短(一般为一年),徒众对清单所载是否正确,容易回忆,比较能有效地进行审查监督。四柱式诸色斛斗入破历算会牒在当时又是最进步的,当众宣读通过后,上报河西都僧统,由勾官一类专业僧人进行审勘,无误,最后由河西都僧统给出判词,归档。这样,既有完备的账目,又有群众审查与专业人员审核相结合的制度,能有效地防止职事僧弄虚作假,利用职权盗窃寺院集体财产。这不仅在中国古代会计史、审计史上值得大书特书,对于当前社会防止贪污盗窃、侵吞公有财产,也有很大借鉴作用。

以上都就会计史方面论其价值,还有第二方面的价值,即寺院会计文书是反映寺院经济状况最基本的资料。从中可以看出寺院拥有的常住什物状况、财务收支状况、经济活动以及僧徒和寺院依附人户状况。尤其是众多的净土寺诸色入破历算会牒稿,为以净土寺为典型,研究寺院经济状况准备了基础。

第三方面,寺院不仅是宗教、文化教育活动中心,而且广泛参与社会政治、经济、军事、中外交往、社邑、民俗等活动。上至归义军节度使、河西都僧统,下至普通的僧俗人员,横及各寺、各军政机构之间各类问题,在寺院会计文书中都有反映,各个专题研究都可以从中汲取可用资料。

几十年来,国内外已有不少学者,从不同角度利用这批会计文书,而以法国的谢和耐教授、[20]中国中山大学的姜伯勤教授利用最多,[23]取得突出成就。但尚有许多丰富内容有待开发利用。如 P.2040 号、P.2032 号、P.3234 号等簿历,都长达几百行,有的近千行,由僧徒剪开粘贴,已失原文书次序。长期以来,研究者明知其中有丰富信息,但因对全卷缺乏完整认识,不敢轻易引用。笔者已将其复原,30[30]在本文中已将前后次序标出,希望能对学界使用这些资料能有帮助。

(《国家图书馆学刊》1996 年第 1 期)

注释:

① 见拙编《敦煌社会经济文献真迹释录》第三辑,第 309 页,全国图书馆文献缩微复制中心 1990 年 9 月版。
② 同上,第 307 页。
③ 同上,第 302 页。
④ 同上,第 313 页。
⑤ 同上,第 316 页。
⑥ 同上,第 322 页。
⑦ 同上,第 328 页。
⑧ 同上,第 333 页。
⑨ 同上,第 335 页。
⑩ 见《九州学刊》1993 年 5 月 5 卷 4 期,第 123 页,香港出版。
⑪ 同上 1,第 367 页。
⑫ 同上,第 390 页。
⑬ 同上,第 347 页。
⑭ 同上,第 369 页。
⑮ 具体如何缀合,见另文。
⑯ 同上页。
⑰ 同上。

⑱ 同上。
⑲ 同上。
⑳ 同上。
㉑ 见韩国磐主编《敦煌吐鲁番出土经济文书研究》,第 162 页,厦门大学出版社 1986 年版。
㉒ 见拙编《敦煌社会经济文献真迹释录》第二辑,第 227 页。
㉓ 同上 1,第 400 页。
㉔ 敦煌寺院的寺职任免文书,见拙编《敦煌社会经济文献真迹释录》第四辑,第 38—59 页。
㉕ 同上 1,第 32—36 页。
㉖ 同上,第 539 页。
㉗ 同上,第 344 页:戊寅年(918)行像司算会分付斛斗纪录,规定绍建等五人执账的斛斗,要加七生利,年支算会,不得欠折,若有欠折,一仰伍人还纳。
㉘ 见《中国五至十世纪的寺院经济》,谢和耐著,耿昇译,甘肃人民出版社,1987 年版。
㉙ 见《唐五代敦煌寺户制度》,姜伯勤著,中华书局 1987 年版。
㉚ 见《敦煌寺院会计文书研究》,新文丰出版公司 1997 年出版。

敦煌净土寺六件诸色入破历算会稿缀合

  敦煌寺院会计文书中之 P. 2040、P. 3234、P. 2032、P. 3763 等几个长卷,包含多件诸色入破历算会稿,由于粘贴而颠倒散乱,不便引用。近年来,我根据四柱式诸色入破历算会牒的结构、形式、四柱间关系以及编制程序,对这几个长卷的前后关系进行了剖析并予以缀合。今将其中的六件诸色入破历算会稿缀合,并扼要说明缀合理由如后,供研究者参考。为节省篇幅,凡拙编《敦煌社会经济文献真迹释录》第 3 辑已有录文者,缀合时尽量节略,而在注中标明见该书若干页若干行。

一、净土寺己亥年(939)诸色入破历算会稿缀合

  净土寺己亥年诸色入破历算会稿包括以下残卷:(一)P. 2040 号 511—538 行。[①](二)P. 2040 号 419—510 行。(三)P. 2040 号 406—418 行。(四)P. 2032 号 93—280 行。[②]这是己亥年净土寺的破用汇总历,供编造诸色入破历算会之用,分录后即成为己亥年破用分录账。
  以上四个残卷,包括前账回残旧、自年新附入、沿寺破除用,乃是净土寺己亥年诸色入破历算会牒稿的前三柱部分,前后接续,理由如下:
  第一,(一)P. 2040 号 511—538 行,包括第一柱前账回残旧之谷面、黄麻、麸、并查、豆、布、氎、纸等分类数,以及第二柱自年新附入总数

及其分类数和麦入分录账,原件是连接一起的,且前后次序与诸色入破历算会牒结构次序一致。

第二,(二)P. 2040号419—510行上接(一)P. 2040号51—538行,理由是粟入、油入、面入、粗面入、谷面入、黄麻入、麨入、查入、豆入、西仓豆入、布入、缏入、褐入等分录账通计数与自年新附入粟等分类数一致。这点,姜伯勤先生早已正确地指出。[③]

第三,(四)P. 2032号93—280行与(三)P. 2040号406—418行有接续关系,是根据以下两点:其一,从笔锋看,出自同一人之手,分类品名相同;其二,我对破用汇总历进行分录后,发现分录账之西仓麦、西仓粟、麻、缏、西仓豆的通计数与破用分类数分别相同,说明这几项分类数来自分录账通计数,这是两者前后有接续关系最强有力的证据。当然,由于两者都是草稿以及破用汇总历前有残缺,东库部分的麦破、粟破等分录通计数与分类数多有出入,但这不能否定两者前后有接续关系。

第四,(一)P. 2040号517—538行、(二)P. 2040号419—510行自年新附入总数及其分类数和分录账,与(三)2040号406—418行、(四)P. 2032号93—280行沿寺破除用总数及其分类数和破用汇总历(分录后成破用分录账),乃是同一会计年度密切相关的两个部分,有以下几点证明:

其一,书写形式、货物品名分类顺次相同,笔迹出自同一人之手。

其二,麦入等新附入分录账部分,记有"己亥年西仓粟利入""己亥年西仓豆入",而在破用汇总历部分,记有"己亥年西仓麦破""己亥年西仓豆破""麦陆拾硕亥年春䃺麦用",可见两部分同属己亥年。

其三,麦粟豆等相互交换,在破用汇总部分记为用,而在新附入分录部分记为入,两者互相对应,说明属同一诸色入破历算会稿。为清晰起见,兹将例证列表于后。

表一粟换麦、粟换豆、豆换粟共十例,前九例属东库,后一例属西仓。寺院的麦、粟、豆等货物,往往由多名职事僧集体或合伴执掌,分别

管理，建有多种簿历。因故进行货物交换，破除方记为用，收入方记为入，汇总编造成诸色入破历算会牒稿，在新附入和破除用两部分就形成相互对应关系。

其四，麦加工磨成面、麸、粗面，粟加工磨成粟面，黄麻加工压成油，在破除用部分表现为麦破、粟破、麻破，在新附入部分表现为面入、麸入，粗面入、谷面入、油入。例证如表二。

表一 粟豆与麦豆粟互相替换折换表

破除用汇总历部分		新附入分录账部分	
材料出处	品名数量用途	材料出处	品名数量来源
P.2032号第230行	粟拾贰硕壹斗，春换麦用	P.2040号第535行	麦拾贰硕壹斗，春付粟换
同上231行	粟壹硕，宋佛奴换麦用	同上536行	麦壹硕，宋佛奴将粟换入
同上231行	粟叁硕肆斗马家入豆换将用	同上492行	豆叁硕肆斗，马家换粟入
同上232行	粟叁硕，恶天去入豆换将用	同上492行	豆叁硕，恶天去换粟入
同上232行	粟壹硕，胡托入豆换将用	同上493行	豆壹硕，胡托换粟入
同上233行	豆壹拾伍硕三月后曹入粟换将用	同上430行	粟拾伍硕，后曹豆替入
同上234行	豆伍硕，赤山入粟换将用	同上430行	粟伍硕，赤山换豆入
同上235行	豆叁硕，索判官入粟换将用	同上431行	粟叁硕，索判官换豆入
同上235行	豆玖斗，高孔目入粟换将用	同上431行	粟玖斗，高孔目换豆入
同上276行	豆贰拾柒硕伍斗，官将粟换用	同上463行	粟贰拾柒硕伍斗，官折豆替入

表二八例,其中麦磨成白面二例,麦面数量相同,增加了百分之三十的麸皮,符合通常的比例;麦磨成粗面,容积稍有出入;粟磨成粟面(谷面)二例,容积相同;麻子压榨油,麻子七斗得油一斗。这八例都是寺院内部因加工而在不同簿历上一方表现为用,另一方表现为入。有三笔在西仓部分明白记载"付东库碨淘麦用""碨面用""碨干麦用",与之对应,在东库部分记载有"西仓付麦碨入""秋碨入""自年秋碨入"。这有力地证明两者属同一会计年度的诸色入破历算会牒稿收支两个部分。

表二 加工磨面压油数量对应表

破除用汇总历部分		新附入分录账部分	
材料出处	品名 数量 用途	材料出处	品名 数量 来源
P.2032号 第124行	麦陆拾硕,亥年春碨淘麦用	P.2040号 467行 同上478行	面陆拾硕,自年春碨入 麸拾捌硕,自年春碨入
同上270行	麦贰拾硕,六月付东库碨淘麦用	同上467行 同上478行	面又贰拾硕,自年秋碨入 麸陆硕,自年秋碨入
同上212行	麦陆硕秋(春)碨面用	同上469行	粗面陆硕,春碨入
同上266行	麦拾硕,付东库春碨面用	同上470行	粗面拾硕伍斗,西仓付麦碨入
同上271行	麦捌硕,秋付东库碨干麦用	同上470行	粗面柒硕捌斗,秋碨入
同上112行	粟两石五斗,春碨面用	同上472行	谷面两石五斗,春碨入
同上212行	粟伍硕伍斗,秋碨面用	同上472行	谷面伍硕伍斗,秋碨入
同上255行	麻两石一斗付梁户押油用	同上46行	油叁斗,付黄麻押入

其五,在破除用汇总历部分有建造钟楼的许多破用,而在新附入分

录账部分则有起钟楼时的人事收入,其中七次就达布一百八十尺、缣一百尺、褐八十七尺。这种对应关系也可证明两者属同一诸色入破历算会稿的组成部分。

从此件包含的四个残卷内容看,为净土寺己亥年(939)诸色入破历算会稿,殆无疑问,此不赘述。

二、净土寺己亥年(939)前后诸色入破历算会稿残卷

净土寺己亥年前后诸色入破历算会稿残卷,已知有以下断片,迻录如下

(以下 P.2040 号 319—330 行):

(前缺)

1　五百四(五)十四(七)石四(五)斗八升一合麦粟油面黄麻麸查豆布缣褐等沿寺破除用④

2　九十石麦,五十二石七斗五胜西仓

3　麦,一百七十石七斗二升粟,⑤

4　十七石七斗五升西仓粟,三

5　石二斗六升一合油,四十六石

6　二斗面,十三石七斗粗面,

7　三石九斗谷面,九石黄麻,

8　二十五石八斗麸,六十三并滓,

9　十七石八斗豆,九石西仓豆,

10　七百六十四尺(六百三十九尺)布,⑥五十尺缣,

11　九十四尺昌褐。⑦

（中缺麦破等分录账）

（以下 P.3234 号 264—275 行）⑧

12　一千九百四(八)十四(五)石四(三)斗四升四合麦粟油苏米面黄麻麸查豆布缣纸等沿寺破外应及见在⑨

13　壹伯叁拾七石四斗四升麦，捌

14　百九十七石三斗五升半粟，

15　四石四斗三升合油，二胜苏

16　一斗九胜米，一百一十石六斗八

17　升面，一十一石一斗九升粗面，

18　石六斗谷面，七十二石八

19　斗九升黄麻，⑩二十四石七斗麸

20　百十一并滓，五百二十二石

21　七斗四升豆，壹千六(五)百八(五)十六尺布，⑪

22　三百三十四尺缣，九十四尺褐，⑫

23　二百张纸。

以上两个部分，一为第三柱沿寺破除用总数及其分类数，二为第四柱沿寺破外应及见在。两者不仅笔迹出自同一人手，分类品名、顺次、书写高度相同，且后者有已圈掉之九十四尺褐，这是将前者之褐分类数误录入所致，类似现象，在编造诸色入破历算会稿过程中屡见不鲜。据此可以断定两者为同一诸色入破历算会稿的两个部分。

此残卷中未见纪年和寺名，但前后连接的都是净土寺残卷，所载分类品与净土寺己亥年(939)诸色入破历算会稿相同，故拟名为净土寺己亥年前诸色入破历算会稿残卷，其绝对年代可能为庚子年(940)。

顺便指出 P.3234 号 256—263 行，乃是此残卷的破除用分录账的各合计数稿，这可由两者数字相同得到证明。

三、净土寺壬寅年(942)直岁愿通手下诸色入破历算会稿缀合

净土寺壬寅年直岁愿通手下诸色入破历算会稿缀合,包括三个部分,其顺次如下:

(一) P. 3763号1—118行,[15]起布入,布一丈,安婆车头念诵入,讫通计粟九十九石三斗五升,包括第二柱自年新附入之布入、缏入、褐入分录账和通计数,第三柱沿寺破除用总数及其分类数和麦破、西仓麦破、粟破分录账以及通计数。

(二) P. 2040号1—106行,把〔第二日看囗囗〕及社人僧等用,讫计二十八尺,包括面破(不全)、粗面(连麸面)破、谷面破、麻破、麸破、豆破、西仓豆破、布破、缏破、褐破分录账及其通计。

(三) P. 2032号576—587行,起〔一阡九百三十二石四斗四升二合麦粟油苏米面黄麻麸查豆布缏纸等〕沿寺破除外应及见存,讫二百张纸。这是第四柱应及见存的总数及其分类数。

这三部分为什么能够缀合?

第一,从笔锋看,三部分出自同一人之手,且书写形式相同。

第二,(一) P. 3763号1—118行与(二) P. 2040号1—106行两者缀合(中缺西仓粟破、油破、苏破分录账),是因为面破、粗面破、谷面破、麻破、麸破、豆破、西仓豆破、布破、缏破、褐破分录账的通计数,与沿寺破除用相应的分类数相同,无可怀疑地证明后者是前者的分录账。

第三,(三) P. 2032号576—587行之所以与(一) P. 3763号1—118行、(二) P. 2040号1—106行缀合,理由如下:

其一,第三柱沿寺破除用总数及其分类数后,应为第四柱应及见存,(三)接(二)后符合诸色入破历算会牒稿结构顺次。

197

其二,(一)、(二)缀合的录文未见寺名和纪年,但西仓麦破有:麦壹硕肆斗,支与园子春粮用;麦两硕,支与恩子春粮用;麦壹硕肆斗,园子秋粮用;麦两硕,支与恩子秋粮用。此种记载,屡见于另几件净土寺诸色入破历算会牒稿,园子、恩子都是净土寺的长工,故知此件当属净土寺文书。又 P.3234 号记有壬寅年正月一日已后直岁愿通手上诸色入历,乃是汇总入历,虽很不完全,仅有 16 行,但与(一)、(二)录文对照,知布入部分:布一丈,安婆车头念诵入;布一匹,春官斋僦入;布贰丈,小骨车头念诵入,均来自壬寅年诸色入历,而麦粟硙面破用七笔,又与壬寅年汇总入历之面入、麸入、粗面入对应,故知此件(一)(二)部分之纪年亦为壬寅年。(三)应及见存总数及分类数亦无寺名、纪年,但其与下一件癸卯年净土寺诸色入历算会稿第四柱承前账旧之总数及其分类数相同。按照上一会计年度之应及见存转入下一会计年度即成为承前账旧,推定(三)为壬寅年净土寺诸色入破历算会稿之第四柱,殆无疑问。

四、净土寺癸卯年(943)正月一日直岁广进手下诸色入破历算会稿缀合推补

净土寺癸卯年年正月一日已后直岁广进手下诸色入破历算会稿,已知有以下残卷:(一)P.3234 号 117—130 行,(二)P.2032 号 593—707 行,(三)P.2040 号 311—318 行,(四)P.3234 号 174184 行,(五)P.3234 号 185—255 行,(六)P.2032 号 588—592 行,(七)P.2032 号 303—304 行,(八)P.2032 号 281—291 行,(九)P.2032 号 305—308 行,(十)P.2032 号 292—302 行。今按顺次缀合推补说明于后。

(一)P.3234 号 117—130 行:

〔壹阡玖伯叁拾贰硕肆斗肆胜贰合麦粟油苏米面黄麻麸查豆

布缣纸等承前帐旧

　　壹伯玖拾捌硕柒斗肆胜麦,柒伯捌

　　拾壹硕柒斗伍胜伍合粟,伍硕贰斗

　　叁胜柒合油,壹胜苏,壹斗玖胜米,

　　壹伯壹拾捌硕肆斗壹胜面,壹拾伍硕

　　贰斗捌胜连麸面,贰硕玖肆胜谷〕⑭

　　面,陆拾肆石伍斗肆胜黄麻,叁拾叁

　　石柒斗麸,壹伯陆拾肆并查,陆伯肆

　　拾柒硕陆醉肆升豆,肆伯叁拾肆尺布,

　　贰拾贰尺缣,贰伯张纸。

肆伯叁拾叁硕玖斗伍胜麦粟油面黄麻麸查豆缣布等自年新
附人

　　壹伯壹石壹斗麦,贰拾陆石伍斗

　　伍升西仓麦,叁拾玖硕陆斗粟,捌拾

　　叁硕壹斗伍升西仓粟,叁硕陆斗油,陆

　　拾硕面,壹拾硕柒斗连麸面,叁硕谷

　　面,叁硕壹斗伍胜黄麻,壹拾捌

　　硕麸,贰拾柒并查,捌硕柒斗豆,

　　贰拾肆硕伍斗西仓豆,贰伯陆拾捌

　　尺布,贰伯贰拾肆尺缣。⑮

(二) P.2032号593—707行:

　　起麦人〔麦叁硕□□□□□人,麦肆硕贰斗,春佛食入,讫豆二斗五升,安定奴利润入,豆二斗。共115行,包括麦入、西仓麦入、粟入、西仓粟入、油入、面入、连麸面入、粟面(谷面)入、黄麻入、麸

199

入、淬入、豆入、西仓豆入(不全)分录帐及通计。后缺布入、缏入分录帐及通计。

(三) P.2040 号 311—318 行：

　　肆伯叁拾玖硕伍斗玖升麦粟油面黄麻麸查豆布缏等自年沿寺破除用
　　柒拾贰硕贰斗麦，叁拾陆硕叁斗西仓麦，
　　叁拾捌硕壹斗粟，壹伯贰拾柒石捌斗西
　　仓粟，两硕六斗四升油，肆拾肆硕
　　陆斗面，⑮玖硕连麸面，叁硕柒斗
　　谷面，柒硕黄麻，壹十八石叁斗麸
　　伍并查，叁拾玖石五斗五升豆，叁石西
　　仓豆，壹伯四十四尺布，贰伯贰拾伍尺。

(四) P.3234 号 174—184 行：

　　(前缺麦破、西仓麦破、粟破分录帐及通计)
　　起西仓粟一石四斗，园子春粮用，讫计粟一石二十七石八斗，共10行，为西仓粟入的分录帐及通计

(五) P.3234 号 185—255 行：

　　(前缺油破分录帐及通计)
　　起癸卯年正月一日已后直岁沙弥广进面破，讫面一升，义员二日出粉(粪)用，共71行，包括面破分录帐和通计，以及连麸面分录

帐(不全)。

(六) P.2032号588—592行：

(前缺)

赳面四斗,讫计七石,包括谷面破(不全)、黄麻破分录帐及通计。

(七) P.2032号303—304行：

(前缺麸破、滓破、豆破分录帐及通计)

西仓豆破豆壹硕,于张押衙雇锯用。豆两石,付通子。

计豆三石。

(八) P.2032号281291行

起布破,讫计布一百四十四尺,共11行,为布破分录帐及通计。

(九) P.2032号305—308行

起緤破,讫二百二十五尺,为緤破分录帐及通计。

(十) P.2032号292—302行

壹阡捌(九)伯肆(二)硕(拾)两(六)合(石)麦(八)粟(斗)油苏

米面黄麻麸查豆布缧纸等沿寺破除外应及见存[17]

贰伯壹拾柒硕捌斗玖升麦,

陆(柒)伯壹(叁)拾伍(八)硕捌(陆)科伍合粟,[18]陆

硕壹斗玖升柒合油,壹升苏,壹

玖升米,壹伯叁拾叁硕捌斗一升

面,壹拾陆硕玖斗捌升连麸面,

两石贰斗肆升粟面,陆拾硕

陆斗肆(九)升麻,[19]叁拾叁硕肆斗麸

壹伯捌拾陆并查,陆伯叁拾捌

硕贰斗玖升豆,伍伯伍拾捌尺布,

贰拾壹尺缧,贰伯张纸。

以上缀合推补共256行,包括第一柱承前账旧总数及其分类数,第二柱自年新附入总数和分类数以及麦入、西仓麦入、粟入、西仓粟入、油入、面入连麸面入、粟面入、黄麻入、麸入、㳺入、豆入、西仓豆入(不全),第三柱自年沿寺破除用总数和分类数以及西仓粟破面破、连麸面破(不全)、谷面破(不全)、黄麻破、西仓豆破、布破、缧破分录账和通计,第四柱应及见存总数和分类数。其缀合推补理由如下:

首先,根据四柱结算公式:前账旧+新附入-破除用=见在,将残卷四柱所载数代入进行推算,完全吻合,证明以上四柱内容为同一诸色入破历算会稿的四个部分。请先看四柱都有记载的黄麻等之演算:

黄麻　前账旧64.54石+新附入3.15石-破除用7石=见存60.69石。

麸　前账旧33.7石+新附入18石-破除用18.3石=见存33.4石。

㳺　前账旧164并查+新附入27并查-破除用5并查=见存186

并查。

豆　前账旧647.64石＋新附入(8.7石＋24.5石)—(39.55石＋3石)＝638.29石。

布　前账旧434尺＋新附入268尺—破除用144尺＝见存558尺。

缣　前账旧22尺＋新附入224尺—破除用225尺＝见存21尺。

纸　前账旧200张＋新附入0—破除用0＝见存200张。

以上黄麻、麸、泽、豆、布、缣、布、纸的演算，与记载完全吻合，可见上述四柱内容乃是同一诸色入破历算会稿的四个部分。既然这四个部分是同一诸色入破历算会稿组成部分，就又可以据四柱结算公式，由三个已知数推算出个未知数。试看以下推算：

麦前账旧数：见存217.89石＋破除用(72.2石＋36.3石)—新附入(101.1石＋26.55石)＝198.74石。

粟前账旧数：见存738.605石＋破除用(38.1石＋127.8石)—新附入(39.6石＋83.15石)＝781.755石。

油前旧账数：见存6.197石＋破除用2.64石—新附入3.6石＝5.237石。

苏前旧账数：见存1升＋破除用0—新附入0＝1升。

米前旧账数：见存1.9斗＋破除用0—新附入0＝1.9斗。

面前账旧数：见存133.81石＋破除用44.6石—新附入60石＝118.41石。

连麸面数前账旧数：见存16.98石＋破除用9石—新附入10.7石＝15.28石。

谷面前账旧数：见存2.24石＋破除用3.7石—新附入3石＝2.94石。

承前账旧总数：见存1926.82石＋破除用439.59石—新附入

433.95＝1932.442 石。

以上推算所得数量,就是第一柱承前账旧总数及麦、粟、油、苏、米、面、连麸面、谷面等分类数推补的根据。

其次,(二)P.2032 号 593—707 行上接(一)P.3234 号 117—130 行,乃是麦入、西仓麦入、粟入、西仓粟入、油入、面入、连麸面入、粟面入、黄麻入、麸入、浑入、豆入等通计数,与自年新附入麦分类数相同,知后者乃前者之分录账(明细账前身)。

(三)P.2040 号 311—318 行上接(二)P.2032 号 593—707 行,这是因按四柱式诸色入破历算会稿结构顺次,第二柱自年新附入分录账后为第三柱沿寺破除用总数及其分类数。

(四)P.3234 号 174—184 行上接(二)P.2040 号 311—318 行,其根据在于西仓粟破通计数与粟分类数相同。

(五)P.3234 号 185—255 行上接(三)(四),乃是面破的通计数,与面分类数一致。㉓面破部分之广进与西仓粟破所载东库所由之广进为同一人。

(六)P.2032 号 588—592 行、(七)P.2032 号 303—304 行、(八)P.2032 号 281—291 行、(九)P.2032 号 305—308 行,上接(三)(四)(五),乃是谷面、黄麻、西仓豆、布、缣等破通计数与分类数相同。

(十)P.2032 号 292—302 行,上接(九),一是按四柱式诸色入破历算会稿结构顺次,应在第三柱破除用分录账后,二是前面已说明这一部分与前三柱属同一诸色破历算会稿。

此缀合之残卷内有"癸卯年正月一日已后直岁沙弥广进面破",广进,据 P.2032 号 331 行为净土寺僧,故拟名为"净土寺癸卯年正月一日已后直岁广进手下诸色入破历算会稿"。癸卯年参考其他多件净土寺文书定为 943 年。

204

五、净土寺甲辰年(944)正月一日以后直岁惠安手下诸色入破历算会稿缀合推补

净土寺甲辰年正月一日以后诸色入破历会稿包括以下残卷：(一)P.2032号552—575行，(二)P.2032号1—64行，(三)P.2032号501—551行，(四)P.2032号709—805行。今按顺次缀合推补说明如后：

(一) P.2032就552—572行：

一阡九百二六石八斗两合[麦粟油粟米面黄麻麸查豆布緤纸等前帐回残]⑳

二百一十七石八斗九升麦，七百三十

八石六斗五合粟，六石一斗九升

七合油，一升苏，一斗九升米，

一百三十三石八斗一升面，一

十六石九斗八升连麸面，

两石二斗四升谷面，六十石

六斗九升黄麻，三十三石

四斗麸，一百八十六并查，六

百三十八石贰斗九升豆，

五百五十八尺布，二十

一尺緤，二百张纸。

伍百叁(四)拾贰硕伍(三)斗肆胜麦粟油苏面黄麻麸查豆布緤褐等自年新附入㉒

八十六石八斗五升麦,三十七
石七斗西仓麦,五十七石三
斗粟,一百五十二石二斗西仓
粟,三石六斗油,四升苏,
六十二石五斗面,十二石八斗五升连麸
面,五石谷面,一十一石八斗
五升黄麻,一十八石麸,三
十三并查,七石六斗五升
豆,二十九石四斗西仓豆,三
百三十三尺布,一百五十
四尺㡩,五十四尺褐。

(二) P.2032 号 1—64 行:

起麦肆硕,二月六日、七日延行像散施入,讫粟伍斗,郭道信利润入,粟一石五斗。

(三) P.2032 号 501—551 行:

起□□□□□[入,粟一硕,张儒通利润入],讫豆肆斗,武通子利润入,计七石六斗五升。

(二) (三) 共 105 行,包括麦入、西仓麦入、粟入、西仓粟入(分录账前、中有缺)、油入、苏入、头面(白面、面)入、连麸面入、谷面入、黄麻入、麸入、查入、豆入等分录账及通计数。后缺西仓豆入、布入、㡩入、褐入分录账,其中布入、㡩入、褐入分录账可据 P.2032 号 65—92 行补录一

部分。又后缺第三柱沿寺破除用总数及其分类账,可由推算得出。今一并推补于下:

［布入］

［布一匹,氾校拣折豆入。布一匹,净戒折道引手上欠豆入。布一匹,春官斋僦入。布壹丈六尺,宋法律侄女亡时丧前念诵入。布四十七尺,道引西仓折物入。布三十尺,大支僦斋入。布一匹,秋官斋入。……计三百三十三尺］

　　［缣入］

［官布一匹,王都头车头念调入。立机一匹,宋法律手上西仓折物入。立机壹匹,唐丑儿押衙女患念诵用(入)。立机一匹,史生患念诵入。[33]官布一匹、立机一匹,连兴押衙患时经僦入。……

计一百五十四尺］

［褐入］

［斜褐一段,宋法律手上西仓折物入。昌褐八尺,康都料妻患念诵入。褐一丈三尺,陈法律患念诵入。……

计五十四尺］

［伍伯壹拾捌硕伍升陆合麦粟油面黄麻麸查豆布等沿寺破除用

壹伯陆拾陆硕陆斗壹升麦(麦破、西仓麦破),

壹伯集拾贰硕捌科升粟(粟破、西仓粟破)

叁硕叁斗肆升陆合油,伍拾

贰硕,壹拾伍硕捌斗八升

连麸面,两硕伍斗伍升谷,

柒硕柒斗黄麻,壹拾玖硕贰

斗麸,贰拾并查,叁拾玖硕

207

肆斗豆,貳拾叁硕壹斗西仓
豆,壹伯叁拾肆尺布。]

(四) P.2032号709—805行
(前缺麦破、西仓麦破、粟破、西仓粟破、油破分录账及通计数)
共97行,前91行赶斋时用,讫计布一百三十四尺。包括面破(不全)、连麸面破、谷面破、黄麻破、麸破、(中缺渣破二十饼查)豆破、豆破、西仓豆破、布破分录账和通计数。后6行为第四柱总数及麦粟油苏等分类数:

一千九百五十一石六(八)升六合麦粟油苏米黄麻麸查豆布缣褐纸等沿寺破除外应及见存
百七十五石八斗三升
麦,七百七十五石二斗
升五合粟,六石四斗
五升一合油,五升苏,
一斗玖胜米,一百四拾
四石三斗一升面,
石九斗五升连麸面,四石
六斗九升谷面,六十四
石八斗四升黄麻,三十
二石二斗麸,一百九十
九并查,六百一十二石
八斗四升豆,七百五十
七尺布,一百七十五尺
缣,五十四尺褐,二百

敦煌净土寺六件诸色入破历算会稿缀合

张纸。]㉔

缀合推补已简述如上，下面叙述缀合推补之理由。

第一，(一)P.2032号552—575行，原是接续的，推定第1行(552行)前账旧，符合四柱式诸色入破历算会稿结构顺次，又和癸卯年诸色入破历算会稿第四柱应及见存吻合。

第二，(二)P.2032号1—64行、(三)P.501—551行，上接(一)，前面已交代，那是因为麦入、西仓麦入等分账通计数与自年新附入分类数相同。

第三，布入、缣入、褐入分录账推补之根据，在于麦入、粟入、豆入分录账除利润入外，亦多由甲辰年(944)正月一日已后直岁惠安手下诸色入历迻录而来。

第四，(四)P.2032号709—805行，原是接续的，面破、连麸面破、谷面破、麸破、豆破、西仓豆破、布破分录账后接应及见存，符合四式色入破历算会稿结构顺次。它与(一)(二)(三)应为同一件诸色入破历算会稿的组成部分。这可从三点得到证明。其一，从笔锋看，前后几部分均出自同一人所写。其二，豆破部分有："豆肆硕，校拣入布一匹用。""豆柒硕贰鲜，高孔目入粟换将用。"与之对应，布入部分有"布一匹，氾校拣折豆入"。粟入部分有"粟柒硕二斗，高孔目换豆入"。新附入与破除用分录账一出一入，互相对应，说明两者为同一诸色入破历算会稿的组成部分。其三，连麸面破部分有误录："粟两石，善惠亡时替入粟四斗，油替入。"已用墨涂抹。而在粟入部分有："粟贰硕，善惠亡时面替入。粟肆斗，油替入。"说明连麸面破和粟入属同一诸色入破历算会稿，因而在分录时将粟入迻录入连麸面破，检查时发现后涂抹，再录入粟入部分。此现象在寺院结算账目稿上屡见不鲜。

第三柱破除用部分残缺甚多，其中要破、西仓麦破、粟破、油破等分

209

录,目前无法补录,有待发现,但利用现存部分运用四柱结算公式可以推出破用总数和分类数。演算如下:

破除用总数:前账回残 1926.802 石＋自年新附入 542.34 石—应及见在 1951.086 石＝518.056 石。

麦破、西仓麦破,按净土寺惯例应该分别计算,但根据现有资料只能合在一起,其数为:前账回残 217.89 石＋自年新附入(86.85 石入＋37.7 石西仓麦入)—应及见存 175.83 石＝16.61 石

粟破、西仓粟破,按净土寺惯例应该分别计算,但根据现有资料只能合在一起,其数为:前账回残 738.605 石＋自年新附入(57.3 石粟入＋152.2 石西仓粟入)—应及见存 775.235 石＝172.87 石。

油破:前账回残 6.197 石＋自年新附入 3.6 石—应及见存 6.451 石＝3.346 石。

苏破:前账回残 1 升＋自年新附入 4 升—应及见存 5 升＝0。

米破:前账回残 1 斗 9 升＋自年新附入 0—应及见存 1 斗 9 升＝0。

以上演算所得麦破和西仓麦破 166.61 石,粟破和西仓粟破 172.87 石,油破 3.34 石,加上现有的题破 52 石、连麸题破 15.88 石、谷面破 2.55 石、黄麻破 7.7 石、麸破 19.2 石、豆破 39.4 石、西仓豆破 23.1 石、布破 134 尺(合 13.4 石),通计为 516.056 石,比推算所得沿寺破除用总数 518.056 石少 2 石。这所少 2 石,应是破除用分录账麸破后残缺之滓破,其数为 20 并查(合 2 石)。这就是第三柱破除用总数及分类数推补的根据。

第四柱应及见存所缺题以下分类数,也是用同样方法得到的。演算过程如下:

面应及见存:前账回残 133.81 石＋自年新附入 62.5 石—破除用 52 石＝144.31 石。

连麸面及见存:前账回残 16.98 石＋自年新附入 12.85 石—破除

用 15.88 石＝13.95 石。

谷面应及见存：前账回残 2.24 石＋自年新附入 5 石—破除用 2.55 石＝4.69 石。

黄麻应及见存：前账回残 60.69 石＋自年新附入 11.85 石—破除用 7.7 石＝64.84 石。

麸应及见存：前账回残 3.4 石＋自年新附入 18 石—破除用 192 石＝32.2 石。

滓应及见存：前账回残 186 并查＋自年新附入 33 并查—破除用 20 并查＝199 并查。

豆应及见存：前账回残 638.29 石＋自年新附入（7.65 石＋294 石）—破除用（39.4 石＋23.1 石）＝612.84 石。

布应及见存：前账回残 558 尺＋自年新附入 333 尺—破除用 134 尺＝尺

缥应及见存：前账回残 21 尺＋自年新附入 154 尺—破除用 0＝175 尺。

褐应及见存：前账回残 0＋自年新附入 54 尺—破除用 0＝54 尺。

纸应及见存：前账回残 200 张＋自年新附入 0—破除用 0＝200 张纸。

以上演算所得面、连麸面、谷面、黄麻、麸、滓、豆、布、缥、褐、纸应及见存分类数，加上残卷原存的麦、粟、油、苏、米应及见存数，通计为 1951.086 石，恰与应及见存总数吻合。

此缀合之诸色入破历算会稿未见寺名、纪年，但从前账回残转自净土寺癸卯年（943）正月以后直岁广进手下诸色入破历算会稿第四柱，以及入历部分大量来自甲辰年正月一日已后直岁惠安手下诸色入历、甲辰年二月后东库惠安惠戒手下便物历，⑥故拟名焉净土寺甲辰年（944）正月一日以后直岁惠安手下诸色入破历算会稿。

六、净土寺乙巳年(945)正月一日
以后诸色入破历算会稿缀合推补

净土寺乙巳年(945)正月一日以后诸色入破历算会稿,包括以下残卷断片:(一)P.2040号130—205行,(二)P.3234号276—332行,(三)P.2040号206—269行,(四)P.2032号309—330行,(五)P,2040号270310行,(六)P.2032号806—870行,(七)P.3234号131—173行。今按照四柱式诸色入破历算会稿结构顺次,先缀合推补于后,再作说明。

[一千九百五十一石八升六合麦粟油苏米面黄麻麸查豆布缫缫褐纸等承前帐旧
一百七十五石八斗三升麦,
七百七十五石二斗三升五合
粟,六石四斗五升一合油,
五升苏,一斗九升米,一百
四十四石三斗一升面,一十
三石九斗五升连麸面,四石
六斗九升谷面,六十四石八
斗四升黄麻,三十二石二斗
麸,一百九十九并查,六百
一十二石八斗四升豆,七百
五十七尺布,一百七十五尺
缫,五十四尺褐,二百张纸]。㉟
[四百四十七石三斗四升五合麦粟油面黄麻麸查豆布缫褐等

自年新附入

　　九十四石麦,二十三石五
　　斗西仓麦,八十七石一斗
　　粟,五十二石二斗五升西
　　仓粟,三石二斗油,六十
　　石面,一十四石二斗连麸
　　面,四石六斗四升半黄麻
　　一十八石麸,二十七并查,
　　四石八斗豆,五十三石六
　　斗五升西仓豆,二百四十
　　八尺布,二十五尺缘
　　十尺褐。]②

(一) P.2040号130—205行:

　　起麦入　麦壹拾硕,朽木价入,讫计[豆]四石八斗,共76行,包括麦入、西仓麦入、粟入、西仓粟入、油入、面入、连麸面入、黄麻入、数入、查入、豆入分录帐及通计。

(二) P.3234号276—332行:

　　起西仓豆入,讫缣入　立机一匹,吴僧统患念诵入。后缺褐入二丈。可据乙巳年正月廿七日已后胜净成惠二人手下诸色入补。再接第三柱,推补如下:
　　[四百三十七石四斗三升四合麦粟油苏面黄麻麸查豆布缣等沿寺破除用

213

八十七石八斗麦,四十石五斗西仓麦,五十九石五斗粟,三十三石西仓粟,二石七斗四升四合油,二升苏,七十一石七升面,一十石八斗五升连麸面一石七斗谷面,一石四斗黄麻,一十八石麸,三并查,五石四斗豆,八十四石八斗五升西仓豆,一百三十尺布,七十三尺缣。]㉘

(三) P. 2040 号 206—269 行

起麦破　麦四十石,春硙淘麦用,讫粟壹硕伍升卧酒,高□□□□□硕壹斗卧酒。

(四) P. 2032 號 309—330 行:

起吴僧统和尚收灰骨人事用,讫三十三石(西仓粟)。(三)(四)合计共66行,包括麦破、西仓麦破、粟破、西仓粟破

(五) P. 2040 号 270—310 行

起油一升七日支与擎佛造顿用,讫叁升,支与安生用,油壹。此为油破分录账,前后残缺,推算其通计数为二石七斗四升四合。

后缺苏破,推算为二升。

(六) P.2032号806—870行

(前缺)

起寺道场罢日众僧食用。讫查叁并,烧焙用。共65行,包括面破(前有残缺)、连麸面破、谷面破、黄麻破、查破分录帐及通计数。

(七) P.3234号131—163行

起豆破　陆斗,盖梁椓价用,讫二百张纸,共33行,包括豆破、西仓豆破、布破分录帐和通计,以及第四柱：
一千九百六十石二升七合麦粟油苏米面黄麻麸查豆布缥褐纸等沿寺破除外应及见存
一百六十五石三升麦,八百二
十二石八升五合粟,六石九斗
七合油,三升苏,一斗九升米,一
百三十三石二斗四升面,一十七四
石三斗三升连麸面,两石九
斗九升谷面,六十八石八升半黄
麻,三十石二斗麸,二百四十三并
查,五百八十石四升豆,八百七十五
尺布,一百二十七尺缥,七十四尺褐,
二百张纸。

以上缀合推补,包括了诸色入破历算会稿一、二、三、四柱总数及其分类数和分录账。其缀合推补之理由如下:

第一,第一柱承前账旧总数及分类数,据上一件净土寺甲辰年正月一日以后直岁惠安手下诸色入破历算会稿第四柱补,这是因为此件之纪年为乙巳年,其第一柱总数和分类数必然与甲辰年算会稿第四柱相同。

第二,第二柱自年新附入总数及分类数推补,乃因四柱式诸色入破算会稿结构顺次,第一柱后应接第二柱,又据算会稿编造程序,自年新附入分类数来自分录账通计数,分类数相加成新附入总数,故将麦入等分录账通计数编成新附入分类数,而后合成总数。

第三,(一)P. 2040 号 130—205 行、(二)P. 3234 号 276—332 行,原为两个断片,所以将两者接续,理由有三。其一,接续后顺次为麦入、西仓麦入、粟入、西仓粟入、油入、面入、连麸面入、黄麻入、麸入、查入、豆入、西仓豆入、布入、缏入、〔褐入〕,符合品名分类顺次。其二,各分录账形式相同,从笔锋看出为一人书写。其三,麦入、粟入、面入、连麸面入、布入、缏入等分录账,都录自 P. 2040 号 107—129 行乙巳年正月廿七日已后胜净、戒惠二人手下诸色入。这是说明两者为同一会计年度新附入的最有力证据。

第四,第三柱沿寺破除用总数及分类数推补,乃因第二柱新附入分录账后应接第三柱,又据算会稿编造程序,破除用分类数来自分录账通计数,故将麦破等通计数编成分类数,而后合成总数。

第五,(三)P. 2040 号 206—269 行、(四)P. 2032 号 309—330 行、(五)P. 2040 号 270—310 行、(六)P. 2032 号 806—870 行、(七)P. 3234 号 131—173 行,前后接续,理由有三。

其一,从笔锋看,出自同一人书写。

其二,接续后,顺次为麦破、西仓麦破、粟破、西仓粟破、油破、(苏破)、面破、连麸面破、谷面破、黄麻破、麸破、查破、豆布、西仓豆破、布破、缥破,符合品名分类顺次。

其三,之所以将(三)(四)(五)(六)(七)断片接续为同一诸色入破历算会稿的破用分录账,乃在于不同断片的不少笔账目来自同一破除用汇总历、来自同一笔账。请看下列各对照:

1. 麦粟对照表

麦两硕,恩子春粮用	粟两硕,恩子春粮用
麦壹硕,李文信梁子价用	粟壹硕,李文信梁子价用
麦贰拾硕,罗家地价用	粟贰拾硕,罗家地价用
麦壹驮,园子秋粮用	粟壹驮,园子秋粮用
麦两硕,恩子秋粮用	粟两硕,恩子秋粮用
麦贰斗,交仓日买胡并用	粟两斗,初交仓日沽酒用
麦陆斗,与广进买录斗价用	粟陆斗,与广进买录籴斗价用

2. 油粟对照表

油一升,支与擎佛造顿用	粟六斗,支与擎佛人造顿用
油叁胜,初春造食鲜及菜并景僧噢用	粟三斗,初春造菜并时沽酒用
油胜半,煮食,往山拔毛用	粟七斗,卧酒,将往就山拔毛用
油二升,煮食,高都头南山去时送路用	粟一石二斗,沽酒,高都头南山去时送路用
油半升,后件造菜并用	粟一斗,后件造菜并沽酒用
油叁合,宋都衙窟上梁时上窟僧用	粟贰斗,纳大众,宋都衙窟上梁时迎官用
油壹胜,看吴和上营斋人用	粟肆斗,沽酒,看吴和尚营斋人用

3. 油面对照表

油贰斗叁胜,七月十五日煮佛盆用	面贰硕叁斗,七月十五日造佛盆用
油肆胜,煮餶飿及抄臛,十七日造破盆用	壹硕陆斗,七月十七日造破盆用
油壹抄,抄臛,造小破盆子用	面贰斗,造小破盆子僧吃用
油贰斗壹胜,司徒兵马来迎顿用	面肆硕玖斗,司徒兵马来迎顿用
油壹抄,第二日屈判官用	面陆斗,看管顿人及第二日屈判官用
油叁胜,报恩寺垒园人事用	面柒斗,报恩寺垒园时人事用
油陆胜,秋座局席众僧吃用	面壹硕陆斗伍升,秋座局席众僧沽酒用

4. 布粟对照表

布一匹,给擎像人用	粟六斗,支与擎像人造顿用
布壹匹,宋都衙窟上梁人事用	粟柒斗,卧酒,宋都衙窟上梁人事用
熟布一匹,送路高法律、张阇梨东行用	粟贰叁胜,高法律、张阇梨等东往送路。又误书:粟贰斗,沽酒,送路高法律、张阇梨用
官布一匹,千元寺写钟人事用	粟叁硕陆斗,买铁纳乾元寺写钟用

上列四表,麦破与粟破、油破与粟破、油破与面破、布破与粟破分录账对照,用途相同。如果进一步对照,还可以看到布破与粟破等用途相同。为什么不同货物破用用途相同?那是因为两者是同一次活动破用,在汇总破历上原是同一笔账,分录时才成为两笔以上账。如麦两硕,恩子春粮用,粟两硕,恩子春粮用,在汇总破历或原始破历上是一笔账;麦两硕,粟两硕,恩子春粮用。类似例子只要看一下汇总破历和分录账关系,[㉙]以及分析典型的诸色入破历算会牒,[㉚]就很清楚。既然用

途相同的麦粟、油粟、油面、布粟分录账系从同诸色入历、同一笔账上迻录而成,可见两者属同一诸色入破历破用部分,前后接续。这是(三)(四)(五)(六)(七)前后接续的有力证据。

第六,(一)(二)接续为第二柱自年新附入分录账,(三)(四)(五)(六)(七)接续为第三柱破除用分录账以及第四柱应及见存总数及分类数。将两者判定为同一件诸色入破历算会稿的组成部分,理由有三:

其一,从笔锋看,这两部分出自同一人书写。

其二,麦入、西仓麦入、粟入、西仓粟入、油入、面入、连麸面入、谷面入(列有品名而无账目)、黄麻入、麸入、查入、豆入、西仓豆入、布入、緤入等分录账,和麦破、西仓麦破、油破、面破、连麸面破、谷面破、黄麻破、麸破、查破、豆破、西仓豆破、布破、緤破等分录账,品名顺次互相对应。

其三,两部分不少财务活动,在破用分录账上记为用,而在新附入分录账上记为入,互相对应。看下列对应表:

麦拾硕,官将面替入	面拾壹硕伍斗,官入麦换将用
面三石五斗,卯年官将入粟替用	粟叁硕,卯年官贷将面替入
粟肆硕,王德友入布一匹用	布一匹,西仓王得友折物入
豆拾硕,索家郎君入麦换将用	麦拾硕,索家郎君将豆入
豆两硕,康掲撻入麦用	麦两硕,康掲撻〔折豆〕利润入
豆两硕贰斗伍胜,谭定德入麦用	麦贰硕贰斗,谭定德豆本利入
豆壹硕,孙延佑入麦用	麦壹硕,孙延佑〔折豆〕利润入
豆壹硕壹〔斗〕,郭再定入麦用	麦壹硕壹斗,郭再定〔折豆〕利润入
豆壹硕伍斗,李欺泊入麦用	麦壹硕伍斗,李欺泊折豆本利入
豆壹硕伍斗,张恒昌入麦用	麦壹硕伍斗,张恒昌折豆本利入
豆叁硕,安富进入麦用	麦叁硕,安富进折豆本利入
豆伍硕,杨都头入粟换将用	粟伍硕,杨都头将豆入

(续表)

豆拾硕,高都头入粟换将用	粟拾硕,高都头将豆入
豆肆硕,莲宋僧政入粟用	粟叁硕,㉛莲宋僧政将豆入
豆叁硕,土宋僧政入粟用	粟肆硕,㉜土宋僧政将豆入
豆两硕,孔残奴入粟用	粟两石,孔残奴将豆入
豆两硕,宋僧政入粟替用	粟两石,宋僧政将豆入
豆叁硕,索僧政入粟替用	粟叁硕,索僧政将豆入
豆肆硕伍斗,莲张判官入粟替用	粟肆硕伍斗,莲张判官将豆入
豆两硕,张搉撅入粟用	粟两硕,张搉撅豆利入

　　以上面与麦、面与粟、粟与布、豆与麦、豆与粟互相对应,都是不同货物替换、折换在财务账上的反映,在破用账上记为用,在新附入账上记为入。这是说明这两部分乃是同一诸色入破历算会稿的组成部分有力证据。还应该指出,以上缀合推补的诸色入破历算会稿四个部分,用四柱结算公式计算检验,也能成立。试看如下演算。

　　麦:前账旧 175.83 石＋新附入(94 石＋23.5 石)—破除用(87.8 石＋40.5 石)＝应及见存 165.03 石。这与记载吻合。

　　粟:前账旧 77.235 石＋新附入(87.1 石＋52.25 石)—破除用(59.5 石＋33 石)＝应及见存 822.085 石。与记载吻合。

　　面:前账旧 144.31 石＋新附入 60 石—破除用 71.07 石＝应及见存 133.24 石。与记载吻合。

　　连麸面:前账旧 13.95 石＋新附入 14.2 石—破除用 10.85 石＝应及见存 17.3 石。与记载相差三升。

　　谷面:前账旧 4.69 石＋新附入 0—破除用 1.7 石＝应及见存 2.99 石,与记载吻合。

　　黄麻:前账旧 64.84 石＋新附入 4.65 石—破除用 1.4 石＝应及见

存 8.085 石。与记载吻合。

麸：前账旧 32.2 石十新附入 18 石—破除用 18 石＝应及见存 32.2 石。与记载相差二石。

滓：前账旧 199 并查＋新附入 27 并查—破除用 3 并查＝应及见存 223 并查。与记载相差 20 并查。

豆：前德 612.84 石＋新附入（4.8 石＋53.65 石）—破除用（5：4 石＋84.85 石）＝应及见存 581.04 石。与记载相差一石。

布：前账旧 757 尺＋新附入 248 尺—破除用 130 尺＝应及见存 875 尺。与记载吻合。

缏：前账旧 175 尺＋新附入 25 尺—破除用 73 尺＝应及见存 127 尺。与记载吻合。

褐：前账旧 54 尺＋新附入 20 尺—破除用 0＝应及见存 74 尺。与记载吻合。

纸：前账旧 200 张＋新附入 0—破除用 0＝应及见存 200 张。与记载吻合。

缀合的算会稿四柱部分都有记载的物品共十三类，以四柱结算公式演算，其中麦、粟、面、谷面、黄麻、布、褐、缏、纸等九类吻合，连麸面、麸、滓、豆等四类稍有出入，可能是计算或添改时出的差错，未及纠正。又四柱总数进行演算，与记载相差九斗七升。从总体看，缀合推补的四柱为同一诸色入破历算会稿的组成部分，是能够成立的。

此算会稿未见纪年、寺名，但从麦入、粟入、面入、连麸面入、黄麻入、缏入、布入等分录账来源于乙巳年正月廿七日已后胜净、戒惠二入手下诸色入，知其纪年为乙巳年。又从所记麦两硕园子春粮用、麦两硕恩子春粮用等内容得知其为净土寺账目，故拟名为净土寺乙巳年正月一日诸色入破历算会稿，乙巳年据其他净土寺文书推定为 945 年。

以上六件诸色入破历算会稿的缀合复原，目的是为人们正确利用这些账历中的丰富信息,以及研究净土寺的经济状况和四柱结算法等打个基础。

(《敦煌吐鲁番研究》第二卷,北京大学出版社 1996 年版)

注释:

① 图版和录文见唐耕耦、陆宏基编《敦煌社会经济文献真迹释录》第 3 辑(以下简称《释录》3),第 433—434 页。全国图书馆文献缩微复制中心,1990 年。本文中凡 P. 2040 号内容均见该书,不再一一出注。
② 《释录》3,第 461—470 页。本文中凡 P,2032 号内容均见该书,亦不再一一出注。
③ 姜伯勤著《唐五代敦煌寺户制度》,第 317 页,中华书局,1987 年。
④ 前一"四"字有涂改,旁注"五";后一"四"字,已涂改,旁注"七";"四(五)斗"三字已圈掉。
⑤ "七斗",二字有涂改痕迹。
⑥ 六百三十九尺布,旁注七百六十四尺。
⑦ "九十四",原写二百九十九,二百已圈掉,后一"九"字改成"四"字。
⑧ 《释录》3,第 451 页。本文中凡 P. 3234 号内容均见本书,亦不再一一出注。
⑨ 前一"四"字涂改后旁注"八",中一"四"字涂改后旁注"五",后一"四"字涂改后旁注"三"。
⑩ "七",似""改成,而后旁注"七"。
⑪ "壹",似由"五"改成,旁注。"六"已圈掉,旁注"五";"八"似已圈掉,旁注"五";"六",似由"一"改成,旁注"六"。
⑫ 九十四尺褐,已圈掉,应不读。
⑬ 《释录》3,第 513—520 页。
⑭ 以上 6 行据推算补录,详说见后。
⑮ 原写贰伯尺緤,后将"尺緤"两字涂掉,添写"贰拾肆尺緤",而成"贰伯贰拾肆尺緤"。
⑯ "陆斗",先写"伍斗",涂抹后写"陆斗"。
⑰ "捌"已涂,旁注"九","肆硕"已涂,旁注二拾六石八斗。此总数应读一千九百二十六石八斗两合。
⑱ "陆"已涂,旁注"柒";"壹"已涂,旁注"叁";"伍"已涂,旁注"八";"捌"已涂,

旁注"陆",伍合前"伍胜"已涂。此处应读柒伯叁拾八硕陆斗伍合粟。
⑲ "肆",已涂,旁注"九",应读九。
⑳ 面破通计数为四十四石五斗八升,分类数题为四十四石六斗,相差二升,这是初算和核定之间出现的差错,在分类数书写时留有痕迹,即六斗前有已涂的"五斗"两字,可能要写五斗八升。
㉑ 一阡九百二十六石八斗两合,均仅残存左半字。"麦粟油苏米面黄麻麸查豆布缯纸等前账回残",据后文推补。
㉒ "叁",已涂,旁注"四",应读四;"伍"旁有误书卜煞号,注"三",应读三。
㉓ 立机一匹,史生患念诵入,系误录,旁有勾掉号,应不读。
㉔ 四石三斗一升面至二百张纸,推补而来,详说见后。
㉕ 图版和录文对照见拙编《敦煌社会经济文献真迹释录》第 2 辑,第 212—215 页。
㉖ 第一柱承前账旧总数及分类数,据上一会计年度算会稿第四柱应及见存推补。
㉗ 第二柱自年新附入总数及分类数,据下面之麦入等分录账通计数推补。
㉘ 第三柱沿寺破除用总数及分类数,据下面麦破等分录账通计数推补。
㉙ 本件之麦入部分:麦四斗辛家优婆夷患念诵入;粟入部分:粟四斗辛家优婆夷念诵入;布四尺辛幸婆患念诵入。在乙巳年正月廿七日已后胜净戒惠二人手下诸色入,原为一笔:麦肆斗、粟肆斗、布八尺辛家优婆夷患念诵入。
㉚ 《释录》3,第 347、369 页。
㉛ 粟叁硕,可能是粟肆硕之误。
㉜ 粟肆硕,可能是粟叁硕之误。

四柱式诸色入破历算会牒的解剖

——诸色入破历算会稿残卷复原的基础研究

在敦煌寺院会计文书中,藏于巴黎法国国家图书馆的编号伯2040、伯3234、伯2032号等几个长卷,系由多件诸色入破历算会稿剪贴而成,颠倒错乱,颇多残缺,长期以来,无人进行缀合复原。要对这几个长卷进行分解、缀合,除了考察笔迹是否出自同一人,残裂部分是否可直接拼合外,首先要解剖典型的诸色入破历算会牒的内部结构、形式以及各部分之间关系。本文选择典型,分四部分剖解说明如下。

一、诸色入破历算会牒的四柱结构考察

现存的敦煌寺院诸色入破历算会牒,以伯2049号同光三年(925)正月沙州净土寺直岁保护手下诸色入破历算会牒(以下简称同光三年牒)、长兴二年(931)正月沙州净土寺直岁原达手下诸色入破历算会牒(以下简称长兴二年牒)最为完整,最为典型。其结构分为六部分,即起首、第一柱、第二柱、第三柱、第四柱、结尾。今以长兴二年牒为例,分述如下:

起首部分:

净土寺直岁愿达

　　右愿达从庚寅年正月一日已后,至辛卯年正月一日已前,众僧就北院算会愿达手下承前帐回残及一年中间田收、园税、梁课、散施、利润所得麦粟油苏米面黄麻麸渾豆布絁纸等总壹阡捌伯叁硕半抄。

　　伍伯贰拾柒硕伍斗肆胜麦,伍伯玖拾捌硕贰斗玖胜粟,陆硕捌斗伍胜半抄油,贰胜苏,壹伯贰硕肆斗壹胜面,玖硕叁斗伍胜半连麸面,壹斗伍胜谷面,玖拾玖硕贰斗半胜黄麻,伍拾陆硕肆斗麸,壹伯叁拾叁饼渾,贰伯捌拾柒硕玖胜豆,捌伯捌拾壹尺布,贰伯贰拾壹尺絁,贰伯张纸。

以上为起首部分,包括上状的寺院职事法号、会计年度的起讫日期、算会地点、在场见证人、前账回残和会计年度收入项目、物品名称,以及总收入数和分类数。总收入数控制分类数,分类数相加等于总收入数。

第一柱部分:

　　壹阡伍伯肆拾玖硕柒斗陆胜半抄麦粟油苏米面黄麻麸查布豆布絁纸等承前帐旧

　　肆伯伍拾叁硕柒斗壹胜麦,伍伯叁拾伍硕贰斗玖胜粟,叁硕捌斗壹胜半抄油,壹斗肆升米,伍拾贰硕捌斗壹胜面,伍硕肆斗伍胜半连麸面,壹斗伍胜谷面,捌拾柒硕伍斗伍胜半黄麻,肆拾肆硕肆斗麸,壹伯陆饼渾,贰伯柒拾陆硕肆胜豆,陆伯捌拾壹尺布,玖拾柒尺絁,贰伯张纸。

以上为第一柱前账总数及其分类数。总数控制分类数,分类数相加等于总数。

225

第二柱部分：

　　贰伯伍拾叁硕贰斗肆胜麦粟油苏米面黄麻麸查豆布缏等自年新附入

　　玖拾叁硕捌斗叁胜麦，陆拾叁硕粟，叁硕肆胜油，贰胜苏，伍胜米，肆拾玖硕陆斗面，叁硕玖斗连麸面，壹硕陆斗伍胜黄麻，壹拾壹硕伍胜豆，贰伯尺布，壹伯贰拾肆尺缏。

　　麦肆斗伍胜，宅内富恩念诵入。麦叁斗，正月燃灯社入。麦柒斗，郭骨儿妻患念诵入。麦叁硕，二月六日沿行像施入。麦两硕，久子买史老宿偏衫价入。麦叁斗伍胜，高孔目母患念诵入。麦伍斗，高孔目患时念诵入。

　　（后略）

以上为第二柱自年新附入总数、分类数和明细账。总数控制分类数，分类数相加等于总数。麦、粟、油、苏、米、面、连麸面、黄麻、麸、饼滓（查）、豆、布、缏分类数，顺次控制各类明细账，各类明细账相加等于各自一类的分类数。又第一柱承前账旧总数和第二柱自年新附入总数相加等于起首部分会计年度的总收入数；第一柱和第二柱各分类数相加分别等于起首部分各分类数。

第三柱部分：

　　叁伯贰拾肆硕柒斗壹胜半抄麦粟油面黄麻麸查豆布缏等沿寺修造破用

　　壹伯肆拾陆硕叁斗麦，陆拾伍硕壹斗壹胜粟，叁硕叁斗肆胜半抄油，肆拾柒硕伍斗叁胜面，叁硕贰斗叁胜连麸面，玖硕黄麻，玖硕贰斗麸，壹拾壹饼查，玖硕豆，贰伯捌拾叁尺布，贰拾陆尺缏。

麦壹硕,正月与园子用。麦壹硕伍斗,买铁新伞骨造钉塔用。麦伍拾硕,春碨淘麦面用。麦叁硕春碨粗面用。麦肆硕,充碨课用。麦两硕伍斗,后件与园子充春秋粮用。麦肆斗,卧酒就仓看指扮及乡官众僧等用。

（后略）

以上为第三柱破用总数、分类数以及明细账。与第二柱新附入相同,也是总数控制分类数,分类数控制明细账。

第四柱部分：

　　壹阡肆伯柒拾捌硕贰斗玖胜麦粟油苏米面黄麻麸查豆布绁纸等沿寺破除外应及见在

　　叁伯捌拾壹硕贰斗肆胜麦,伍伯叁拾叁硕壹斗捌胜粟,叁硕伍斗壹胜油,贰胜苏,壹斗玖胜米,伍拾肆硕捌斗捌胜面,陆硕壹斗贰胜半连麸面,壹斗伍胜谷面,捌拾硕贰斗半胜黄麻,肆拾柒硕贰斗麸,壹伯贰拾贰饼滓,贰伯柒拾捌硕玖胜豆,伍伯玖拾捌尺布,壹伯玖拾伍尺绁,贰伯张纸。

以上为第四柱应及见在总数及其分类数,总数控制分类数,分类数相加等于总数。

结尾部分：

　　右　通　前　件　算　会,出　见　破除,一一诣实
　　如　前,伏　请　　处　分。
　　　长兴二年辛卯岁正月　日净土寺愿达
　　　　　　　　　　　　　　　　　　徒众（押）

　　　　　　　　　　　　　　　　　　　徒众（押）
　　（中略）
　　　　　　　　　　　　　　　　　　释门法律愿济
　　　　　　　　　　　　　　　　　　释门赐紫僧政绍宗

　　结尾部分包括牒状套语、上状年月日以及寺院名称、职掌僧法号、徒众和僧官具名画押。

　　上述长兴二年牒内部结构六个部分，除起首、结尾两部分外，其核心由四柱：第一柱前账旧、第二柱新附入、第三柱破除、第四柱应及见在，分隔组成。其结算公式如下：

　　前账旧＋新附入－破除＝应及见在。而应及见在转入下一会计年度即成为前账旧。其书写形式，四柱都顶格起写，直至行末，形似一条柱子。分类数居中偏下起写。新附入和破用明细账，起首书写高度在二柱、三柱与分类数之间，按麦粟油苏米面黄麻麨查豆布绁等货物类别分类顺次记载，记完一类，再记一类。每笔明细账，都不记收入和支出日期，而只记物品的名称、数量、来源或用途。其中麦粟豆记录顺次，都是先记东库，后记西仓。

　　了解上述诸色入破历算会牒的四柱结构和结算公式以及书写形式，对于本文开头提到的残卷缀合复原有重要作用。以此为参照，可以判断哪几行是一件，哪几行是另一件，并进而研究哪几件可以缀合以及如何进行推补（具体缀合、推补，详见另文）。

二、第二柱自年新附入明细账之考察

　　对典型的诸色入破历算会牒第二柱新附入明细账进行考察，发现不同类别货物的收入账来源，有许多往往相同。如长兴二年牒载，明细账共 157 笔,其中利润入为 92 笔,主要来自便物历,其余 65 笔,除了与破用部分有对应关系外,收入来源有很多相同的。

例一:

麦叁斗,正月燃灯社入(43 行)。

粟叁斗,正月燃灯社入(106 行)。

例二:

麦叁硕,二月六日沿行像施入(45 行)。

粟陆硕捌斗,二月六日沿行像散施入(107 行)。

豆柒斗,二月六日沿行像施入(138 行)。

例三:

麦壹硕贰斗,春　官斋儭入(48 行)。

麦壹硕贰斗,春　官斋儭入(109 行)。

布壹匹,春　官斋儭入(146 行)。

例四:

麦柒硕伍斗,自年人上菜价入(50 行)。

粟玖硕柒斗,自年人上菜价入(113 行)。

例五:

麦叁斗伍胜,高孔目母患念诵入(46 行)。

粟肆斗,高孔目母患时念诵入(108 行)。

例六:

油叁硕,自年梁课入(127 行)。

查贰拾柒饼,自年梁课入(137 行)。

例七:

面肆拾玖硕陆斗,自年春碨入(130 行)。

麸壹拾贰硕,自年春碨面入(136 行)。

例八:

229

麦壹硕,自年十二月城上转经神佛食及僧料入(75行)。

黄麻陆斗,十二月城上转经神佛食僧料油直入(135行)。

再如同光三年牒载:

例一:

麦叁斗,二月八日沿佛散施入(42行)

粟伍斗,二月八日沿佛散施入(124行)

豆贰斗,二月八日沿佛入(198行)

例二:

粟壹硕壹斗,春官斋馔入(124行)

黄麻壹斗,春官斋馔入(195行)

布壹匹,春官斋馔入(241行)

例三:

麦捌斗伍胜,周都头念诵入(45行)

粟玖斗伍胜,周都头大众念诵入(126行)

例四:

麦叁斗,麻胡弟妻家念诵入(45行)

豆伍斗,麻胡弟妻家念诵入(198行)

例五:

麦壹拾叁硕,自年人上菜价入(47行)。

粟壹拾伍硕肆斗,自年人上菜价入(127行)。

例六:

麦壹硕壹斗伍胜,十二月城上结坛神佛及僧料入(46行)。

黄麻陆斗肆胜,城上转经神佛僧料入(196行)。

例七:

油叁硕,自年梁课入(193行)。

查贰拾柒饼,自年梁课入(197行)。

四柱式诸色入破历算会牒的解剖

例八：

面肆拾陆硕陆斗，自年春硙入（193行）。

麸捌硕，自年春硙入（196行）。

以上各八例，或三笔或两笔收入来源相同，有的连数量甚至书写形式也都相同。这类例子还可举出若干。不同货物的收入来源为什么会相同？我认为这是来源于同一次活动的收入，有的出自同一入历的同一笔账。

敦煌寺院财务会计文书，似很纷乱复杂，但其核心是诸色入破历算会牒，基本账簿是各种入历和破历。每到会计年度结算时，大致按以下步骤进行整理。第一步先整理抄录原始的入历和破历；第二步将各种原始的入历和破历进行汇总，编成汇总的入历和破历；第三步从汇总的入历和破历等上面，将麦粟油苏米面粗面黄麻麸查豆布緤等分类迻录，编成分类入和分类破（或称收入分录账和破用分录账），并分类进行通计；第四步将分类入和分类破迻录成为诸色入破历算会牒新附入和破用明细账，将各类通计数迻录成分类数，各分类数相加而成第二柱新附入总数、第三柱破除用总数。加上一会计年度结余：承前账旧，再运用四柱结算公式推算出第四柱破除外应及见存总数和分类数。这样就有了四柱内容。净土寺诸色入破历算会牒四柱内容，都是按这样程序编制的。上举长兴二年牒和同光三年牒的收入明细账和各八例来源相同，其因乃是来源于同一汇总入历，本来是同一活动的收入，是记在一起的。如上举长兴二年八例十八笔收入，在汇总账上原为八笔。试复原如下：

一、麦叁斗、粟叁斗，燃灯社入。

二、麦叁斗、粟陆硕捌斗、豆柒斗，二月六日沿行像散施入。

三、麦壹硕贰斗、粟壹硕贰斗、布一匹，春　官斋儭入。

231

四、麦柒硕伍斗、粟玖硕柒斗,自年人上菜价入。

五、麦叁伍胜斗、粟肆斗,高孔目母患时念诵入。

六、油叁硕、查贰拾柒饼,自年梁课入。

七、面肆拾玖硕陆斗、麸壹拾贰硕,自年春砲面入。

八、麦壹硕、黄麻陆斗,自年十二月城上转经神佛食及僧料油直入。

上述推断,有旁证为据,如伯 2040 号乙巳年(945)正月已后胜净、戒惠二人手下诸色入,①是一件汇总的入历,分类迻录后,凡是同一笔收入,来源都相同。列表对照如后。表左为诸色入,即汇总的入历,表右为分类即新附入明细账前身。

诸色入	分类入
麦陆硕陆斗、粟肆硕捌斗,二月六日、七日、八日沿行像散施入	麦陆硕六斗,二月六日、七日沿行像散施入② 粟肆硕捌斗,二月六日、七日诸街沿行像散施入③
麦肆斗、粟肆斗、布八尺,辛家忧婆夷念诵入	麦四斗,辛家忧婆夷念诵入④ 粟肆斗,辛家忧婆夷念诵入⑤ 布八尺,辛幸婆夷念诵入⑥
立机壹匹、土布壹匹,吴僧统患时念诵入	土布壹匹,吴僧统患时念诵入⑦ 立机壹匹,吴僧统患时念诵入⑧
麦肆石贰斗、麻四斗,春季佛食入	麦肆石二斗,春佛食入⑨ 麻肆斗,春佛食入⑩
麦三斗三升、麻二斗五升,三月十八日城上转经神佛及僧料入	麦三斗,三月十八日城上转经神佛及僧料入⑪ 麻贰斗伍升,三月城上转经入⑫

(续表)

诸色入	分类入
麦壹石、麻五斗五升,辰年十二月城上转经神佛及料等入	麦壹石,辰年十二月城上转经神佛及僧料入[13] 麻五斗五升,十日城上转经入[14]
麦壹硕伍斗、粟一石五斗,自年人上菜价入	麦壹硕伍斗,自年人上菜价入[15] 粟一硕伍斗,自年人上菜价入[16]

从上表可以清楚地看到,不同货物分类入来源相同者,原为同一笔账,出自同一诸色入。这和长兴二年牒和同光三年牒的例证相同。类似例证,尚可举出若干。这就为寺院会计文书残卷的缀和复原提供了一个线索,如果两个残卷的分类入不同货物来源相同,就有可能确认两者原为同一诸色入破历算会牒第二柱新附入的组成部分。

三、第三柱破用明细账之考察

对长兴二年牒和同光三年牒第三柱破用明细账进行考察,发现麦和粟、粟和油及面、油和面等破用用途,绝大多数相同。今以长兴二年牒所载举例如下:

1. 麦和粟破用用途相同例证。

(1) 麦一硕,正月与园子用(164 行)。
　　麦一硕,正月与讷赞用(203 行)。

(2) 麦两硕五斗,后件与园子充春秋粮用(167 行)。
　　粟两硕五斗,后件园子粮用(221 行)。

(3) 麦玖斗,十月卧酒,众僧聚采贾日及零散看客用(170 行)。
　　粟捌斗,初冬卧酒,零看诸僧官及聚菜价众僧等用(243 行)。

(4) 麦肆斗,卧酒,就伧看指拶及乡官众僧等用(168 行)。

233

粟肆斗,卧酒,就伦看指扨尚书乡官众僧等用(238行)。
(5) 麦壹硕,恩子冬粮用(171行)。
粟壹硕,恩子冬粮用(241行)。
(6) 麦肆斗,卧酒,僧门贴设用(176行)。
粟壹硕贰斗,卧酒,僧门贴设用(246行)。
(7) 麦玖斗,冬至卧酒僧官节料及徒众等用(174行)。
粟玖斗,冬至卧酒僧官节料僧众庆贺用(248行)。
(8) 麦玖斗,岁卧酒僧官节料及僧众等用(176行)。
粟肆斗,卧酒岁僧官节料及僧众拜至用(249行)。
(9) 麦肆斗,卧酒,令公回徒众用(174行)。
粟肆斗,卧酒,迎令公回徒众用(250行)。
(10) 麦壹斗,卧酒,正月十五日窟上燃灯顿定用(177行)。
粟贰斗,正月十五日卧酒,窟上燃灯看和尚顿定用(250行)。
(11) 麦叁斗,令公上窟时酒本用(179行)。
粟肆斗,令公上窟时卧酒窟上诸寺领顿用(255行)。
(12) 麦叁硕,张兵马使买银壹量打碗用(183行)。
粟叁硕,张兵马使买银壹量打碗用(260行)。
(13) 粟叁硕,李员住买金壹钱,付库(185行)。
粟肆硕,李员住买金壹钱,付库(261行)。
(14) 麦叁拾柒硕伍斗,当寺徒众及诸僧尼面上买儭唱使军舍施绫及绵䌷造伞裙并伞里用(188行)。
粟壹拾叁硕柒斗,当寺徒众及诸僧尼面上买儭唱使军舍施绫及绵䌷造伞裙并伞里用(262行)。

上举麦粟用途相同十四例,不仅表达用途的文字完全相同或基本相同,顺序一致,而且麦粟数量绝大多数相同或接近,这是因为支付手段和卧酒用粮,习惯上是麦粟各半。

四柱式诸色入破历算会牒的解剖

2. 粟油面破用用途相同例证。

(1) 粟壹硕肆斗，因会手上卧酒造送蝗虫解火局席并徒众等用（196 行）。

　　油伍胜，先年因会手上造送蝗虫解火局席并徒众等用（264 行）。

(2) 粟柒斗，造菩萨头冠从廿日至廿九日中间供金银匠及造伞骨阇梨兼钉鏁博士等用。（197 行）。

　　油肆胜，造菩萨头冠从廿日至廿九日中间供金银匠及造伞骨阇梨兼钉鏁博士等三时食用（267 行）。

　　麦壹硕捌斗，造菩萨头冠从廿日至廿九日中间供金银匠及造伞骨阇梨兼钉鏁博士等三时食用（328 行）。

(3) 粟柒斗，二月二日至六日中间供缝伞尼阇梨酤酒用（196 行）。

　　油肆胜两抄，二月二日至六日中间供缝伞尼阇梨三时用（270 行）。

　　麦壹硕伍斗，二月二日至六日中间供缝伞尼阇梨三时用（331 行）。

(4) 粟两硕壹斗，卧酒，二月八日齐时看行像社人及助佛人众僧等用（201 行）。

　　油肆胜壹抄，二月八日造粥齐时煮餰䭞看社人众僧等用（272 行）。

　　麦壹硕贰斗，二月八日造粥齐时胡饼气饼餰䭞看社人及擎小佛子兼众僧等用（333 行）。

(5) 粟陆斗，与擎像人北门顿酤酒用（203 行）。

　　油壹胜，与大擎像人北门顿用（273 行）。

　　麦肆斗，与擎像人北门顿用（336 行）。

(6) 粟伍斗，再缝伞两日酤酒用（206 行）。

　　油贰胜，再缝伞两日供缝伞尼阇梨及众僧等用（276 行）。

　　粟陆斗，再缝伞两日供缝伞尼阇梨三时食用（338 行）。

(7) 麦壹硕贰斗，二月九日贺僧正用（207 行）。

　　油半抄，九日收佛衣日抄臛用（275 行）。

235

面贰斗，九日收佛衣日众僧齐时用（337 行）。

(8) 麦壹硕肆斗，造起伞局席及屈诸工像（匠）当寺徒众等用（207 行）。

油伍胜两抄，造起伞局席及屈诸工匠及众僧等用（278 行）。

麦两硕叁斗，造起伞局席及屈诸工匠及当寺众僧等用（278 行）。

(9) 粟柒斗，僧录窟上易沙用（210 行）。

油伍胜半，僧录窟上易沙窟上燃灯众僧及学郎用（280 行）。

麦捌斗，僧录窟上易沙众僧及学郎用（340 行）。

粗面伍斗，僧录窟上易沙众僧及学郎用（393 行）。

(10) 粟柒斗，寒食祭拜初交库日众僧酤酒用（211 行）。

油拌炒，初日叫库齐时炒臛（279 行）。

面捌斗伍胜，寒食祭拜及初交库日食用（343 行）。

(11) 粟柒斗，二日交库众僧酤酒用（212 行）。

油拌炒，第二日交库众僧食用（281 行）。

面贰斗叁胜，第二日交库众僧齐时用（281 行）。

(12) 粟贰斗，纳唐法律赠用（214 行）。

油两抄半，纳唐法律赠用（285 行）。

面贰斗伍胜，纳唐法律赠用（350 行）。

(13) 粟叁斗，拔羊毛用（214 行）。

油壹胜，造餢飳拔羊毛用（285 行）。

面贰斗，造胡饼拔羊毛用（347 行）。

(14) 粟叁斗，卧酒，春碨看博士用（214 行）。

油壹胜，春碨看博士用（289 行）。

面贰斗伍胜，春碨看博士用（352 行）。

(15) 粟叁斗，秤面日酤酒用（215 行）。

油壹胜，碨上燃灯及秤面日炒臛用（288 行）。

面肆斗，秤面日造冷淘用（354 行）。

(16) 粟陆斗,西窟上水众僧酤酒用(215 行)。
　　油叁胜半,西窟上水燃灯僧料用(289 行)。
　　面柒斗,西窟上水众僧酤酒用(355 行)。

(17) 粟陆斗,西窟回日顿定用(216 行)。
　　油壹胜,西窟回来迎顿用(291 行)。
　　面叁斗,西窟回来迎顿用(355 行)。

(18) 粟柒斗,卧酒,看土门都头修造乡官僧众等用(224 行)。
　　油叁胜半,修土门时看都头乡官工匠并众僧等用(294 行)。
　　面柒斗,修土门时看勾当都头乡官及诸工匠兼众僧等用(361 行)。

(19) 粟柒斗,付本,料设时看门弟用(229 行)。
　　油贰胜,料设时看徒弟用(297 行)。
　　面伍斗,料设时看徒弟用(366 行)。

(20) 粟贰硕壹斗,七月十五日破盆纳官上窟等用(234 行)。
　　油贰斗玖胜,七月十五日佛破盆纳官上窟等用(297 行)。
　　面肆硕肆斗伍胜,七月十五日造佛盆破盆纳官上窟等用(366 行)。

(21) 粟柒斗,卧酒,众僧秋坐局席用(235 行)。
　　油肆胜,众僧秋坐局席用(299 行)。
　　面壹硕壹斗,众僧秋坐局席用(368 行)。

(22) 粟贰斗,秋料　官斋看乡官用(236 行)。
　　油壹胜,秋料　官斋看乡官用(370 行)。
　　面壹斗陆胜,秋料　官斋看乡官用(370 行)。

(23) 粟贰斗,算西仓写账众僧斋时酤酒用(237 行)。
　　油壹抄,算西仓写账众僧齐时炒臛用(237 行)。
　　面壹斗伍胜,算西仓写账众僧用(237 行)。

237

(24) 粟叁斗陆胜,灵图寺泛僧政纳赠用(254 行)。

　　油壹胜,赠图寺泛僧政用(315 行)。

　　面叁斗,赠寺泛僧政用(386 行)。

(25) 粟壹硕伍斗,算会愿达逐日酤酒用(259 行)。

　　油贰胜,算会愿达逐日炒鹰用(259 行)。

　　面壹硕伍斗,算会愿达五日众僧解斋时用(389 行)。

(26) 粟贰斗,正月十五日卧酒窟上燃灯看和尚顿用(250 行)。

　　油叁胜,正月十五日夜燃灯用(323 行)。

　　面贰斗伍胜,正月十五日窟上燃灯僧食用(285 行)。

以上粟油面破用用途相同者 26 例,可以分为两类,一类因事酒食供应,二为丧仪纳赠。

3. 油面破用用途相同例证。

(1) 油壹胜,堆园日众僧斋时用(271 行)。

　　面贰斗,堆园日众僧斋时用(338 行)。

　　粗面贰斗,堆园日众僧斋时用(392 行)。

(2) 油半抄,易城垛日众僧解斋用(281 行)。

　　面伍胜,易城垛日众僧解斋用(346 行)。

　　粗面壹斗,易城垛日众僧食用(395 行)。

(3) 油壹抄,比得官料两日供汉大德用(284 行)。

　　面壹斗肆胜,比得官料两日供汉大德用(347 行)。

(4) 油壹抄,垒义延界墙众僧解斋斋时用(286 行)。

　　面壹斗伍胜,义员延界墙众僧解斋斋用(349 行)。

　　粗面壹斗,义员延界墙众僧解斋斋时用(396 行)。

(5) 油壹胜,垒园日众僧食用(290 行)。

　　面贰斗,垒园日众僧斋时用(396 行)。

　　粗面壹斗,垒园日众僧食用(400 行)。

四柱式诸色入破历算会牒的解剖

(6) 油壹胜,春　官斋看乡官用(236 行)。

面贰斗,春　官斋看乡官用(236 行)。

(7) 油陆胜,春季佛食用(292 行)。

面叁胜伍斗,春季造佛食用(292 行)。

(8) 油壹胜壹抄,乞麻日众僧斋时用(302 行)。

面叁斗伍胜,乞麻日众僧斋时用(302 行)。

(9) 油陆胜,秋季佛食用(292 行)。

面叁胜伍斗,春季造佛食用(292 行)。

(10) 油半胜,冬至解斋炒麨用(304 行)。

面贰斗伍胜,冬至解斋用(375 行)

(11) 油肆胜,十二月城上转经造神佛食及转经僧两日解斋一日斋时用(306 行)。

面玖斗,十二月城上转经造神佛食及僧两日解斋一日斋时用(377 行)。

(12) 油贰胜,纳官供志明及西州僧食用(308 行)。

面柒斗,纳官供志明及西州僧食用(378 行)。

(13) 油叁胜,纳官供凉州兼肃州僧用(309 行)。

面壹硕伍斗,纳官供凉州兼肃州僧用(379 行)。

(14) 油贰胜,第二件供凉州兼肃州僧用(310 行)。

面壹硕壹斗,第二件供凉州兼肃州僧用(379 行)。

(15) 油叁胜,僧门贴设用(311 行)。

面陆斗,僧官造设贴用(382 行)。

(16) 油贰胜,十二月九日雷僧政解斋用(311 行)。

面伍斗柒胜,十二月九日雷僧政解斋用(382 行)。

(17) 油叁胜,十二月六日中间僧门贴设用(312 行)。

面壹硕壹斗,十二月六日中间僧门贴设用(383 行)。

239

(18) 油半胜,大岁日解斋用(313 行)。

面贰斗,大岁日解斋用(313 行)。

(19) 油贰胜,造食饭迎令公回时众僧食用(305 行)。

面肆斗,令公回来众僧食用(376 行)。

以上油面用用途相同者 19 例。此外,还可找出若干。如:面一斗,寒食与恩子用(394 行)粗面一斗,寒食与恩子用(344 行)。粟叁斗,剪殺羊毛用(401 行)。

以上为长兴二年牒的例证,同光三年牒所载例证也很多。为什么麦粟、粟油面、油面等破用明细账用途相同者如此之多,其原因在于同一活动的破用,在原始的破用历或汇总的破历上多为同一笔账。这只要比较原始的破历记载情况就会明白。如斯 1519 号辛亥年十二月七日后净土寺直岁法胜所破油面等历:

面壹斗、粗面壹斗、油半胜。酒壹斗,交割直岁木日众僧吃用。
九日,面壹斗、酒壹角、油壹抄,造食,买法律东窟到来迎用。

这二笔账,分类迻录成明细账,就会出现面、粗面、油、破酒用用途相同,以及面、酒、油破用用途相同。由此可知,明细账破用用途相同者,原为同一活动的破用,同一会计年度、同一笔账。这就为我们提供了又一个线索,由此进行探求,有可能发现分裂两处的残卷,为同一诸色入破历算会牒第三柱破用之组成部分。

四、第二柱自年新附入和第三柱沿寺破除用明细账相互关系考察

对长兴二年牒和同光三年牒第二柱自年新附入和第三柱沿寺破除

用明细账进行考察,发现两者有许多对应关系。兹列表如下:

1. 长兴二年牒九例

新附入明细账	破用明细账
面肆拾玖硕陆斗,自年春碨入(130 行) 麸壹拾贰硕,自年春碨面入(136 行)	麦伍拾硕,春碨淘麦面用(165 行)
粗面叁硕玖斗,自年春碨入(131 行)	麦叁硕,春碨粗面用(166 行)
细绁贰拾伍尺,高孔目念诵西仓换麦入(150 行)	麦捌硕,充高孔目转经绁价付众僧各肆斗用(190 行)
粗绁贰拾肆尺,梁户郭怀义折油入(151 行)	油壹斗伍胜,梁户入粗绁壹匹用(321 行)
粗绁伍拾尺,阎都知折黄麻入(152 行)	油贰斗肆胜,入布伍拾尺用(321 行)
麦捌斗,道引沽油入(74 行)	油肆胜,道引入麦沽将用(325 行)
粟肆硕,宋校拣换豆入(123 行)	豆肆硕伍斗,宋校拣入粟用(420 行)
油贰胜,进君折黄麻替入(127 行)	黄麻贰斗,进君入油替用(405 行)
油贰胜,安应子折黄麻入(128 行)	黄麻贰斗,安应子入油替用(406 行)

2. 同光二年牒九例

新附入明细账	破用明细账
麦伍斗,盐团换面入(47 行)	面伍斗,盐团入麦换将用(401 行)
麦伍硕陆斗,官家换面入(49 行)	面陆硕四斗,官家入麦换将用(406 行)
麦伍硕叁斗,曹指为换黄麻入(71 行)	黄麻伍硕叁斗,曹指挥入麦换将用(430 行)
豆两硕陆斗,马加盈换粟入(219 行)	粟两硕陆斗,马加盈入豆换将用(315 行)
豆两硕伍斗,寒苦换粟入(220 行)	粟两硕伍斗,寒苦入豆换将用(316 行)
豆捌斗,石婆换粟入(221 行)	粟捌斗,石婆入豆换将用(316 行)
豆贰斗,灰子妻换粟入(221 行)	粟贰斗,灰子妻入豆换将用(317 行)
豆两硕叁斗,赵江子换粟入(239 行)	粟两硕叁斗,赵江子入豆换将用(321 行)
豆两硕两斗,马鹊子换粟入(239 行)	粟两硕两斗,马鹊子入豆换将用(322 行)
豆两硕,王章件换粟入(240 行)	粟两硕,王章件入豆换将用(323 行)

以上长兴二年为九例，同光三年为十例，在第二柱为收入，与之对应在第三柱为破用。互相对应，类似近代的复式记账。

　　敦煌寺院设有东库、西库、东仓、西仓等储存麦粟油面黄麻豆布等物资，由多位职事僧执掌，分别立账，到移交或年度结算时，由直岁或寺主负责将各种有关的收入账目汇总，再进行分类迻录，编造诸色入破历算会牒。原先一次财务活动，在收入破用两部分都有记载。如上表所列寺院因生活需要，将麦磨成面，在破用历上记成麦伍拾硕春硙淘麦面用，在入历上记为面肆拾玖硕陆斗自年春硙入、麸壹拾贰硕自年春硙面入。再如豆粟交换，麦面交换，黄麻和油交换等，一方为入，另一方必然为出。汇总编成诸色入破历算会牒后，在第二柱新附入和第三柱破用部分，必然出现互相对应关系。由此推断，凡是收入、破用有互相对应关系的两个残卷，很可能是同一诸色入破历算会牒的组成部分。这为探求分裂两处的第二柱、第三柱前后接续关系提供了一把钥匙。

　　以上从四个方面解剖了长兴二年牒和同光二年牒的内部结构、形式以及各柱间的关系，颇为繁琐，但这为诸色入破历算会牒稿缀合复原提供了一把钥匙。全面、准确地运用这把钥匙，本文一开始提到的几个长卷就能分解、缀合复原。

（《周绍良先生欣开九秩庆寿文集》，中华书局1997年版）

注释：

① 见拙编《敦煌社会经济文献真迹释录》3，第408页。
② 同上书，第409页130行。
③ 同上书，第410页154行。
④ 同上书，第409页133行。
⑤ 同上书，第410页155行。

⑥ 同上书,第 454 页 52 行。辛幸婆即辛家优婆夷。
⑦ 同上书,第 454 页 51 行。吴和尚即吴僧统。
⑧ 同上,第 57 页。
⑨ 同上书,第 409 页 133 行。
⑩ 同上书,第 413 页 194 行。
⑪ 同上书,第 409 页 134 行。麦三斗三升,迻录时漏录三升。
⑫ 同上书,第 413 页 195 行。
⑬ 同上书,第 409 页 133。
⑭ 同上书,第 413 页 194 行。
⑮ 同上书,第 409 页 140 行。
⑯ 同上书,第 410 页 157 行。

《癸卯年(943)正月一日已后净土寺直岁广进手下诸色入破历算会稿》残卷缀合

癸卯年(943)十月一日已后净土寺直岁广进手下诸色入破历算会稿,由于剪贴已错乱、残缺不全,据笔者目前所知,有以下断片:

P.3234号117—130行,

P.2032号593—707行,

P.2040号311—318行,

P.3234号174—184行,

P.3234号185—255行,

P.2032号588—592行,

P.2032号303—304行,

P.2032号281—291行,

P.2032号305—308行,

P.2032号292—302行。

今先按顺次缀合录文并作推补于后,再作说明。

一、录　　文

1　壹阡玖佰叁拾贰硬肆斗肆胜贰合麦粟油苏米面黄麻麸查豆布缥纸等承前帐旧

《癸卯年(943)正月一日已后净土寺直岁广进手下诸色入破历算会稿》残卷缀合

2　壹佰玖拾捌硕粜斗肆胜麦柒佰捌拾壹

3　硕柒斗伍胜伍合粟,伍硕贰斗叁胜柒合

4　油,壹胜苏,壹斗玖胜米,壹佰壹拾捌硕

5　肆斗壹胜面,壹拾伍硕贰斗捌胜连麸面,

6　贰硕玖斗肆胜谷①

　　　　　（以下 P.3234 号 117—13 行）②

7　面,陆拾肆石伍斗肆胜黄麻,叁拾叁

8　石柒斗麸,壹佰陆拾肆饼壹,陆伯肆

9　拾柒硕陆斗肆升豆,肆佰叁拾肆尺布

10　贰拾贰尺緤,贰佰张纸。③

11　肆佰叁拾叁硕玖斗伍胜麦粟油面黄麻麸壹豆布緤等自年新附入④

12　壹佰壹石壹斗麦,贰拾陆石伍斗

13　伍升西仓麦,叁拾玖硕陆斗粟,捌拾

14　叁硕壹升伍升西仓粱,叁硕陆斗油,陆

15　拾硕面,壹拾硕柒斗连麸面,叁硕谷

16　面,叁硕壹斗伍胜黄麻,壹拾捌

17　硕麸,贰拾柒饼查,捌硕柒斗豆,

18　贰拾肆硕伍斗西仓豆,贰佰陆拾捌

19　尺布,⑤贰佰贰拾肆尺緤⑥

　　　　　（以下 P.2032 号 593—707 行）⑦

20　麦入　麦叁硕□□□□□入。麦肆硕贰斗,春佛食入。麦两⑧

21　硕,腊月城上转经神佛及僧料入。麦伍硕,行像社入。麦两硕,王

22　行(幸)丰换豆入。麦八斗,金银匠王流住患念诵入,麦贰

抬贰硕

23　肆斗,菜田渠地税入。麦伍硕叁斗,菜田渠生地种入。麦壹

24　硕,善胜念诵入。麦拾肆硕,乌康渠地税入。麦查硕查斗,[9]净

25　胜裙价入。麦肆硬贰斗,秋佛食入。麦一石六斗,人上菜价入。麦

26　七斗,十二月诸巷转经傢入。麦拾肆硕,张县令换豆入。麦两硕,

27　信袈装价入。麦伍硕伍斗,二月六日七日沿行像散施入。麦肆斗,

28　董善住男患念诵入。麦一石五斗,安都知利润入。麦两石,

29　张员住弓贾入。麦捌硕肆斗,园南地税入。

30　计麦壹伯一石一斗。

（以下西仓麦入）

31　麦一斗,僧哮子利润入。麦五斗,赵员子利润入。麦七斗

32　五升,冯友友利润入。麦一石五斗,宋安住利润入。麦一石,

33　僧义忠利润入。麦五斗,高富子利润入。麦五斗,贺奴

34　子利润入。麦五斗,刘再住利润入。麦五斗,僧应德利润入。麦

35　一石,安元进利润入。麦五斗,李庆达利润入。麦五斗,张

36　善善利润入。麦一石,翟安住利润入。麦五斗,张什德利润入。

《癸卯年(943)正月一日已后净土寺直岁广进手下诸色入破历算会稿》残卷缀合

37　麦二斗五升，王留子利润入。麦五斗，罗安久利润入。麦七斗

38　五升，阴忠信利润入。麦七斗，石再定利润入。麦十五石，罗

39　平水利润入。

40　计麦二十六石五斗五升。

41　粟入　粟伍硕，断般墼僧苇子价入。粟壹硕柒

42　斗，春官斋傔入。粟壹硕，僧统施入。粟捌斗，金银匠

43　王流住患念诵入。粟壹硕壹斗，乞麻时散施入。粟柒斗，净

44　胜裙价入。粟壹硕捌斗，自年人上菜价入。粟两硕贰斗，

45　十二月诸巷道场佛名傔入。粟肆斗，王幸丰念诵入。粟壹

46　硕，故僧憨儿袈裟价入。粟拾硕，自年僧菜价入。粟叁硕伍

47　硕，二月六日七八日沿行像散施入。粟伍硕，小娘子患念诵入。粟肆硕，董

48　善住男患念诵入。粟一石五斗，安都知利润入。粟两石，张员住

49　弓价入。粟两石，汜校拣折豆利润入。

50　计粟三十九石六斗。

（以下西仓粟入）

51　粟七斗五升，锥乖子李利润入。粟一石，石擖搥利润入。

52　粟一石，石憨奴利润入。粟五斗，石通子利润入。粟一石五斗，

53　邓保定利润入。粟两石，王留庆利润入。粟五斗，贺奴

[子] 利润入。

54　粟二斗五升，曹和盈利润入。粟五斗，梁再庆利润入。粟

55　一石五斗，僧义忠利润入。粟一石，谭孝顺利润入。粟

56　一石，僧因会利润入。粟一石，王忠义利润入。粟七斗五升，王留子利

57　润入。粟两石，宋安住利润入。粟二斗，张再住利润入。粟五斗，高

58　富子利润入。粟三斗，张富通利润入。粟二斗，石佛德利润入。粟

59　二斗，石定子利润入。粟二斗，贺奴子利润入。粟一石五斗，张什德

60　利润入。粟五斗，曹安信利润入。粟两石五斗，童延进利润

61　入。粟伍斗，李庆达利润入。粟贰斗伍升，曹安子利

62　润入。粟壹硕伍斗，黑赤头利润入。粟贰斗伍升，

63　王流子利润入。粟柒斗伍升，张留子利润入。粟伍斗，

64　陈富子利润入。粟壹硕，孙描痊利润入。粟伍斗，康

65　骨子利润入。粟伍斗，胜净利润入。粟一斗五升，惠进利

66　润入。粟一石，安定奴利润入。粟两硕伍斗，安佑子利

67　润入。粟伍斗，罗安　久利润入。粟七斗五升，曹文德利

68　润入。粟一石五斗，龙意山利润入。粟壹硕，龙什德利

69　润入。粟叁斗，龙意山利润入。粟壹硕伍斗，阴忠信

70　利润入。粟柒斗五升，龙再延利润入。粟贰斗伍升，

71　邓定子利润入。粟两硕，朱员住利润入。粟壹硕，王

72　富通利润入。粟柒斗伍升，邓住子利润入。粟伍斗，宋定

73　子利润入。粟叁斗伍升，孙富住利润入。粟伍斗，唐憨

《癸卯年(943)正月一日已后净土寺直岁广进手下诸色入破历算会稿》残卷缀合

74　憨利润入。粟贰斗,张胡胡利润入。粟壹石,孔恩子利润

75　入。粟一石五斗,杜庆儿利润入。粟五斗,董清子利润入。

76　粟叁斗,李庆达利润入。粟一石五斗,何奴子利润入。

77　粟壹硕伍斗,何善住利润入。粟壹石,张友信利润入。

78　粟五斗,白描播利润入。粟壹石,王恒信利润入。粟五斗,

79　石住儿利润入。粟一石,何保住利润入。粟一石,何义信利

80　润入。粟叁斗,张通达利润入。粟两石贰斗五升,孙延友

81　利润入。粟五斗,张文建利润入。粟五斗,罗顺通利润入。

82　粟壹斗,罗顺通利润入。粟伍斗,安子宁利润入。粟一石

83　五斗,武怀通利润入。粟五斗,吉保升利润入。粟叁斗,

84　梁进通利润入。粟五斗,王留庆利润入。粟五斗,程安住

85　利润入。粟五斗,卢延润利润入。粟七斗五升,王安信

86　利润入。粟七斗五升,高保通利润入。粟五斗,阴

87　通信利润入。粟贰斗伍升,洪儿利润入。粟五斗,

88　曹安信利润入。粟一石,曹住子利润入。粟一石,张哥儿利

89　润入。粟三斗,张胡胡利润入。粟五斗,孔温启利润入。粟叁斗,

90　贺成润利润入。粟五斗,令狐流定利润入。粟五斗,令狐富千利润入。

249

91 粟一石,郭幸心利润入。粟五斗,安搞搉利润入。粟贰斗伍升

92 严富进利润入。粟四斗五升,宋吉昌利润入。粟一斗五升,保

93 应利润入。粟二斗,岳安定利润入。粟一石,吴留住利润入。

94 粟叁斗,陈二娘利润入。粟五斗,宋像通利润入。粟五斗,郝

95 庆住利润入。粟一石,张盈德利润入。粟六斗,李王午利润

96 入。粟五斗,李再住利润入。粟五斗索再昌利润入。粟一石,王富

97 郎利润入。粟七斗五升,吴员住利润入。粟一石,安员宗利润入。

98 粟一石,王恒定利润入。粟三斗,保应利润入。粟五斗,雏乖子利润入。

99 粟七斗五升,郭富子利润入。粟三斗升索贤信⑪粟一石,高友信

100 利润入。粟二斗五升,张麹子利润入。粟五斗,张不勿利润入。

101 计八十三石一斗五升。

102 油入 油叁硕,自年梁课入。油陆斗,两件付黄麻押入。

103 计油三石六斗。

104 面入 面陆拾硕,自年春砲入。

105 连鼓面入 面陆硕叁斗,

106 自年秋砲入。面肆硕伍斗,

250

《癸卯年(943)正月一日已后净土寺直岁广进手下诸色入破历算会稿》残卷缀合

107　计十石七斗。

108　粟面入　面叁硕,自年秋砣入。

109　黄麻入　麻壹硕柒斗,春秋佛食料及春偏次转经神佛料

110　入。麻肆斗伍胜,阴家胡儿利润入。麻查斗伍胜,王魏胡利润入。麻

111　贰斗,愿善利润入。麻伍胜,郭幸弘利润入。麻伍胜,曹富住利润入。

112　麻伍胜,平再定利润入。麻伍斗,王幸丰利润入。

113　计三石一斗五升。

114　麸入　鼓拾捌硕,自年碨面入。

115　滓入　滓贰拾柒饼,自年梁课入。

116　豆入　豆两硕,高员富利润入。豆柒斗伍胜,氾安久利润

117　入。豆壹硕,程义员利润入。豆壹硕贰斗,何富奴利润入。豆伍斗,

118　郭小胡利润入。豆伍斗,张再成利润入。豆壹硕,安彦通利润入。

119　豆柒斗伍胜,张员庆利润入。豆壹硕伍斗,[①]石义深利润入。豆(衍)

120　计八石七斗。

（以下西仓豆入）

121　豆六斗,郭再升利润入。豆一石,王德友利润入。豆五斗

122　张住子利润入。豆壹硕,高文进利润入。豆肆斗,谭孝顺

123　利润入。豆三石,董再宁利润入。豆叁斗,张建宗利

润入。

124　豆一石五斗,贾彦昌利润入。豆一石二斗五升,王义郎利润入。

125　豆一石,僧义忠利润入。豆二斗,黑曹七利润入。豆五斗,

126　李憨儿利润入。豆五斗,张再住利润入。豆一斗五升,刘安住

127　利润入。豆二斗五升,罗小儿利润入。豆一石五斗,贾彦昌利润入。

128　豆一石,王全子利润入。豆七斗五升,黑友住利润入。豆一石,曹

129　庆忠利润入。豆五斗,王再富利润入。豆五斗,刘保定利

130　润入。豆一斗,谭清子利润入。豆四斗,阴元弁利润入。

131　豆一斗,僧因会利润入。豆一石五升,孙仓曹利润入。豆

132　五斗,石义深利润入。豆二斗五升,陈黑子利润入。豆二斗,

133　张翔子利润入。豆七豆五升,董押牙利润入。豆二斗五升,

134　安元进利润入。豆五斗,张庆住利润入。豆一斗,李通达利润入。

135　豆七斗五升,杜庆信利润入。豆二斗五升,安定奴利润入。豆二斗,

（后　缺）

（布入　缺分录帐贰伯陆拾捌尺）

252

《癸卯年(943)正月一日已后净土寺直岁广进手下诸色入破历算会稿》残卷缀合

（缣入　缺分录帐贰伯贰拾肆尺）

（以下 P.2040 号 311—318 行）[12]

136　肆佰叁拾玖硕伍斗玖升麦粟油面黄麻麸壹豆布缣等自年沿寺破除用

137　柒拾贰硕贰斗麦，叁拾陆硕叁斗西仓麦，

138　叁拾捌硕壹斗粟，壹佰贰拾柒石捌斗西

139　仓粟，两硕六斗四升油，肆拾肆硕

140　陆斗面，[13]玖硕连麸面，叁硕柒斗

141　谷面，柒硕黄麻，壹十八石叁斗麸，

142　伍饼查，叁拾玖石五斗五升豆，叁石西

143　仓豆，壹佰四十四尺布，贰佰贰拾伍尺缣。

（麦破　缺分录帐柒拾贰硕贰斗）

（西仓麦破　缺分录帐叁拾陆硕叁斗）

（粟破　缺分录帐叁拾捌硕壹斗）

（以下 P.3234 号 174—184 行）[14]

144　西仓粟一石四斗，园子春粮用。粟伍硕壹斗，张定子梁子价用。粟叁斗，沽酒送

145　路于阗僧用。砲㵽粟贰斗，吴僧政、宋法律上窟迎顿用。粟一斗，就寺看尼索阇梨用。

146　粟两硕，恩子春粮用。粟柒硕，春砲㵽麦课用。粟四斗，于人户扬员庆面上

147　买甄十六条用。粟一石四斗，亦园子粮用。粟一斗，支与安胡儿用。粟捌硕，殿

148　檐上赤白人手工用。粟陆硕，挑赤白土人手工用。粟贰斗，众僧沽酒吃用。粟肆斗，

149　扎心前檐上仰用。粟两硕，恩子秋粮用。粟贰斗，西窟

253

唐耕耦敦煌学论集

和上上水来迎顿用。粟柒斗,

150 斗园子秋粮用。粟肆拾硕,付东库所由广进用。粟肆拾硕叁斗,付僧及人

151 上换麦用。粟一石五斗,付善慈斋傔汗衫价用。又粟一石,付应启亦傔用。

152 粟壹硕,支与王得全造门手工用。粟五石,⑮校物时为斗不同折直用。粟叁硕,张师

153 梁子价用。

154 计粟一百二十七石八斗。

(油破 缺分录帐两硕六斗四升)

(以下 P.3234 号 185—255 行)⑯

155 癸卯年正月一日已后直岁沙弥广进面破

156 面叁斗,岁日解斋用。面壹硕贰斗,四日中间众僧行解斋用。

157 面叁斗,堆园日僧食用。面五斗五升,算会愿通中

158 间六日及写帐人食用。面一斗五升,⑰造胡饼支绫傔日

159 用。面二斗,十五日将上窟用。面叁斗五升,还锦袄

160 子价时看僧录、僧正、法律等用。面五升,二月一日撩治佛

161 塑师吃用。面二斗,三日木匠、画人兼弘建撩治佛炎二

162 时食。面两石二斗五升,八日解斋兼及斋时看雨

163 社及僧兼弟二日屈郎君、孔目、押牙、擎像人等用。面

164 三斗,与擎像北门顿定用。面壹,二月十七日八日看

165 牧羊[人]用。面玖斗伍升,⑱造寒食祭拜盘及弟二日看

166 众僧及沙弥用。面四斗,高僧政亡时纳赠用。面二斗,

167 四月官上窟时用。面四斗,造食及道哲将拔毛用。

254

《癸卯年(943)正月一日已后净土寺直岁广进手下诸色入破历算会稿》残卷缀合

168　面三斗,将群上用。面伍胜,拔毛人来日食用。

169　面四斗五胜,新戒来日造食用。面伍斗,赠憨儿用。

170　面伍斗,造食赠保达用。面四斗,造食看报恩

171　寺于城角垒舍徒众用。面五斗五升,造食将

172　窟上用。面壹斗,来日造羹用。面陆。窟上脱墼及垒墙两件将。面肆

173　斗,窟上垒墙时造食用。面叁斗,到(?)来日解火用。

174　面贰斗五升,碨面时造饭食用。面柒斗,造俊门

175　及作斗博士食用。面贰斗,挑赤土造烧饼人夫食用。

176　面陆斗,调白土用。面柒斗捌胜,上赤白僧及上沙麻

177　塑匠等用。面贰斗,造糊饼两件驼赤上用。面壹斗,

178　牧羊[人]来及菜田渠地送地税人吃用。面两硕壹斗,上赤

179　白了日造局席众僧吃用。面陆斗,造菜饼糊饼众

180　僧吃用。面两硕叁斗,七月十五日造佛盆用。面两

181　硕捌斗,七月十七日破盆用。面参硕参斗,造春季佛食用。[19]

182　面贰斗伍胜,于阗僧来比得官料供助用。面壹斗伍

183　升,造小破盆用。面壹斗,煮佛盆僧用。面玖斗,

184　七月下旬当时转经众僧斋时用。面壹斗,兵马去

185　时造小胡饼子用。面壹斗,两件耕地僧用。面壹斗,

186　新戒垒厨舍西墙用。面壹斗,周赵二家纳地课来用。

187　面六斗,三日填西仓众僧解斋斋时用。[20]面叁斗,

188　兵马来时迎保会、善保用。面壹斗,兵马来时

189　造小胡饼子将城外迎人用。面肆斗伍胜,[21]造

190　食将窟上水用。又面肆斗,亦将西窟用。面口

255

191 斗,造小胡饼子西窟上水,回来时迎顿用。面壹硕玖斗,秋

192 座局席用。面一斗,两件捺耕地用。面贰斗,将□

193 时看作坊及博士用。面伍斗,□□饼□。

194 面伍斗,造食陈水官庆窟时将窟用。面贰斗,

195 亦将窟上用。面肆斗,造食看行像社聚物用。

196 面壹硕,净胜裙价麦替造斋时用。面二斗,

197 乞麻造斋时用。面叁斗,冬至日众僧戒斋用。

198 面伍升,羊群下来时看放羊人用。面叁斗,支与义员妇产用。

199 面四斗,赠僧录纳用。面肆斗,岁支与恩子节料用。面一石

200 二斗,十二月七日中间造解斋众僧用。面八斗,十二月九日雷

201 僧政解斋用。面一石八斗,正月一日至六日乞柴斋时亦在内众僧解斋食用。

202 面玖斗,十二月城上转经僧解斋斋时及神佛料用。面伍斗,

203 造粥祭梁赠弘建用。面叁胜,王得全校斗吃用。面叁

204 硕贰斗,冬季佛食用。面贰斗柒胜半,堆园日众僧食用。

205 面一斗,造小胡饼子算日吃用。面贰斗,赠锥法律用。

206 计四十四石五斗八升。

207 连[麸]面破

208 粗面三斗,堆园僧食用。面一斗,义员出粪食

209 用。面一斗,算时造食女人食用。面二斗,二月六日

210 七日八日造食女人用。面四斗,二月廿日与牧羊人用。

《癸卯年(943)正月一日已后净土寺直岁广进手下诸色入破历算会稿》残卷缀合

211　面一斗,菜田渠种人夫食用。面三斗,寒食付恩子
212　用。面七斗,拔毛时将群上用。面四斗,将窟上
213　脱墼人食用。面四斗,两日淘麦用。面伍斗,
214　窟上垒墙时用。面一斗五升,两件列菜女人及义员
215　儿食用。面贰斗,煮佛盆人用。面壹斗,佛盆烧饼
216　调培用。面贰斗,新戒垒厨舍西墙用。面一斗五升,
217　春造佛食女人食用。面伍斗,填西仓日僧食用。
218　面壹硕肆斗,付牧羊人粮用。面柒斗,三日填仓
219　僧食用。面肆斗,将西窟上水用。面壹斗,秋座
220　局席女人用。面壹斗,两件耕地人用。面壹斗,陆水
221　官上梁时造食女人及义员用。面壹斗,西窟上水
222　时造食女人用。面伍胜,造所设局席女人食用。
223　面叁斗,乞麻斋时用。面叁斗,正月十日牧羊人妻吃
224　将。面伍胜,荣雷僧政解斋女人用。面伍胜,荣弘建
劝孝
225　女人用。面叁斗,堆园众僧食用。面五升,义员二日出
粉用。
（后缺）

（以下 P.2032 号 588—592 行）②

（前缺）
226　面四斗,正月十日付牧人妻用。
227　计三石七斗。③
228　黄麻破黄麻肆硕叁斗,付梁户押油用。黄麻柒斗,于
229　杨家儿边买梁子用。黄麻两石,和上入布一匹用。
230　计七石。
　　（麸破　缺分录帐壹十八石叁斗）

（淬破　缺分录帐伍饼查）

（豆破　缺分录帐叁拾玖石五斗五升）

（以下 P. 2032 号 303—304 行）㉔

231　西仓豆破豆壹硕，于张押衙雇锯用。豆两石，付通子。
232　计豆三石。

（以下 P. 2032 号 281—291 行）㉕

233　布破
234　布二丈一尺，索都街亡时吊孝娘子、诸郎君、僧政等
235　用。布二尺五，保会阿白亡吊孝用。布贰尺，法深兄
236　亡时吊孝用。布贰尺，憨儿亡时吊再定用。布
237　壹匹，水官上梁人事用。布陆尺，阴都头亡时吊
238　和尚及一娘子用。布二尺，吊法进用。布七尺，罗
239　指扐亡吊小娘子、郎君用。布二尺五寸，吊王都头用。
240　布八尺，付云李法律裹经用。布叁尺，邓都头
241　亡吊小娘子用。布八尺，僧录亡时吊善惠、愿达等三人用。
242　布壹匹，王博士边买榆木用。
243　许布一百四十四尺。

（以下 P. 2032 号 305—308 行）㉖

244　緤破官布陆匹，庭子上转经莲花锦袄
245　子价用。官布一匹，二月八日与擎像人用。立机壹匹、
246　官布壹匹，七月兵马去时送路尚书用。
247　计二百二十五尺。

（以下 P. 2032 号 292—302 行）㉗

248　壹阡九佰二拾六石八斗两合麦粟油苏米面黄麻麸查豆布维纸等沿寺破除外应及见存㉘

《癸卯年(943)正月一日已后净土寺直岁广进手下诸色入破历算会稿》残卷缀合

249　贰佰壹拾柒硕捌斗玖升麦，

250　柒佰叁拾八硕陆斗伍合粟，㉘陆

251　硕壹斗玖升柒合油，壹升苏，壹

252　斗玖升米，壹佰叁拾叁硕捌斗一升

253　面，壹抬陆硕玖斗捌升连麸面，

254　两石贰斗肆升粟面，陆拾硕

255　陆斗九升麻㉙，叁拾叁硕肆斗麸，

256　壹佰捌拾陆饼查，陆佰叁拾捌

257　硕贰斗玖升豆，伍佰伍拾捌尺布，

258　贰拾壹尺缣，贰佰张纸。

二、缀合推补理由

以上缀合推补之录文共258行，中间虽有残缺，但四柱式诸色入破历算会稿的基本内容已都有了。1—10行为第一柱承前账旧总数及其分类数，11—135行为第二柱自年新附入总数及其分类数和分录账（西仓豆入不全，布入、缣入缺），136—247行为第三柱自年沿寺破除总数及其分类数和分录账（麦破、西仓麦破、粟破、油破、数破、淬破、豆破残缺，连麸面、粟面不全），248—258行为第四柱沿寺破除外应及见存总数及其分类数。缀合推补之理由如下：

首先根据四柱结算公式：前账旧＋新附入—破除＝见存，将残卷四柱所载数代入进行计算，完全吻合，证明上录四柱为同一诸色入破历算会稿的四个部分。如：

黄麻：前账旧64.54石＋新附入3.15石—破除用7石＝见存60.69石。

麸：前账旧33.7石＋新附入18石—破除用18.3石＝见存

259

33.4 石。

滓:前账旧 164 饼查＋新附入 27 饼查—破除用 5 饼查＝见存 186 饼查。

豆:前账旧 647.64 石＋新附入(8.7 石＋24.5 石)—破除用(39.55 石＋3 石)＝见存 638.29 石。

布:前账旧 434 尺＋新附入 268 尺—破除用 144 尺＝见存 588 尺。

緤:前账旧 22 尺＋新附入 224 尺—破除用 225 尺＝见存 21 尺。

纸:前账旧 200 张＋新附入 0—破除用 0＝见存 200 张。

黄麻、麸、滓、豆、布、緤、纸等七类,在一、二、三、四柱上都有记载,计算结果,完全吻合,足证上述四柱为同一诸色入破历算会稿的四个部分。由此可推算出残缺的第一柱承前账旧总数及麦、粟、油、苏、米、面、连麸面、谷面等分类数。其方法也是根据四柱结算公式,由三个已知数推算出一个未知数。推算结果如下:

麦前账旧　见存 217.89 石＋破除用(72.2 石＋36.3 石)—新附入(101.1 石＋26.55 石)＝198.74 石。

粟前账旧　见存 738.605 石＋破除用(381.1 石＋127.8 石)—新附入(39.6 石＋83.15 石)＝781.755 石。

油前账旧　见存 6.197 石＋破除用 2.64 石—新附入 3.6 石＝5.237 石。

苏前账旧　见存 1 升＋破除用 0—新附入 0＝1 升。

米前账旧　见存 1.9 斗＋破除用 0—新附 0＝1.9 斗。

面前账旧　见存 133.81 石＋破除用 44.6 石—新附入 60 石＝118.41 石。

连麸面前账旧　见存 16.98 石＋破除用 9 石—新附入 10.7 石＝15.28 石。

谷(粟)面前账旧　见存 2.24 石＋破除用 3.7 石—新附入 3 石＝

《癸卯年(943)正月一日已后净土寺直岁广进手下诸色入破历算会稿》残卷缀合

2.94石。

前账旧总数　见存1926.802石＋破除用439.59石—新附433.95石＝1932.442石。

以上推算所得之麦、粟、油、苏、米、面、连麸面、谷面分类数和前账旧总数,就是上录1—6行第一柱承前账旧总数及麦、粟、油、苏、米、面、连麸面、谷面补缺的根据。

其次,20—135行麦入、西仓麦入、粟入、西仓粟入、油入、面入、连麸面入、粟面入、黄麻入、麸入、渫入、豆入等合计数,分别与自年新附入麦等分类数相同,故知其为上者之分录账(明细账前身),应上接1—19行。

其三,136—143行上接1—135行,其理由是按四柱式诸色入破历算会稿结构顺次,第二柱自年新附入分录账后应为第三柱沿寺破除用总数及其分类数。前面计算已证明,136—143行上接1—135行,是合理的。

其四,14—154行西仓粟破合计数,与上录第三柱沿寺破除用西仓粟分类数相同,故知其为上者之分录账,应上接1—143行。

其五,15—225行面破、连麸面破,其中面破合计数为四十四石五斗八升,比沿寺破除用面分类数四十四石六斗,少二升,我之所以仍认为面破为前者分录账,理由是相差二升,乃初算和核定定稿之间的差错,这在分类数记账时留有痕迹,[31]而且两者出自同一人手笔,前后所载内容有可证为同一件的。[32]

其六,谷面、黄麻(226—230行)、西仓豆破、布破、缣破(231—247行)等合计数,与上录第三柱沿寺破除用谷面、黄麻、西仓豆、布、缣等分类数相同,故知后者为前者之分录账,按物品分类顺次,应上接连麸面(225行)后。

其七,按四柱式诸色入破历算会稿结构顺次,第三柱分类数后应为

261

第四柱应及见存总数及其分类数。248—258行第四柱应及见存总数及其分类数，前面计算已证明应接1—247行，此不赘述。

上述录文155行有题为"癸卯年正月一日已后直岁沙弥广进面破"。据P.2032号331行，广进为净土寺僧，且所记活动多与其他净土寺诸色入破历算会稿所记相同，故知此缀合之残卷为净土寺癸卯年正月一日以后诸色入破历算会稿。癸卯年，据与净土寺其他文书比较，应为943年。

据上面录文，净土寺癸卯年时，历年积储的解斗累计多达1926石，财务状况良好。而本会计年度新附入为433.95石，破除用为439.59石，这是账面上的收支数，而不是实际收支数。实际收支的确切数，由于残缺，已不得而知，也不能详析。但新附入部分，除缺布入、缏入分录账，其余各类数字基本完整。其分类收入依次分述如下：

利润入，即债息收入居第一位，包括麦粟黄麻豆共149.35石，[⑧]占麦粟黄麻豆入总数的近60%。

田地收入，包括地税（地租）、菜价、生地种共53.5石。

布施收入，包括斋儭、佛食、僧料、念诵、行像等共4.6石。

交易交换，包括裙价、弓价、笔子价等共13.8石。

梁课，即出租油梁（榨油坊）的租赁费共油叁石、渣27饼。

此外，有砈入：面60石、数18石、粗面10.7石、粟面3石，押入油0.6石，乃是寺院以稞粒粮食麦粟加工磨成面，以油料作物黄麻子加工榨成油，实际上并不是收益。再有，麦14石，张县令换豆入，即以豆换麦入，也不是收益。在计算寺院收益时，这类收入数都应排除在外。

后　　记

藏于巴黎法国国家图书馆的敦煌卷子编号02032，P2046，P3234，

《癸卯年(943)正月一日已后净土寺直岁广进手下诸色入破历算会稿》残卷缀合

P3763号等寺院账历残卷,分别长达117行至870行,但因僧徒抄写佛经需要,剪断后重新粘贴,已失原卷次序,且分在几个编号内。长期以来,无人进行复原。研究者明知其中有丰富信息,但因对全卷缺乏完整认识而不敢轻易引用。前几年,笔者根据典型的四柱式诸色入破历算会牒的内部结构、形式,四柱间的关系,编制程序以及书写笔迹,已将其分别进行分解,并进行拼接,推补复原。本文即其中的研究成果之一。

(《文献》1998年第3期)

注释:

① 1—6行,据推算补录,详说见后。
② 录文与图版对照,参见唐耕耦编《敦煌社会经济文献真迹释录》第三辑441页。
③ 1—10行承前账旧总数及其分类数,与P.2032号第576—587行应及见存总数及其分类数相同,说明两者有紧密关系。
④ 后一"叁"字原写"壹",旁卜煞号,又添注"叁",径录"叁"。"玖"字原写"伍",已涂抹,又添注"玖",径录"玖"。"油下"原写"米"字,已涂抹,未录。
⑤ 陆,原写"贰",已涂抹,旁注"陆",径录"陆"。
⑥ 贰佰,后原写"尺緤"二字,已涂抹,又添写"贰拾肆尺緤",径录"贰佰贰拾肆尺緤"。
⑦ 同上注2,第491—498页。
⑧ 此行,右半已剪去,据残剩之左半部逐录。
⑨ 后一"壹"字,原写"叁",已涂抹,旁注"壹",径录"壹"。
⑩ 粟三斗五升索贤信,已圈掉,应不读。
⑪ 硕,原写作"斗",已涂抹,旁注"硕",径录"硕"。"斗",原写"胜",已涂抹,旁注"斗",径录"斗"。
⑫ 硕,原写"斗",已涂抹,旁注"硕",径录"硕"。"斗",原写"胜",已涂抹,旁注"斗",径录"斗"。
⑬ 陆斗,前原写有"伍斗"二字,已涂抹,未录。
⑭ 同上注2,第445页。

⑮ 五，原写"一"，已涂抹，旁注"五"，径录"五"。
⑯ 同上注2，第446—449页。
⑰ 五升，右上臂添注"一斗"，当读"一斗五升"。
⑱ 玖斗，右上臂添注"五升"，当读"玖斗伍升"。
⑲ 春，原写作"秋"，已涂抹，旁注"春"，径录"春"。
⑳ 填西仓，前右上注"三日"二字。
㉑ 肆斗，前原写"壹斗"，已涂抹，未录。
㉒ 同上注2，第490页。
㉓ 26—27行之面，指谷面。因为按四柱式结构分类顺次，黄麻前为谷面（即粟面）。
㉔ 同上注2，第472页。
㉕ 同上注2，第471页。
㉖ 同上注2，第472页。
㉗ 同上注2，第472页。
㉘ 壹阡九佰二拾六石八斗两合，原写作"壹阡捌佰一（？）石两合"。
㉙ 柒，原写作"陆"，已涂，上添"柒"。径录"柒"；叁，原写作"壹"，已涂抹，旁注"叁"，径录"叁"；八，原写作"伍"，改成"捌"，旁注"八"，径录"八"；陆，原写"捌"，已涂抹，旁注"陆"，径录"陆"，"陆斗"与"伍合"之间，原写"伍胜"，已涂抹，未录。
㉚ 九，原写作"陆"，已涂抹，旁注"九"，径录"九"。
㉛ 分类数"四十四石六斗"，"石"与"六"间有涂抹的"五斗"二字，可能要写"五斗八升"。
㉜ 如西仓粟破部分有"东库所由广进"（150行），而在面破部分有"直岁沙弥广进"（155行）；麦入部分有"壹硕壹斗，净胜裙价入（24行），而在面破部分有"面壹硕，净胜裙价麦替造斋时用"。152行有"粟五石，校物时为斗不同折直用"，203行有"面叁胜，王得全校斗吃用"，都是记校斗活动。
㉝ 西仓豆入为24.5石，但分录账有残缺，参照多件净土寺诸色入破历算会稿，西仓豆入24.5石均以利润入计算。

敦煌四件唐写本姓望氏族谱（？）残卷研究

从东汉中期起，士家大族势力显著发展，到魏晋时期形成门阀制度，门阀地主垄断了中央和地方政权。世重高门，人轻寒族，崇尚姓望成为社会风气。其影响及于唐代。这是史学界普遍重视的大问题。但此问题的许多方面还有待进一步探讨，敦煌发现的有关唐代姓望氏族资料有助于这方面研究。今将以下四件：

甲，北京图书馆藏位字79号天下姓望氏族谱（？）残卷（简称残卷甲）；

乙，斯5861号、伯3191号缀合姓望（郡望）氏族谱残卷（简称残卷乙）；

丙，斯2052号新集天下姓望氏族谱（简称残卷丙）；

丁，伯3421号姓氏录（此定名暂从原定名）残卷（简称残卷丁）。

分别录之于后，并稍加考释，供国人进一步研究参考。

一、文书全文

甲，北京图书馆位字79号（统一编号8414号）姓望氏族谱（？）残卷全文[1]

（前缺）

1　□□□□女□□□□□□[2]（下残缺）

2　□阳郡[3] 三姓　并州　仪景鱼（下残缺）

3　雁门郡三姓　岱[4]州　续簿解　太原郡十一姓□□□□
郝温□阎解于令狐尉[5]

4　中山郡一姓[6]　恒州　甄　　　上党郡五姓　路州[7]
包鲍连赫连樊

5　广平郡[8]四姓　冀州　宋焦啖游　渤[9]海郡四姓　冀州
吴欧阳高刀[10]

6　高阳郡四姓　冀州　纪公孙耿夏　上谷郡四姓　燕州
寇[11]荣侯麻[12]

7　范阳郡三姓　幽州　卢邹祖　清河郡七姓　贝州　崔
张房向傅路勒

8　河间[13]郡一姓　涡[14]州　邢　　锥[15]鹿郡三姓　邢州
莫魏[16]时

9　内黄郡一姓[17]　相州　扈　　平原郡三姓　德州　师
雍封

10　赵郡二姓　赵州　李珪　　河内郡九姓　怀州　宋
司马苟向浩淳于车[18]寻

11　黎阳郡二姓　郓州[19]卫州　璩[20]桑　河南郡七姓　潞
州[21]贺兰丘士穆祝

12　弘农郡四姓　郓州[22]　杨柳张晋[23]　南阳[24]十姓　邓
州[25]　张乐赵滕井何白[26]姬

13　荥[27]阳郡四姓　郑州　郑毛潘阳　颖[28]川郡七姓　许
州　陈荀韩钟许庚[29]库

14　陈留郡四姓　汴州　元谢卫虞　东来[30]郡三姓[31]州
费成公[32]上官

15　梁国郡三姓　宋州　宋乔张　　谯郡国[33]八姓
亳[34]州　戴夏侯桓[35]嵇曹娄庞[36]

16　齐阳[37]郡三姓　曹州　蔡丁江　　汝南郡七姓　州[38]殷[39]昌[40]袁[41]应和荆梅

17　濮阳[42]郡六姓　濮[43]州吴徐袁[44]扶黄庆　济阳[45]郡五姓　济州　董禾[46]丁都[47]苗

18　高平郡五姓　兖州　郐[48]檀徐曹孙　济北[49]郡一姓　洛州[50]　汜

19　东平郡三姓　兖州　万吕毕　　山阳郡三姓　兖州　功革郡[51]

20　鲁国郡七姓　兖州　夏孔车唐[52]曲栗[53]齐　平阳[54]一姓　兖州　孟

21　太山郡四姓　兖州　胡周羊鲍　　平昌郡一姓　兖州　管

22　乐安郡七姓　青州　孙任商[55]元薛门蒋　千乘郡一姓　青州　倪

23　临菑郡三姓　青州　史宁左　　成都郡二姓　成[56]盖

24　彭城郡五姓　徐州　刘曹袁引[57]　　沛郡三姓　徐州　朱张周

25　琅琊郡六姓　沂州　王颜诸葛惠苻[58]徐　兰陵郡一姓　徐州　萧

26　下邳[59]郡四姓　泗州　陈郐谷吗[60]　东莞[61]郡四姓　海州　臧关竹刀

27　广阳[62]郡三姓　扬州　戴高盛　　长城郡一姓　胡[63]州　钱

28　会稽郡七姓　越州　虞孔贺荣盛钟离[64]　吴郡四姓　豫[65]州　朱张顾陆

29　吴兴郡七姓　胡[66]州　姚明丘纽闻[67]施沈

30　余康[68]郡三姓　杭州　金褚花　　盐官郡[69]三姓　杭州[70]　岑邬臧[71]

31　丹阳[72]郡四姓　润州　纪甘许左　东阳郡五姓[73]　婺[74]州[75]　苑[76]　姚习黄留难

32　临海郡四姓　台州　屈谭靖[77]弋　松阳郡四姓　括[78]州　黄濑[79]曲豆[80]

33　寻阳郡二姓　江州　陶翟　　　豫章郡五姓　洪州　熊[81]罗章雷湛

34　武陵郡二姓　州[82]供件[83]　　　长沙郡四姓　潭[84]州刘茹曾秦

35　武都郡二姓　果州　舟[85]　　　南安郡五姓　泉州黄林单仇盛

36　以前太史因尧置九州，今为八千[86]五郡，合三百

37　九十八姓，今贞观八年五月十日壬辰，自今

38　已后，名加禁约，前件郡姓出处，许其通婚媾，结

39　婚之始，非旧委怠，[87]必须精加研究，知其囊谱[88]相承

40　不虚，然可为[89]匹。其三百九十八姓之外，又二千一百杂

41　姓，非史籍所戴，[90]虽预三百九十八姓之限，而或媾

42　官混杂，或从贱入良，营门杂户慕容商贾[91]之类，

43　虽有谱亦不通。如有犯者，则除籍。光禄大夫兼

44　吏部尚书许国公士廉等奉

45　敕令臣等定天下氏族，若不别条举，恐无所

46　凭，准令详[93]事讫[94]，件录如前。敕旨依奏。

（二行空白）

大蕃岁次丙辰后三月庚午朔十六日乙酉曾国唐氏苾蒭真记勘定[95]

校注：

〔1〕本卷(以下简称残卷甲)全文，向达、许国霖、牟润孙三先生曾先后移录。此次，依北图所藏胶卷过录，并参阅了向、许、牟所过录的文字，不同之处，以及残卷误漏，前人已指出订正的，均予注明，以供参考，每行上阿拉伯数字系笔者所加。

本卷全三纸，共四十六行，空二行后，有一抄书人题识，字样较小，笔迹同前。

缪荃孙氏云：本卷"字迹潦草"，但从胶卷上看，似顺格抄写，行距、字的大小，颇有规则；与残卷乙比较，字写得相当端正，也不算差。

〔2〕第一行，尚残剩三个字的偏旁。

〔3〕□：缪（缪荃孙，下同）云：当作晋；疑或作平。

〔4〕岱：缪云：当作代，是。

〔5〕姓、阎、解三字右上角略残缺。尉，缪作尉迟，向作尉□，但从胶片上看，尉下纸仍完好，无迟字。《魏书·官氏志》云：西方尉迟氏，后改为尉氏。

〔6〕恒：许作垣，误。

〔7〕潞：向、牟作潞，缪云路当为潞，是。

〔8〕广：向、牟均作康，误。

〔9〕渤：当作渤，许作潮，误。

〔10〕刀：业师王仲荦教授作刀。刀刁形近，当作刁。

〔11〕筱：当是寇之别体；牟作寇，王作寇，是。

〔12〕麻：许作上林，误。

〔13〕涧：缪云当作间，是。

〔14〕渮:王云瀛之误,是。

〔15〕锥:缪云当作钜,是。

〔16〕䰟:许作魏;缪云当作魏,是。

〔17〕相:牟作和,误。

〔18〕车:向、牟作东,缪、许作束;据胶卷应作车。

〔19〕郓州卫州:郓州旁有删除号,向作卫州,是。

〔20〕璩:略带草,许作傢,误。

〔21〕潞:缪云当作洛,是。

〔22〕郭州:缪云郭当作郭,郭与虢同,即虢州也,是。

〔23〕晋,缪云当作晋。

〔24〕南阳下漏一郡字。

〔25〕州上漏一邓字,邓以下共九姓,少一姓。

〔26〕白:缪作同,误。

〔27〕荣,向作荥,许作荣;缪云读荣,当作荥。

〔28〕作颖,牟作颖,当即颍。

〔29〕庚,向、牟作庚;许作庚;王云庚系庾之讹。按(丙)许州颍川郡十一姓,其一庾,王说是。

〔30〕、〔31〕来:缪云当作莱,州上缺字当是莱;王云缪跋误,应作东郡,州上脱去不是莱而是滑字。按残卷乙滑州东郡(原为东平郡,平衍)和(丙)滑州白马郡三姓,均为成公、费、上官,与残卷甲本条三姓完全相同,足证王说为是。

〔32〕成公:原书成公二字间隔较小,向、牟、许均作盛,误。

〔33〕谁郡国:许作谯郡国;残卷丙有谯国郡,缪说是。

〔34〕亳:缪云当作亳,是。

〔35〕桓:缪云读桓作桓,是。

〔36〕嵇、曹、娄、庞四字,许漏录。

〔37〕齐阳:缪云当作济阴;王作济阳。按残卷(丙)曹州济阳郡出八姓,其中丁蔡江三姓与本卷同,可见残卷甲齐阳当作济阳。但标点本《晋书·地理志》改济阳为济阴。

〔38〕州上脱一字,缪云豫。

〔39〕殷:许作啟,误。

〔40〕昌:王据寰宇记改作周,按残卷丙豫州汝南郡出廿六姓,其中有周昌二姓。

〔41〕袁:缪、向、牟、许均作表,误。

〔42〕濮:许作汉,误;缪云读濮,当作濮,是。

〔43〕濮:牟作郓,误;缪云当作濮,是。

〔44〕袁:向、牟作表,误。

〔45〕济阳,王据寰宇记作济阴。按残卷丙有济阴郡,但济阳郡(济州)或济阴郡(济州)建制均无考。

〔46〕示:牟作禾;许作杀。按残卷乙、寰宇记济阴郡均有卞姓,禾卞相近,禾当为卞之讹。

〔47〕都:王云当是郜之误。王说是。

〔48〕郜:王云郜之讹,是。

〔49〕北,许作比,误。

〔50〕洛州:缪云当作淄州,王作济州。按从前后都是兖州看,应为兖州。按《宋书·州郡志·兖州下》属有泰山、高平、鲁郡、东平、阳平、济北等郡,均与本卷这几郡的建制相合。济北郡(兖州),即济北郡属兖州。

〔51〕郡:缪云当作邵。

〔52〕唐:许作庚,误。

〔53〕栗:向、牟作粟;许作栗。从胶片上看,栗粟难辨,今以许作栗。

〔54〕平阳:缪云平阳下脱一郡字,是。许、牟作平阳郡。按平阳郡,当作阳平郡。《宋书》卷35《兖州下》有阳平郡。

〔55〕商:缪云读高作商;尚牟作高;许作商。王云疑作高不误。按从胶片上看,商与高有明显区别,以商为是;读高,释高,误。

〔56〕成阳郡二姓下漏州名,缪云当作沂州;王作青州。按成阳郡,当作城阳郡,《晋书》卷15《青州下》属有城阳郡。从残卷甲排列次序前后都为青州看,所漏州名当以青州为是。

〔57〕行:缪、许作引;向、牟作行;从胶片上看,行、引难辨,今以缪许作引。王云,疑引是到之讹。

〔58〕苻:向、牟作苻,许作符。按苻即符。

〔59〕迳:缪云当作邳,是。

〔60〕哆:缪云当作国;残卷丙泗州下邳郡有国姓。缪说是。

〔61〕茪:缪云当作筦,是。

〔62〕阳,缪云当作陵,是。

〔63〕胡:缪云当作湖,是。

〔64〕离:许作褵;缪读杂,误。

〔65〕豫:即豫,苏之误。

〔66〕胡:应作湖。

〔67〕闻:向、牟作间,许作闻。从胶片上看,字小而墨淡,闻间难辨,今从许作闻。

〔68〕余康:康,缪读唐,当作余杭,读唐误。王云缪跋当作余杭,亦误,当作钱塘郡。金,王云金为全之误,是。

〔69〕盐:许作监,误。

〔70〕杭州:许漏录。

〔71〕戚:缪云当作戚,是。

〔72〕丹阳:许作舟阳,误。

〔73〕姓:许作往,恐系笔误。

〔74〕婺:缪作娺,误。

〔75〕苅:缪云当作列。

〔76〕姚:原书写作姚。

〔77〕靖:向、牟作清,误。

〔78〕括:缪、许栝,误。

〔79〕瀨:王云瀨即赖。

〔80〕曲豆:向云当是豐字之误分。

〔81〕熊:许作能,牟作態,均误。

〔82〕州上漏一字,缪云朗。

〔83〕供:缪云当作拱。

〔84〕谭:缪云当作潭,是。

〔85〕舟:许作舟;牟作舟,王云此字似舟又似丹,疑当作丹为是。按《增订碑别字》卷3无丹也。张政烺教授云,以丹为是。

〔86〕千:缪云当作十。

〔87〕怠:疑为悉之误。

〔88〕囊谱:原为谱囊,旁有倒勾符号。

〔89〕为:姜亮夫氏作定,误(见《敦煌——伟大的文化宝藏》)。

〔90〕戴:当作载。

〔91〕商:许姜作高,误。

〔92〕氏:姜作民,误。

〔93〕详:许、姜作许。

〔94〕讫:许作小,误。

〔95〕勘定:许、牟无此二字。《敦煌劫余录》云:勘定二字,朱书,胶片上瞧不见,今从之。

乙，斯五八六一（一、二、三、四、五）姓望（郡望）氏族谱（？）残卷全文[1]

（前缺）

1　宋姓三［望］

2　［京］兆郡宋　河内郡宋　广平［郡宋］

3　阳性二[2]望

4　中山郡阳　荥[3]阳郡阳　河□□□□

5　车姓二望

6　河内郡车　鲁国郡车

7　贾姓三望

8　河东郡贾　平阳郡贾　武□□□

9　□□□□　□□　□□□□

（后缺）

（前缺）

1　□□□□　□畦

2　□□□□　□勃葛

3　魏州　魏郡　五姓　申暴栢畅茇

4　怀州　河内郡　八姓　宋向车常寻荀司马淳于

5　卫州　黎阳郡　四姓　璩桑卫拓

6　第六［河南道］廿八郡[4]

7　洛州　河南郡　九姓　贺褚穆祝蔺丘窦南宫

8　独孤

9　齐州　洛阴郡　四姓　苗董卞郁[5]

10　许州，颍[6]川郡　八姓　陈韩钟荀于许库麟

11　郑州　荥[7]阳郡　四姓　郑毛攀阳

12　汴州　陈留郡　五姓　阮谢虞蔡何

13　滑州　东平郡[8]　三姓　费成公上官

14　宋州　谯国郡　九姓　载[9]李石醮曹安桓庞夏

15　徐州　彭山郡[10]三姓　焉？张宋

16　□□　沛国郡　三姓　周张朱

17　□□　兰陵郡　□姓

18　沂州　琅琊郡　六姓　王颜惠畅轧[11]可

19　泗州　下邳郡　三姓　陈祁谷

1　(20)海州　东莞郡　[四姓]　臧关何公孙

2　(21)第七淮南[道一]郡

3　(22)扬州　广陵郡□□□□高盛□□□□

4　(23)第八江南道□郡

5　(24)越州　会稽郡七□□□□□

6　(25)湖州　长城郡□□□□□

(后缺)

(前缺)

1　洪州(矛象)[12]章郡五姓　能□□□□□

2　潭州　长砂[13]郡五姓　刘□□□□□

3　泉州　安南[14]郡二姓　黄

4　汴州[15]　武阳郡　□□□□□□

5　鄂州　江夏郡三姓□□□□

6　第九剑南道二郡□□

7　昊州　武都郡二姓□□□□

8　益州　蜀郡二姓□□□□□

9　太史因尧置九州,令[16]分□□□□□

10　□八□　□载□五月十日
11　□□　□□

（后缺）

（前缺）

1　定偶[17]，其三百九十八姓　□

2　并非史籍所载，或　□

3　户商價（贾）之颛上柱国[18]　□

4　甫等　奏[19]敕令　□

5　各别为条举□

6　听进□

校注：

〔1〕残卷乙包括斯5861号四个断片（一、二、三、四）和伯3191号一个断片（二）。全文根据北京图书馆所藏胶片过录。文书上面的编号与阿拉伯数字系笔者所加。从胶片上看，字体较大，写得较差，似为蒙童习字所抄写。

〔2〕二应作三。

〔3〕荥即荥。按荥，古从火，不从水。从水者乃浅人以为水名不当从火而改窜耳。约定俗成，反以火为讹。此荥从火，知唐人乃从古写。

〔4〕廿八郡与下面郡数不符。

〔5〕洛当作济，郁当作郜。

〔6〕颍当作颍。

〔7〕荥即荥。

〔8〕东平郡，平衍，当作东郡。

〔9〕载当作戴。

〔10〕彭山郡,传抄讹误。

〔11〕虬即乾。

〔12〕豫即豫。

〔13〕砂即沙。

〔14〕安南当作南安。

〔15〕汴州武阳郡,恐系江州寻阳郡之讹。

〔16〕令当作今。

〔17〕偈当作偶。

〔18〕價当作贾,颥当作类。

〔19〕奏当为奉之讹。

丙,斯2052号新集天下姓望氏族谱全文

1　新集天下姓望氏族谱一卷并序

2　夫人立身在世,姓望为先,若不知之,岂为人子,虽

3　即博学,姓望殊乖,晚长后生,切须披览,但看

4　注脚,姓望分明,谨录元出州郡,分为十道如右[1]

5　第一　关内道[2] 郡

6　雍州京兆郡处卌姓　车杜段严黎宋秦钟雍车田粟[3]於米冷支员舒扈皮

7　晁申屠康别夫家邰丰杼史伦邢金公成第五宗宜挟粟[4] 计

8　雍州始平郡出四姓　冯庞宣阴

9　雍州武功郡出四姓　苏韩是殳

10　岐州扶风郡出十一姓　窦马曾鲁万寇井苏惠班辅

11　邠州新平郡出四姓　古异附虢

12　泾州安定郡出八姓　梁皇脯[5]席伍胡安蒙程

277

13　同州冯翊郡出八姓　鱼吉党雷印合力岳

14　同州郃阳郡出四姓　支奉公丸骨

15　第二　陇右道四郡

16　凉州西平郡出三姓　申屠段池

17　凉州武威郡出六姓　索石贾安廖阴

18　渭州陇西郡出十三姓　李牛时辛董艾彭关骞闵万汜边

19　秦州天水郡出廿姓　赵姜尹别严龙权秦上官荔桂庄那皮双智昌琴蒙玠

20　第三　山南道五郡

21　襄州襄阳郡出五姓　荔非蒯辅骞蹇

22　邓州南阳郡出十七姓　白韩胜[6]乐邓宋叶穰岑翟旷井赵仇鹿

23　荆州江陵郡出五姓　能　仵戎酒

24　朗州武陵郡出五姓　伍龚卜冉[7]华

25　鄂州江夏郡出七姓　李黄程费任衔喻

26　第四　河东郡十道[8]

27　蒲州河东郡出十五姓　裴柳薛储蒲卫聂应廉麦扈昏满朗贾

28　汾州西河郡出十姓　靳卜宋林植相里任临栾通

29　晋州平阳郡出十二姓　汪双馀乘平柴翌景勾贾晋风

30　泽州高平郡出五姓　范巴翟过独孤

31　泽州晋昌郡出五姓　唐杜七爨炅

32　潞州上党郡出六姓　鲍包陈樊苞尚

33　并州太原郡出廿七姓　弘王郭郝温尉迟祁令狐武阎宫郤孙伏昝霍问弓师义祒酉廖易龙韶光

34　岱州雁门郡出五姓　续解田文狄

35　虢州弘农郡出七姓　杨谭强晋虢裘

36　第五河北十七郡[9]

37　冀州渤海郡出二十八姓　高吴欧阳赫连詹喻李施区金卿甘訾覃封习纥干童扁冀斯衡居仓关凤郯

38　冀州中山郡出六姓　甄焦蔺仲郎官[10]

39　冀州高阳郡出五姓　许耿纪公孙蓟

40　洛州广平郡出八姓　游程宋谈藉啖还焦

41　幽州范阳郡出九姓　卢汤祖郾范简张厉童

42　易州上谷郡出六姓　侯荣麻燕寇谷

43　定州博陵郡出五姓　崔鄎寿幸濮阳

44　瀛州河间郡出八姓　刑[11]俞家玄尧刘詹祝

45　相州内黄郡出四姓　路骆扈库

46　贝州清河郡出十九姓　张房崔戴靳聂孟傅盖卓隋尚汲楞且贵革舒路

47　刑[12]州钜鹿郡出六姓　魏耿特莫时舒

48　德州平原郡出七姓　莘鳖孟常东方师内义

49　赵州赵郡出六姓　李司从睦朗氹问闵

50　魏州魏郡出六姓　中暴栢憨[13]顿苁

51　卫州黎阳郡出四姓　琚桑卫桦[14]猴

52　怀州河内郡出十七姓　司马尚巾向贺王车舍宋文淳于怀茹吉杖屈容

53　第六　淮南道四郡

54　[扬][15]州广陵郡出十姓　高支钱盛庆于立戴游贡莉

55　楚州山阳郡出六姓　曲楚巩念郄塞

56　庐州庐江郡出四姓　何况门俞

57　舒州同安郡出二姓　舒仆固

58　第七　河南道廿二郡

以下共廿一郡,加上背后海州东海郡,为廿二郡。

59　洛州河南郡出廿三姓　褚穆独孤丘祝元闻人贺兰慕容商南宫古山方蔺庆间丘利芮侯莫陈房庸宇文

60　许州颍川郡出十一姓　陈荀庾库钟栢许豆卢鲜于焉

61　郑州荥阳郡出六姓　郑潘毛阳牟郏

62　滑州白马郡出三姓　成公费上官

63　汴州陈留郡出十五姓　阮何谢卫殷那蔡典虞边申屠伊智曲全

64　宋州梁国郡出四姓　商宋葛宾

65　亳州谯郡出十姓　曹丁娄戴夏侯岱奚桓薄汝

66　豫州汝南郡出廿六姓　周殷荆项盛和宣南蔡梅袁爨贝应睿汝矣言昌蓝肚沙满鞠宁仲

67　曹州济阳郡出八姓　丁卞江左蔡单曹郁

68　濮州濮阳郡出六姓　吴文扶黄庆濮

69　兖州鲁国郡出廿姓　唐吕孔齐亩曲再？万宰曾刍口夏车颜栗仙僕？韶巢

70　兖州太山郡出四姓　鲍羊胡斛斯

71　兖州平昌郡出四姓　管盖牟孟

72　郓州东平郡出六姓　魏吕万平戬

73　青州北海郡出廿六姓　史成盛倪盖谭郵晏查莫柯沇尽花左宁终庾然范戬并？营彭鞠

74　青州乐安郡出廿二姓　孙任陶国长孙薛蒋种公孙供阎房贺曹

75　齐州济阴郡出四姓　卞单东门信都

76　徐州彭城郡出十二姓　刘朱到徐庄宛支宋政龚巢幸(与

亳）

77　徐州兰陵郡出四姓　萧缪万俟端木

78　泗州下邳郡出八姓　关余浣郊谷国皮滑

79　沂州琅琊郡出十二姓　王颜诸葛缪胥葛艾干惠畅符幹

80　第八江[南]东道二十郡

81　润州丹阳郡出八姓　甘纪那洪左洗鄏广

82　宣州宣城郡出四姓　旷贲简聚

83　苏州吴郡出五姓　朱张顾陆暨

84　杭州钱塘郡出七姓　范岑褚盛仰

85　杭州盐官郡出五姓　翁戚束阚忽延

86　杭州余杭郡出四姓　暨陒戠监

87　湖州吴兴郡出十六姓　沈钱姚吴清丘放宜萌金银阴洗钿木丘明

88　常州晋陵郡出四姓　蒋符莫周

89　越州会稽郡出十四姓　夏谁贺康孔虞盛资钟离骆兹俞叶汎

90　处州松阳郡出五姓　劳赖叶瞿昙

91　台州临海郡出六姓　屈冷靖谭戈叶

92　婺州东阳郡出七姓　蓟习苗姚泉难

93　歙州歙郡出五姓　俶孙方谏授汪

94　洪州豫章郡出八姓　罗雷熊除琚谌洪

95　饶州鄱阳郡出四姓　饶芮铎爱

96　江州浔阳郡出六姓　陶翟淳瞿骞步

97　素[16]州宜春郡出四姓　袁彭易浙

98　潭州长沙郡出六姓　曾吴罗彭茹秦

99　度州南康郡[出四姓][17]　赖叶银寻

100　泉州南交[18]郡出四姓　林仇弘单

101　第九　剑南道二郡

102　益州蜀郡出五姓　郄文费任郝

103　梓州梓潼郡出四姓　绵景文糜

104　第十　岭南道五府邕容桂广安南等都管

105　七十州并下出姓望 家印 [19]

（背面另有一行）

海州东海郡出十姓　徐匡戚竹喻关綦母糜楚茅

校注：

〔1〕右当为后或左。

〔2〕道下漏八字。

〔3〕车当作韦。

〔4〕粟，其一当作栗。

〔5〕陠当作甫。

〔6〕胜疑作滕。

〔7〕再当为丹。

〔8〕十当作九。

〔9〕北下漏道字；七当作六。

〔10〕官即官。

〔11〕刑当作邢。

〔12〕刑当作邢。

〔13〕愓当作畅。

〔14〕桦疑作枥。

〔15〕原缺，据意补。

〔16〕素当为袁之讹。

〔17〕度当为虔之讹;郡下漏出四姓三字,据意补。

〔18〕交应为安之讹。

〔19〕家印二字黑底白字。

丁,伯 3421 号残卷全文[1]

（前缺）

1 ☐☐☐☐ 于段 ☐☐☐☐☐

2 ☐☐☐☐ 之子,颛 ☐☐☐☐

3 ☐☐ 承帝喾之苗裔,文王之

4 ☐氏　承帝颛顼之苗裔[2],夏禹之

5 ☐氏

6 ☐氏

7 始平郡出四姓　雍州　冯庞宣阴

8 冯氏　承姬姓周文王苗裔,毕公高之后。

9 庞氏　承帝之苗裔,若☐☐胤绪,楚王子庞之后。

10 阴氏　承帝喾之苗裔,商武丁封为阴氏,遂有阴氏兴焉。

11 宣氏

12 扶风郡出六姓[3]　岐州　马窦班辅曾惠。

13 马氏　承颛顼之苗裔,绪伯益之后。

14 窦氏　承颛顼之苗裔,夏禹之胤。

15 班氏,承后稷之苗裔,周文王之胤。

16 辅氏,承姬姓周文王之苗裔,武王之胤,周照王之子。

17 曾氏,承周成(文)王之苗裔,曾之胤绪,曾伯禽之后。

18 惠氏,承姬姓周文王之苗裔[4],鲁周公旦之胤绪,鲁伯禽之别族,柳下惠之后。

19　新平郡出一姓　幽州　古
20　古氏[5]　承帝顓顼之苗裔　□□之胤。
（后缺）

校注：

〔1〕本卷文字据北京图书馆所藏胶片过录。原文系小楷，写得比较好。但墨淡，有些字不清楚。
〔2〕裔，胶片上看不清，据意补。
〔3〕出六姓，三字胶片上看不清，据意补。
〔4〕裔，胶片上看不清，据意补。
〔5〕氏，胶卷上看不清，据意补。

《玉海》卷50《艺文谱牒类》引《中兴馆书目》：

> 唐《编古命氏》，永隆二年李利涉撰，三卷，凡二百五十六姓，著胄系之始。

李利涉两《唐书》无传。《新唐书》卷58《艺文志》有：李利涉《唐官姓氏记》五卷，初，十卷。利涉贬南方，亡其半。又编《古命氏》三卷。

本卷残缺太甚，但每姓著胄系之始，与李利涉撰《唐官姓氏记》《古命氏》很相似，当为多卷本。

本卷每郡出几姓，是哪几姓，这一部分的形式和内容与残卷丙很相似。如：

丁：始平郡出四姓　雍州　冯、庞、阴、宣。
丙：雍州始平郡出四姓　冯、庞、宣、阴。
丁：扶风郡出六姓　岐山　马、窦、斑、辅、曾、惠。

丙：岐州扶风郡十一姓，其中六姓与丁同。

由上对比，可知残卷丙所列郡姓当抄自残卷丁一类著作。

二、文书的考释

（一）关于残卷甲的几点说明

笔者在《关于敦煌唐写本天下姓望氏族谱(?)残卷的若干问题》一文中，曾论及北京图书馆所藏位字79号题为《姓氏录残卷》，不是官修的《贞观氏族志》或伪托之《氏族志》，而是私人所撰的有关天下姓望的常识性著作。其名称可能是《天下姓望氏族谱》残卷。后一部分，系无识者所加。郡姓部分的底本，编撰时间在武德五年以后，至武周长安年间，或开元天宝时期。残卷所载郡姓不是《贞观氏族志》所定郡姓，而是直接或间接辑自唐初或唐以前的各种著作。这里所作说明，仅为前文补充，愿读此文者，一并参阅前文。

笔者所以断定残卷甲所载郡姓系辑自唐初或唐以前的各种著作，是如下两方面考察的结果。第一，残卷甲现存州郡六十六，笔者据《汉书·地理志》《后汉书·郡国志》《晋书·地理志》《宋书·州郡志》《南齐书·州郡志》《魏书·地形志》《隋书·地理志》《通典·州郡门》《元和郡县制》《太平寰宇记》、两《唐书·地理志》、洪亮吉《补三国疆域志》《东晋疆域志》《十六国疆域志》、洪齮孙补《梁疆域志》、臧励龢补《陈疆域志》、王仲荦补《北周地理志》，逐一考察了这些州郡的建制沿革，其时代大而分之，为隋唐以前、隋唐以前或隋唐时期、隋唐时期三类。今分别叙录于后。为节省篇幅，州郡建制沿革，只约而言之。

其一，郡州之名，隋唐时已无其称，或与隋唐建制不合，可以归入隋唐以前这一类的，共为二十八个郡州。

1. □阳郡　并州

按□阳郡，缪荃孙跋当作晋阳郡，《太平寰宇记·并州下》姓氏：晋阳郡三姓：鱼、仪、景，与残卷甲全同。然晋阳郡，唐和唐以前无考，疑或当作平阳郡。十六国之后赵，并州领郡有平阳郡。□阳郡并州，即晋阳郡或平阳郡属并州所领，隋唐无此建制，当为隋唐以前之制。

2. 中山郡　恒州

按中山郡，汉高帝置，景帝三年改为中山国，后汉因之，晋亦不改。曹魏、后赵、前燕、前秦、后燕之中山郡均属冀州所领。北魏、东魏、北齐、北周中山郡属定州统领，隋初改中山郡为鲜虞郡，大业三年改为博陵郡，九年改为高阳郡。唐武德四年为定州，天宝元年改为博陵郡。

又恒州，《周书·武帝纪》分常山郡置。《北周地理志》恒州领郡二，长山、蒲吾，无中山郡。隋大业九年罢州，所管县属高阳郡。唐武德元年重置恒州，天宝元年为常州郡。

残卷中山郡恒州，即中山郡属恒州，与隋唐之制不合，且隋唐已无中山郡，疑为北周之制。

3. 广平郡　冀州

按广平郡魏文帝黄初二年置，属冀州。晋、后赵、前秦广平郡均属司州。北魏广平郡属相州。北周分相州广平郡置洺州，广平郡即属洺州统领。隋开皇初郡废，大业初置武安郡。唐为洺州，或为广平郡。残卷广平郡冀州，即广平郡属冀州。隋唐无此建制，当为曹魏之制。

4. 渤海郡　冀州

按渤海郡始于汉高帝，属冀州。东汉、魏、晋、后赵、前燕、前秦、北魏、北齐、北周渤海郡均属冀州。隋初郡废，开皇六年置棣州，大业二年为沧州，寻为渤海郡。唐为沧州，或为景城郡。残卷渤海郡冀州，即渤海郡属冀州所领。隋唐无此建制。当为汉魏晋南北朝之制。

5. 高阳郡　冀州

按《晋书·地理志》冀州高阳国,泰始元年置。《魏书·地理志》瀛州所领高阳郡。晋置高阳郡,后改。《十六国疆域志》后赵前秦、前燕之高阳郡均属冀州所领,《东晋疆域志》冀州所领郡,其一为高阳郡。北齐、北周,高阳郡属瀛州所领。《隋书·地理志》河间郡高阳县。注:旧置高阳郡,开皇初郡废。残卷高阳郡冀州,即高阳郡属冀州,隋唐无此建制,当属两晋之制。

6. 上谷郡　燕州

按上谷郡始于秦。两汉、魏晋,上谷郡均属幽州。《魏书·地形志》燕州所领郡有上谷郡。又东燕州注云:太和中分恒州东部置燕州,孝昌中陷,天平中领流民置。隋唐有上谷郡易州。残卷上谷郡燕州,即上谷郡属燕州。与隋唐之制不合,当为北朝之制。

7. 内黄郡　相州

按相州,北魏道武帝天兴四年置。隋为魏郡相州,唐为相州邺郡。内黄为相州属县。内黄郡建制无考。残卷内黄郡相州,即内黄郡属相州,隋唐无此建制,疑为南北朝建制(《通典》卷178、《隋书》卷30、《旧唐书》卷39)。

8. 梨阳郡　卫州

按梨阳(即黎阳)郡,北魏孝昌中分汲郡置。卫州,北周置。《周书·武帝纪》宣政元年春正月,分相州汲郡卫州。隋开皇初郡废,炀帝初为汲郡(《魏书·地形志》《通典》卷178、《隋书》卷30、《旧唐书》卷39)。残卷梨阳郡卫州,即梨阳郡属卫州,与隋唐建制不合,疑为北朝建制。

9. 高平郡　兖州

按《魏书·地形志》兖州高平郡,故梁国,汉景帝分为山阳国,武帝改为郡,晋武帝更名。《东晋疆域志》兖州高平郡。晋志故属梁国,晋初分山阳置。后赵、前燕、宋、梁、北齐、北周,兖州所领郡,均有高平郡。《南齐书·州郡志》高平郡属北兖州。《隋书·地理志》东平郡,郓城县。注:开皇初郡废。残卷甲,高平郡兖州,即高平郡属兖州,隋唐已无其称,故属两晋南北朝建制。

10. 济北郡　洛州

按济北郡洛州,洛州当作兖州。济北郡始置于秦。[①]晋、后赵、前燕、南燕、宋、梁,兖州所领皆有济北郡。《南齐书·州郡志》济北郡,旧置济州。《旧唐书·地理志》郓州卢县,隋置济北郡,武德四年改济州,后废。残卷济北郡兖州,即济北郡属兖州,隋唐无此建制,当属北周以前之制。

11. 东平郡　兖州

按《魏书·地形志》兖州所领高平郡,故梁国,汉景帝分为山阳国,武帝改为郡,晋武帝更名。《东晋疆域志》兖州领郡有高平。宋、梁、北齐、北周,东平郡仍属兖州。《隋书·地理志》鲁郡博城,旧曰博,置太山郡,后齐改郡曰东平。隋开皇初,郡废。大业初置郡(东平郡郓城注)。唐为东平郓州。残卷东平郡兖州,即东平郡属兖州,与隋唐建制不合,当为晋南北朝旧制。

12. 山阳郡　兖州

按《后汉书·郡国志》兖州山阳郡,故梁,汉景帝置。曹魏兖州所统有山阳郡。《宋书·州郡志》南兖州山阳太守,晋安帝义熙中土断分广陵立。案汉景帝分梁为山阳,非此郡也。《南齐书·州郡志》南兖州所领亦有山阳郡。北魏、梁之山阳郡属淮州,北周山阳郡属吴州。《隋书·地理志》江都郡山阳县,旧置山阳郡,开皇初郡废。残卷山阳郡兖州,即山阳郡属兖州,隋唐无此建制,当为汉魏之制。

13. 平阳郡　兖州

按平阳郡兖州,平阳当作阳平。《宋书·州郡志》兖州阳平太守,魏分魏郡立(魏属冀州)。文帝元嘉中,流寓来属,后省。孝武大明元年后立。《南齐书·州郡志》《梁疆域志》阳平郡属北兖州。北魏、北齐、北周,阳平郡属淮州所领。《隋书·地理志》江都郡安宜,梁置阳平郡即东莞郡,开皇初郡废。残卷平阳郡兖州,即阳平郡属兖州,隋唐无此建制,当属南北朝之制。

14. 太山郡　兖州

按《汉书·地理志》太山郡汉高帝置,属兖州。东汉、魏晋、后赵、前燕、北魏、宋之兖州下属均有泰山郡。《南齐书·州郡志》泰山郡属北兖州所领。《隋书·地理志》鲁郡博县注:北齐改泰山郡曰东平。残卷太山郡兖州,北周、隋唐已无其称,当为两汉、魏晋、北齐之制。

15. 平昌郡　兖州

按平昌郡兖州,兖州疑为青州。《魏书·地形志》胶州领有平昌郡,注云魏文帝置,后废,晋惠帝复。《北周地理志》平昌郡亦属胶州。《宋书·州郡志》青州领有平昌郡。《隋书·地理志》高密郡郚城,旧置平昌郡,后齐废郡。胶西旧曰黔陬,置平昌郡,开皇初郡废。残卷平昌郡兖州(青州),即平昌郡属青州,当属北齐以前之制。

16. 乐安郡　青州

按《三国郡县表》,魏青州领有乐安郡,考证云:汉末已改郡,《地理志》多云魏有乐安国,失之。[②]十六国之后赵、前燕、后燕、北魏、东魏、北齐、北周,青州所领皆有乐安郡。《隋书·地理志》北海郡千乘县注:旧置乐安郡,开皇初郡废。残卷乐安郡青州,即乐安郡属青州所领,隋唐已无其称,当属隋开皇以前建制。

17. 千乘郡　青州

按《汉书·地理志》千乘郡,汉高帝置,属青州。《后汉书·郡国志》乐安国,高帝西平昌置,为千乘,永元七年(95)更名。曹魏时改为乐安郡。残卷千乘郡青州,即千乘郡属青州,隋唐以前早无其称,当系汉代

18. 临淄郡　青州

按临淄郡始于秦。汉初循旧，后改为齐郡，文帝分置济南国，景帝改为济南郡，后汉、晋因之。北魏改为齐州，兼置济南郡。东魏、北齐、北周循而未改。隋初郡废，炀帝初置齐州。唐初为齐州，天宝元年改为临淄郡。残卷临淄郡青州，即临淄郡属青州，与隋唐建制不合，当系秦、汉初旧称。

19. 成阳郡　[青州]

按成阳郡，当作城阳郡。据王国维著《秦郡考》城阳郡始于秦。③汉初循旧，后为城阳国。建武中省。以其县属琅琊(《后汉书·郡国志》)。《晋书·地理志》青州城阳郡自魏至晋分北海立。《十六国疆域志》前燕青州领有城阳郡。《宋书·州郡志》青州高密郡，晋惠帝分城阳立。注云：城阳郡，后汉无，魏后分北海立。《宋书·州郡志》青州所领已无城阳郡，其属县已分属高密、平昌。

20. 沛郡　徐州

按《宋书·州郡志》徐州沛郡，秦泗水郡，汉高更名，旧属豫州，江左改配。北魏、东魏，沛郡属徐州。《隋书·地理志》彭城郡萧县注：旧置沛郡，后齐废。残卷沛郡徐州，即沛郡属徐州，隋唐已无其称，当为东晋北魏至北齐之制。

21. 兰陵郡　徐州

按《宋书·州郡志》徐州兰陵郡，晋惠帝元年份东海立。《魏书·地形志》徐州兰陵郡，晋置，后罢。武定五年复。《隋书·地理志》彭城郡萧县，旧置沛郡，后齐废。《北周地理志》徐州所领有兰陵郡。残卷兰陵郡徐州，即兰陵郡属徐州领，隋唐已无其称，当魏晋南北朝之制。

22. 东莞郡　海州

按《晋书·地理志》徐州东莞郡，太康中置。《三国郡县表》附考证：

徐州东莞郡,建安初年魏武置,晋泰始以后省,太康元年后置有南东莞郡,青州有东莞琅玡二郡。《魏书·地形志》东莞郡属南青州。《隋书·地理志》琅琊郡莒县注:旧置东莞郡,后齐废。又海州,《元和郡县志》后魏武定七年改青冀二州为海州。高齐文宣帝移海州,理琅玡郡。改琅玡郡为朐山郡。武德四年改为海州。隋唐有东海郡、海州,无东莞郡。残卷东莞郡海州,当为南北朝之制。

23. 长城郡　湖州

按长城郡无从查考,《隋书·地理志》吴郡乌程县注:旧置吴兴郡,平陈郡废,仁寿中置湖州。残卷长城郡湖州,疑长城郡为隋平陈前建制,而注隋唐之湖州。

24. 盐官郡　杭州

按盐官郡,无从查考。杭州,隋置。《通典·州郡》:隋平陈,废钱塘郡,置杭州,炀帝初州废,置余杭郡,唐为杭州,或为余杭郡。残卷盐官郡杭州,盐官郡疑为隋平陈前建制,而注隋唐之杭州。

25. 松阳郡　括州

按松阳郡,无从查考。括州,隋置。《元和郡县志》:隋开皇九年平陈,改永嘉为处州,十二年又改为括州,大业三年复为永嘉郡。武德四年复立括州,天宝元年为缙云郡,乾元元年复为括州。残卷松阳郡括州,与隋唐建制不合,疑松阳郡为隋平陈前建制,而注隋和唐初之括州。

26. 武都郡　果州

按《古今姓氏书辨证》引贞观郡姓有果州武都郡。残卷乙和斯2052号《新集天下姓望氏族谱》亦有果州武都郡。《元和郡县志》:剑南道剑州武连县,本汉梓檀县地,宋元嘉中于县南五里桥立武都郡下辨县。《旧唐书·地理志》:武德四年割隆州之南充相如二县置果州。残卷武都郡果州,《隋书》和两《唐书》之《地理志》均无此建制。疑武都郡指宋元嘉中侨立之郡,而注唐武德所立之果州。

291

27. 南安郡　泉州

按《隋书·地理志》建安郡注：陈置闽州，仍废，后又置丰州，平陈改曰泉州。又建安郡南安县注，旧曰晋安，置南安郡，平陈郡废。《补陈疆域志》南安郡，《隋志》南安，旧置南安郡。《方与纪要》：梁天监中分置。残卷南安郡泉州，南安郡隋唐已无其称，当系隋平陈前建制，而注隋唐之泉州。

28. 济阳郡　济州

即济阳郡属济州所领。其建制无从查考，④不是史书缺载，就是编辑传抄讹误。⑤疑为隋唐以前之制。

其二，郡州之名，既见于隋唐以前，又与隋唐建制相合，因而既可说属隋唐以前，又可说是隋唐时期的，共为 21 个郡州。

1. 上党郡　潞州

按上党郡，秦置，属并州。汉亦为上党郡，魏晋不改。北魏仍为上党郡，北周置潞州。隋开皇初废郡，大业初复置。唐为潞州或上党郡。残卷上党郡潞州，既为隋以前之制，又与隋唐建制相合（《通典》卷 179，《隋书》卷 30）。

2. 太原郡　并州

按太原郡，秦置，属并州。两汉因之，兼置并州。曹魏并州所领有太原郡。后魏亦为太原郡，兼置并州。北齐、北周皆因之。

3. 清河郡　贝州

按清河郡本秦钜鹿郡地，汉高帝分置清河郡，属冀州，后汉为清河国，晋因之。曹魏、北魏、北齐并为清河郡。北周因之，建制贝州。隋唐为贝州或清河郡。残卷清河郡贝州，为隋以前之制，又与隋唐建制相合（《通典》卷 180）。

4. 范阳郡　幽州

按范阳郡，始置于曹魏，属幽州，晋为范阳国。北魏亦为范阳郡。

北齐、北周因之。隋开皇初郡废。大业初置涿郡。唐为幽州或为范阳郡。残卷范阳郡幽州，为曹魏、北朝之制。又与唐制相合，与隋制则不合(《通典》卷178、《隋书》卷30)。

5. 河间郡　瀛洲

按河间郡，始置于曹魏，属冀州。北魏亦为河间郡，兼置瀛州。北齐、北周因之。隋初废郡。大业初州废，复置河间郡。唐为河间郡或为瀛州。残卷河间郡瀛州，为隋以前之制，又与隋唐建制相合(《通典》卷178)。

6. 赵郡　赵州

按赵郡本秦邯郸、钜鹿二郡地，汉高帝为赵国。北魏为赵郡，属殷州所领。北齐改殷州为赵州，郡仍旧。北周因之。隋改置栾州，炀帝改为赵州，寻复为赵郡。唐为赵州，或为赵郡。残卷赵郡赵州，为隋以前之制，又与隋炀帝和唐建制相合(《通典》卷178)。

7. 河内郡　怀州

按河内郡始于秦。两汉、魏晋亦为河内郡，属司隶(司州)。后魏置怀州，兼置河南郡。北齐、北周因之。隋初郡废而怀州如故。炀帝初州废，复置河南郡。唐为怀州或河内郡。残卷河内郡怀州，为南北朝之制，又与隋唐建制相合(《通典》卷178)。

8. 河南郡　洛州

按河南郡始置于汉高帝。两汉属司隶，魏晋属司州。《晋书·地理志》：石季龙分司州之河南、河东、弘农、荥阳，兖州之陈留、东燕为洛州。前燕河南郡仍属洛州。北魏为河南尹。东魏、北齐、北周为河南郡，属洛州所领。隋初为洛州，大业元年改曰豫州，寻改为河南郡。唐初为洛州，开元元年改为河南府。残卷河南郡洛州，为隋以前之制，又与隋唐建制相合(《通典》卷177)。

9. 荥阳郡　郑州

按荥阳郡，晋武帝泰始元年份河南郡立，⑥属司州。后赵、前燕、前秦、后秦、后燕并为荥阳郡，分属洛州、豫州。宋、北魏，荥阳郡仍属司州。东魏孝静帝分荥阳郡置成皋郡，高齐文宣帝又改为荥阳郡。后周置荥州，后改为郑州。⑦隋为管州、郑州或为荥阳郡，唐为郑州或为荥阳郡(《通典》卷177、《元和郡县志》卷81)。残卷荥阳郡郑州，既为隋以前建制，又与隋唐之制相合。

10. 颍川郡　许州

按颍川郡始于秦。汉因之。后汉、魏晋并为颍川郡，属豫州。宋、后魏亦同为颍川郡。东魏改为郑州。后周改为许州。隋唐为许州或为颍川郡。残卷颍川郡许州，既为隋以前建制，又与隋唐建制相合(《通典》卷177、《元和郡县志》卷81)。

11. 陈留郡　汴州

按陈留郡，汉置，属兖州，原为秦三川郡地。后汉因之。魏晋为陈留国或陈留郡。北魏亦为陈留郡。东魏兼置梁州。北周灭北齐，改梁州为汴州。⑧陈留郡属汴州所领。隋开皇初郡废，大业初州废。唐为汴州，或为陈留郡。残卷陈留郡汴州，为隋以前建制，又有与隋唐建制相合者(《通典》卷177、《元和郡县志》卷71)。

12. 谯国郡　亳州

按谯国郡，即合谯国、谯郡而言。《晋书·地理志》：魏武分沛立谯郡。《元和郡县志》：亳州谯郡，汉为谯县，属沛郡。魏文帝即位，黄初元年以先人旧郡，又立为谯国。后魏置南兖州。周武帝改为亳州，陈留郡属亳州。隋初郡废，大业初州废，复为谯郡。唐为亳州，或为谯郡。残卷谯国郡亳州，既为隋以前建制，谯郡亳州又与隋唐建制相合(《通典》卷177、《元和郡县志》卷7)。

294

13. 鲁国郡　兖州

按鲁国郡,即鲁国、鲁郡之合称。《后汉书·郡国志》鲁国,秦薛郡,高后改。本属徐州,光武改为豫州。魏改鲁国为鲁郡,⑨属兖州。晋为鲁国或鲁郡。宋为鲁郡,并为兖州。后赵、前燕、前秦、后燕并为鲁郡,属豫州。北魏改属兖州。北齐改为任城郡。隋初为兖州,炀帝初改为鲁郡。唐为兖州,或为鲁郡。残卷鲁国郡兖州,为魏晋之制,鲁郡兖州又与北魏、宋、隋唐建制相合(《通典》卷180、《元和郡县志》卷10)。

14. 梁国郡　宋州

按梁国郡,即梁国、梁郡。梁国始于西汉,东汉因之。魏初改梁国为梁郡,⑩属豫州。晋为梁国。宋改为梁郡。南齐因之。隋开皇初郡废,十六年置宋州,大业初又置梁郡。唐武德四年置宋州,天宝元年改为睢阳郡。残卷梁国郡宋州,梁国、梁郡既为隋以前之制,梁郡宋州则为隋唐之制(《通典》卷177、《元和郡县志》卷7)。

15. 齐阳郡　曹州

按齐阳郡,缪荃孙作济阴郡,业师王仲荦作济阳郡。《后汉书·郡国志》济阴郡,景帝置,属兖州。魏晋并为济南郡。后魏置西兖州。周武帝改西兖州为曹州,所领有济阴郡。隋唐为曹州,或为济阴郡(《元和郡县志》卷11、《通典》卷177)。残卷济阳郡或济阴郡曹州,为隋以前之制,又与隋唐建制相合。

16. 汝南郡　[豫]州

按汝南郡,汉高帝置,属豫州。后汉因之。魏晋亦曰汝南郡。宋初因之,兼置豫州。北魏以至北周仍为汝南郡,属豫州所领。隋开皇初郡废,大业三年又为汝南郡。唐为豫州(蔡州),或为汝南郡。残卷汝南郡豫州,为隋以前之制,又与隋唐建制符合。

17. 彭城郡　徐州

按彭城郡始于西汉。《宋书·州郡志》:汉宣帝地节元年,改楚国为彭城郡。后汉及晋并为彭城国。晋立徐州。宋因之,领有彭城郡。北魏亦为彭城郡,属徐州。北齐及北周不改。隋开皇初罢郡,后又改州为郡。唐为徐州或为彭城郡(《元和郡县志》卷9、《通典》卷180)。残卷彭城郡徐州,既为隋以前之制,又与隋唐建制相合。

18. 琅琊郡　沂州

按琅琊郡,秦置。汉因之。魏晋为琅琊国。宋为琅琊郡。北周改为沂州,领琅琊郡。隋唐为沂州或琅琊郡。残卷琅琊郡沂州,为北周隋唐之制(《元和郡县志》卷11、《通典》卷180)。

19. 下邳郡　泗州

按《宋书·州郡志》:徐州下邳太守,前汉本临淮郡,武帝立,明帝改为下邳。《魏书·地形志》:下邳均属徐州所领。后周改东徐州为泗州,领有下邳郡。隋初郡废,大业初州废,复为下邳郡。唐为泗州,天宝元年为临淮郡(元和郡县志)卷9、《通典》卷180)。残卷下邳郡泗州,此与北周、隋、唐天宝前建制相合。

20. 寻阳郡　江州

按晋太康十年置江州,至惠帝又置浔阳郡。宋齐并为浔阳郡,皆置江州。隋平陈,郡废。大业三年罢江州,置九江郡。唐为江州,或为浔阳郡(《元和郡县志》卷18、《通典》卷182)。残卷寻阳郡江州,为晋南朝之制,又与隋唐制相合。

21. 东阳郡　婺州

按东阳郡,吴置。晋宋齐皆因之。梁置婺州,[⑪]东阳郡属婺州所领。梁末改为缙州。隋平陈,郡废,改缙州为婺州。大业初废,置东阳郡。唐为婺州,或为东阳郡(《通典》卷183)。残卷东阳郡婺州,为梁或隋唐之制。

以上共21郡州,其中既与隋唐以前制又与隋唐制相合者为19,与隋和隋以前制相合而与唐制不合者一,与隋以前和唐制相合而与隋制不合者一。

其三,隋唐以前所无,而为隋唐时建制的共17个州郡。

1. 雁门郡　代州

按雁门郡始于秦,两汉因之,属并州。晋亦为雁门郡。后周置肆州。隋开皇初州废,五年改肆州为代州。大业初州废,置雁门郡。唐为代州或为雁门郡(《元和郡县志》卷14、《通典》卷179)。残卷雁门郡代州,雁门郡即代州,当为隋开皇五年后之制。

2. 钜鹿郡　邢州

按钜鹿郡始属于秦,两汉晋后魏等并为钜鹿郡。隋开皇十六年置邢州,大业三年改为襄国郡。唐为邢州或为钜鹿郡(《元和郡县志》卷15、《通典》卷178)。残卷钜鹿郡邢州,钜鹿郡即邢州,当在隋开皇十六年后。

3. 平原郡　德州

按平原郡,汉高帝置,属青州。后汉因之。晋为平原国。宋为平原郡。后魏、后周并为平原郡。隋开皇三年改为德州。⑫大业三年罢州为平原郡。唐为德州或平原郡(《元和郡县志》卷17、《通典》卷18)。残卷平原郡德州,平原郡即德州,当在隋开皇三年以后。

4. 弘农郡　虢州

按弘农郡,汉武帝置,属司隶部。后汉因之。北魏以献文帝讳弘改为恒农郡。北周复为弘农郡。唐为虢州或为弘农郡(《元和郡县志》卷6、《隋书·地理志》弘农郡)。残卷弘农郡虢州,弘农郡即虢州,当为隋唐之制。

5. 南阳郡　邓州

按南阳郡,始于秦。汉因之,属荆州。隋开皇初郡废,⑬改荆州为邓州。炀帝初复为南阳郡(《通典》卷177、《隋书》卷30)。南阳郡邓州,南阳郡即邓州,当为隋唐建制。

6. 东莱郡　□州

按当作东郡滑州。东郡始于秦。两汉因之,属兖州。宋、北魏亦然。隋开皇九年置杞州,十六年改为滑州,大业三年又改为东郡。唐初为滑州,天宝元年改为灵昌郡(《元和郡县志》卷8、《通典》卷18)。残卷东郡滑州,东郡即滑州,当为隋开皇十六年后建制。

7. 濮阳郡　濮州

按濮阳郡,晋置,属兖州。北魏、北周亦为濮阳郡。隋初郡废,开皇十六年置濮州。炀帝初州废,以其地分入东郡、东平、济北三郡。唐武德四年重置濮州。天宝元年改为濮阳郡(《通典》卷180、《元和郡县志》卷11)。残卷濮阳郡蒲州,濮阳郡即濮州,当为隋开皇十六年以后建制。

8. 广陵郡　扬州

按《汉书·郡国志》广陵郡属徐州。魏、晋、宋、齐、梁并为广陵郡。北周为吴州,领有广陵郡。隋初郡废,开皇九年改吴州为扬州。炀帝初复为广陵郡。唐初为扬州,后改曰广陵郡(《通典》卷181、《隋书》卷31)。残卷广陵郡扬州,当为隋开皇九年以后建制。

9. 会稽郡　越州

按会稽郡,始于秦。两汉会稽郡属扬州。自晋至陈,又于此置东扬州。隋平陈,郡废,改曰吴州。大业初改吴州为越州,寻复为会稽郡。唐为越州或为会稽郡。残卷会稽郡越州,当为隋炀帝大业后建制(《通典》卷182、《隋书》卷31)。

10. 吴郡　豫州

按吴郡豫州,当作吴郡苏州。吴郡,汉顺帝分会稽郡置,属扬州。晋、宋、齐、梁、陈并为吴郡。陈吴郡属吴州。隋平陈,郡废,改吴州为苏州。大业初为吴郡。唐为苏州,或为吴郡(《通典》卷182、《隋书》卷31)。残卷吴郡苏州,吴郡即苏州,当在隋开皇九年后。

11. 吴兴郡　湖州

按吴兴郡,吴分吴、丹阳二郡置,属扬州。晋、宋、陈因之。隋平陈,郡废,仁寿中置湖州。大业初州废,分其地入余杭及吴郡。唐为湖州,或为吴郡。残卷吴兴郡湖州,吴兴郡即湖州,当在隋仁寿中后(《通典》卷182)。

12. 余康郡　杭州

按余康郡,当作余杭郡。隋平陈置杭州。炀帝初州废,以为余杭郡。唐为杭州,或为余杭郡(《元和郡县志》卷25、《通典》卷182)。残卷余杭郡杭州,当为隋平陈后建制。[14]

13. 丹阳郡　润州

按丹阳郡始置于汉武帝,属扬州。后汉、晋、宋、齐、梁、陈并为丹阳郡。隋平陈废丹阳,开皇十五年置润州。大业初州废,复置丹阳郡。唐为润州,或为丹阳郡。残卷丹阳郡润州,丹阳郡即润州,当为隋开皇十五年后建制(《元和郡县志》卷25、《通典》卷182)。

14. 临海郡　台州

按临海郡,吴置,晋、宋、齐、梁、陈皆因之。隋平陈,郡废。唐武德四年置海州,五年改为台州,盖因天台山为名。天宝元年改为临海郡(《通典》卷182)。

15. 豫章郡　洪州

按豫章郡,汉高帝置,属扬州。后汉、吴、晋、宋、齐、梁、陈并为豫章郡。隋平陈,郡废,置洪州。隋炀帝初复为豫章郡。唐初为洪州,天宝元年改为豫章郡。残卷豫章郡洪州,豫章郡即洪州,当为隋开皇九年后建制(《通典》卷182)。

16. 武陵郡　朗州

按武陵郡,汉高帝置,属荆州。后汉至陈并为武陵郡。梁兼置武州,后改曰沅州。隋平陈,改为朗州。炀帝初州废,后置武陵郡。唐为朗州,或为武陵郡。残卷武陵郡朗州,当在隋平陈以后(《通典》卷183)。

17. 长沙郡　潭州

按长沙郡,秦置。西汉为长沙国。后汉至陈并为长沙郡。隋平陈,郡废,置潭州。炀帝初州废,后置长沙郡。唐为潭州,或为长沙郡(《通典》卷183)。残卷长沙郡潭州,当为隋平陈以后。

综上所述,66个州所属的时代,隋唐以前的为28,占总数的百分之四十二强,既可算隋唐以前,又可算隋唐时期为21个,占总数的百分之三十二弱。隋唐时为17个,占总数百分之二十六弱。进一步分类,又可分为秦和汉初、两汉、魏晋、东晋十六国、南北朝(及其中的某朝)、隋、唐。其中仅果州和台州属唐武德时新置,其他六十四郡州,都可称唐以前建制。

上述现象如何解释? 首先与郡望重先世、承袭旧称有关。《史通·邑里篇》指出:自东晋侨立郡县之后,"系虚名于本土者,虽百代无易。既而天长地久,文轨大同,州郡则废置无恒,名目则古今各异。而作者为人立传,每云某所人也,其地皆取旧号,施之于今"。但仅此理由,尚不足以通释上述问题。其一,如仅是郡望重先世而承袭旧称,那么,唐人著作,应该正文郡名用旧称,州名注唐称。但残卷所注州名,多数不是唐代的。其二,地方行政建制,隋以前为州郡县三级制,州领郡。隋唐为州(郡)县两级制,州相当于郡,州郡无统领关系。残卷所列郡州,既有统领郡的大州,如冀州、青州、徐州、兖州;又有与郡相等的小州,如台州、果州、潭州等。如果为唐人著作,为什么要注隋以前之州? 其三,残卷所载郡州,不仅约半数唐时已无其称,且有不少并列为郡者实际上早已先后合并。如高平、泰山在隋以前已并为东平,但残卷三郡并载,且包括东平在内,均不注唐之郓州。再如千乘郡,汉置,曹魏又改名乐安郡。乐安郡,隋开皇时已废,其地划归北海郡。但残卷千乘郡、乐安郡并列,亦均不注唐之州名。这些问题,单纯归之于郡望重先世,故承袭旧称,是解释不通的,当另有原因。我的看法其原因有二:一是残卷甲虽是唐人著作,但其材料辑自唐初或唐以前的各种著作;二是编撰时只把汇总的材料按地区顺次排列,未予加工统一。正因为郡望多魏晋旧称,残卷依据的材料时代有先后,又未加工统一,因此所载郡州,有唐初、隋代、南北朝、魏晋、魏晋以前。因此,就有不少郡州早在唐以前已归并,但继续同时并列,且所注多大州,其实这些郡州都是直接、间接抄自前代著作,如残卷兖州之高平、济北、东平、山阳、鲁郡、阳平、太山、平昌等八郡,《魏书·地形志》徐州所领有五郡相同,《宋书·州郡志》《南齐书·州郡志》徐州各有六郡同。残卷徐州之彭城、兰陵、沛三郡,《魏书·地形志》和《宋书·州郡志》,徐州所领三郡都相同。这些郡在南北朝时就是并列的,注释大州也是合理的,但照抄在唐人著作上就难以理解。

第二,残卷甲现存郡姓266。据我的考察,其中许多郡姓,早已没落,唐时已无有名人物。相反,在唐初很显赫的姓,却并不包括在内。如渤海郡四姓,吴、欧阳、高、刁,除高姓外,其他三姓至唐初已没落。如刁氏,魏晋时为渤海氏族高门。永嘉之乱,刁氏以刁协为首随司马睿渡江,居于京口,刁协官居尚书令,参与东晋王朝决策。王敦之乱,刁协被杀,刁氏受到很大打击。刘裕起兵,诛杀刁逵,子侄无少长皆死,刁氏遂绝。仅刁逵之侄刁雍北逃,投靠北魏,取得高位。但这残剩的一支,到北齐时见于史传的仅刁柔一人,除国子博士、中书舍人,协助魏收修史,[15]地位已经不高。《隋书》、两《唐书》所载,则已无渤海郡刁氏。可见这三姓唐时已没落。再如高阳郡四姓:纪、公孙、耿、夏,唐代亦全无有名人物。而杭州新城人许敬宗,其先高阳北新城人。曾祖懋,梁太子中庶子、始平、天门二郡守、散骑常侍。祖父亨,梁给事中、黄门侍郎、陈太中大夫、卫尉卿。父善心,陈度支侍郎、隋礼部尚书。敬宗本人为秦

301

王府十八学士之一,贞观八年为中书舍人、给事中,后曾任宰相。[16]按照贞观修《氏族志》标准,理应列入贞观《氏族志》,但残卷甲高阳郡无许姓,杭州亦无许姓。再有观州蓨县人李纲,祖元则,北魏清河太守。父制,周车骑大将军。纲在隋朝曾为尚书左丞。李渊起兵进入长安,纲为丞相府司录,封新昌县公。唐初为礼部尚书、太子少师,卒赠开府仪同三司。[17]按照唐太宗定《氏族志》标准,李纲应该列入氏志。蓨县原属渤海,唐初属观州,贞观十七年改属德州。郡望重先世,李纲郡望应为渤海,但残卷甲渤海四姓,无李姓;平原郡德州三姓,师雍封,亦无李姓。类似例子,还可举出若干。可见残卷甲所列郡姓,并不代表贞观修《氏族志》所定郡姓,只能反映贞观以前,主要是唐代以前的郡姓情况。所谓唐代以前,细加分析,时代也不是划一的:成为郡姓的时代有先后,早的在汉代就已著名,其次为魏晋,晚则南北朝;衰落也有早晚,有的在南北朝已衰落,有的晚至隋末农民大起义,有的在唐代仍为著姓。所以如此,乃在于这些郡姓如郡州之名一样,都是从唐初和唐以前各种著作上摘抄汇编而成。

  残卷甲内容简单,仅记郡姓出处,郡姓等级、郡姓代表人物及其世系官历全不记载,对于辨别姓族、入仕、通婚,并无查考作用。结合残卷丙来看,残卷甲应是一卷本,独立成书,不是大部头的书编目。它的性质,与官修贞观《氏族志》、显庆《姓氏录》不同。它是有关天下郡姓的常识性著作。

  它的出现,与当时的社会风气有关。士族门阀制度,从东汉起,经历了发生、发展、衰亡的过程。到隋唐,士族门阀制度虽已衰落,但士族地主在政治上仍有相当势力,门阀制度下形成的重视郡望风气依然存在。如果说在士族门阀地主统治时期,讲究郡望只是一小撮士族地主专有权利,那么,随着士族门阀制的衰落,郡望这个金字招牌也不再为少数家族所垄断了。"言李悉出陇西,言刘悉出彭城""冠冕皂隶,混为一区"。依附旧家,冒称郡望已经成风。郡望的含义变了,但社会上讲郡望的风气更普遍了。如残卷丙序文:"夫人立身在世,姓望为先,若不知之,岂为人子。虽即博学,姓望殊乖。"日常的社交、书仪往来,撰写传记、碑志等,都需要郡望知识,需要一种记载天下郡望出处而简单明了的郡望著作。刘昉等定《四海姓望谱》一卷、[18]魏徵撰《天下诸州姓氏谱》、[19]李林甫撰《天下郡望氏族谱》一卷。[20]残卷甲乙丙正是这种社会需要的产物。

(二) 关于残卷乙的几点说明

残卷乙的复原。斯5861号四个断片与伯3191号一个断片,发现地都为敦煌,从笔迹看,五个断片出于同一人手笔,从内容看,伯3191号最后三行与斯5861号(三)前三行是能联结在一起的。

伯三一九一号最后三行,上半部已残缺,分别残剩:

20　　　　　］臧关何公孙
21　　　　　］郡
22　　　　　］? 高盛

斯五八六一号(三)前三行,下半部已缺,分别残剩:

1　海州　东莞郡［
2　第七　淮南道［
3　扬州　广陵郡［

前者20行与后者1行连接后的文字为:

海州　东莞郡四姓　臧关何公孙

按《太平寰宇记》卷22,海州东莞郡四姓,臧关何公孙,两者完全一致。下面还要交待本卷所列郡姓与寰宇记所载郡姓都相合,可证为前面的复原的佐证。廿一行与二行联结为:

　　　　第七淮南[道一]郡。

则与下一行扬州广陵郡对照,并无矛盾。廿二行与三行联结为:

　　　　扬州　广陵郡□□□□□?高盛□□□□□

按《太平寰宇记》卷123,扬州广陵郡四姓,戴高盛游。两者亦可相合。

联结后唯一矛盾为第六河南道廿八郡,与河南道以下共十三郡不符。但从残卷乙笔迹看,似为习字者抄写练习,错漏较多,上述矛盾,恐系写行未抄所致。

以上复原,因为未见实物,只能算是一种推测。

从形式上看,本卷分为两部分。前者(即一)某姓几望出哪几郡;后者(即二、三、四)某州郡几姓。两者形式不同,但内容都是郡望。前者以姓为主,可以名之为姓望部分。后者以郡为主,可以名为郡姓部分。两者关系密切。如姓望部分载宋姓三望,其一河南郡宋;阳二望,其一荥阳郡阳;车姓二望,其一河南郡车。而在郡姓部分则有河南郡八姓,其一宋,荥阳郡四姓;其一阳,其一阳,河南郡八姓;其一车。两相对应,但也有不一致地方,如前者仅写郡名,后者写州名郡名;前者宋姓三望,无彭山郡宋,而后者有徐州彭山郡三姓,其一宋。这些差异,我以为一是传抄讹误,二是编辑简略。考虑到(一)与(二)(三)(四)(五)处于一处,同一人手笔,内容又如此密切,两者可能是同一著作的两个部分,前者是在后者基础上形成的。

这里提出一个问题,为什么相同的郡姓要分为以姓为主和以郡为主两种形式?我以为这是为了便于查阅。残卷甲乙都是供查阅郡姓出处之用,但残卷乙比甲更方便。有了残卷乙这样的郡姓书,又要知道某人的姓或某人是某郡人,就能很快查出某人是否郡姓出身,是哪一个郡的郡姓?就能帮助某姓的人确定应为某郡郡姓(指冒充郡姓者),对于士人间初次见面,应酬问答,书仪往来,为人撰写碑志等都很有用处。[21]这从一个侧面反映了社会上盛行郡望之风。

残卷乙郡姓部分所列州郡,共为26。其中的卫州黎阳郡、沛国郡、兰陵郡、海州东莞郡、湖州长城郡、泉州南安郡、果州武都郡、约占总数的四分之一以上,唐时已无其称,或与唐制不合,而是承袭前朝。所列郡姓有的早已没落,唐时无有名的代表人物。这与残卷甲的情况是类似的。

残卷乙所列郡姓与残卷甲多不同,而与《太平寰宇记》(以下简称"寰")所载则多相合。今录其相对应者如后。

(1) 乙:魏州魏郡五姓　申暴栢畅袠

寰:魏州魏郡五姓　申暴栢畅长

甲:(残缺)

(2) 乙:怀州河内郡八姓　宋向车常寻苟司马淳于

寰:怀州河内郡八姓　宋向车常寻淳于司马

甲:河内郡九姓　怀州　宋司马苟向浩淳于车寻

(3) 乙:卫州黎阳郡四姓　璩桑卫拓

寰:卫州黎阳郡四姓　蘧桑卫柘

甲:黎阳郡二姓　卫州　璩桑

(4) 乙:洛州河南郡九姓　贺褚穆祝蔺丘窦南宫独孤

寰:河南府河南郡九姓　贺邱褚祝蔺窦南宫穆独孤

305

甲:河南郡七姓　洛州　贺兰丘土穆祝

(5) 乙:齐州济阴郡四姓　苗董卞郁(郏)

寰:曹州济阴郡四姓　苗董卞郏

甲:济阳郡五姓　济州　董示(卞)丁都(郏)苗

(6) 乙:许州颖川郡八姓　陈韩钟苟于许库麟

寰:许州颖川郡八姓　陈苟韩钟许库于鲜于鲜(韩)

甲:颖川郡七姓　许州　陈苟韩钟许庚库

(7) 乙:郑州荥阳郡四姓　郑毛潘阳

寰:郑州荥阳郡四姓　郑毛潘阳

甲:荥阳郡四姓　郑州　郑毛潘阳

(8) 乙:汴州陈留郡五姓　阮谢虞蔡何

寰:开封府陈留郡五姓　防谢何虞蔡

甲:陈留郡四姓　汴州　元谢虞卫

(9) 乙:滑州东郡三姓　费成公上官

寰:滑州白马郡三姓费成公上官

甲:东郡三姓　滑州　费成公上官

(10) 乙:宋州谯郡国九姓　戴李石醮曹安桓庞夏

寰:(缺)

甲:谯郡国九姓　虢州　戴夏侯桓稽曹娄庞

(11) 乙:[徐州]沛国郡三姓　周张朱

寰:徐州沛郡三姓　朱张周

甲:沛郡三姓　徐州　朱张周

(12) 乙:沂州琅琊郡六姓　王颜惠畅乾可

寰:沂州琅琊郡六姓　王颜诸葛惠畅符

甲:琅琊郡六姓　沂州王颜诸葛惠符畅

(13) 乙:泗州下邳郡三姓　陈祁谷

寰:泗州下邳郡三姓　　陈祁谷
　　　甲:下邳郡四姓　　泗州　　陈祁谷国
（14）乙:海州东莞郡四姓　　臧关何公孙
　　　寰:海州东莞郡四姓　　臧关何公孙
　　　甲:东莞郡四姓　　海州　　臧关竹刁

以上共14例。残卷乙与《太平寰宇记》对照,寰宇记缺一笔,完全相合者九例。数姓合,姓因传抄讹误而稍有不同者四例。残卷乙与甲对照,甲缺一,两者相差虽不大,但完全相合者仅三例,其他十例均不合。由此可知三者关系中,残卷乙与寰宇记关系特别密切,寰宇记与残卷乙所列郡姓可能出于同一来源,虽有承袭关系,但有不同。

残卷乙后文下半部分残缺,与残卷甲后文对照,相应行的字数略少,但两者文意大体相同。从残卷的字体看,与贞观八年五月十日相对应的为天宝八载五月十五日,与高士廉对应的乃是李林甫。残卷乙后文与残卷甲对照,内容基本相同,似乎天宝载文书,又是重申贞观旧令。但天宝上距贞观一百多年,社会形势发生很大变动,大姓势力亦随着有盛有衰。即使唐代存在身份性的等级内婚制,相互通婚的郡姓数目也会有所变化,天宝时不可能与贞观时完全相同,仍为398姓。可以断定残卷乙后文与残卷甲后文,同样也是杜撰的,很可能残卷乙的后文是以残卷甲的后文为基础,稍加修改而成。

残卷乙的年代。残卷乙载有第七淮南道、第八江南道、第九剑南道;从残剩的州郡名看,第六、第五应为河南道、河北道。十道顺序与《唐六典》《元和郡县志》《旧唐书》均不同,但既有十道之分,其年代应为唐代贞观元年以后。残卷乙有泉州南安郡,安不避安禄山恶人之讳;豫章郡,豫不避代宗讳;怀州河南郡八姓,其一淳于,淳不避宪宗讳。其年代当在肃宗之前。但仅据避讳断定年代并不可靠,也有可能在肃宗以后。

残卷乙的绝对年代，无从知道，但其相对年代，我以为晚于残卷甲。理由有二：其一，唐分十道，始于贞观元年，要深入民间，被普遍采用，须有一段时间。残卷甲乙同为私人所编，甲无十道，乙有十道，反映出乙比甲晚。其二，残卷甲后文有贞观八年高士廉奉敕，乙后有天宝八载李林甫奉敕，两者虽都属杜撰，但具年不同，反映出甲在前，乙在后。

（三）关于（丙）《天下姓望氏族谱》的说明

（丙）《天下姓望氏族谱》一卷，共计105行，背面还有一行。除序言外，包括10道90州郡、801姓（岭南道郡姓缺）。其名称，《旧唐书·经籍志》《新唐书·艺文志》《通典·艺文略》《文献通考·经籍考》《玉海》《日本国见在书目》均未见。

全卷分10道叙述郡姓，但道的顺序与《唐六典》②《元和郡县志》《旧唐书》以及残卷乙均不同。未署撰者姓名，从序言看，不是官文书，而是私人所撰；以岭南道5府70州姓望缺看，还是未完成著作。本卷发现于敦煌，所列州郡、姓望数又较多，但瓜州及其左近州郡的郡望却没有收录，说明撰者不是敦煌人。那么，又是什么地方的人？有人以为京兆郡姓望多达40，为各郡之最，撰者应为京兆人。此说似可商榷。京兆郡为北周、隋、唐的政治中心，郡姓最多，很自然。我的意见，撰者可能是陇右道人。十道顺序，关内道京师所在，理应列在第一。陇右道，《唐六典》列于第六，《旧唐书》列于第八，《元和郡县志》列于最后，但（丙）列陇右道于第二，为什么？撰者可能乃陇右道人，从地方观念出发，为提高本地区在全国地位，有意排在前面。再有天水郡郡姓二十是比较多的，很可能撰者是陇右天水人。但从（丙）包括的郡姓面广、数多看，撰者尽管是陇右人，应在唐的政治文化中心长安居住过，搜集了郡姓材料，否则偏居陇右天水等地，是不可能撰成包括郡姓如此之多的著作。

（丙）未署写作年代。但关内有邠州新平郡。按邠州原为豳州，武德初置，开元十三年三月十二日，以幽字与豳字相涉，改豳为邠。岭南道五府:邕、容、桂、广、安南。按容即容州都督府,原为容州,开元中升为都督府。㉓据此两条,其年代当在开元中期以后。后到什么时候不能断定,但比残卷甲、乙要晚则可确定。理由有二:其一,(丙)郡姓数比残卷甲、乙、《太平寰宇记》所载郡姓,显著增加。其二,旧的郡名,丙比残卷甲、乙为少。如长城郡已不见。东莞郡海州改成海州东海郡,上谷郡燕州改为易州上谷郡,广平郡冀州改成洺州广平郡,而与唐制相合。

丙与残卷甲乙及《太平寰宇记》相对照,最显著的一点,是郡姓数大量增加,出现了许多新的郡姓。今将丙与残卷甲、寰宇记㉔所载郡姓数,分道郡制对照表如下:

一、关内道(《太平寰宇记》为关中道)

郡名＼郡姓数	丙	甲	《太平寰宇记》	备考
京兆郡	四十		八	
始平郡	四		四	
武功郡	四		二	
扶风郡	十一		六	
新平郡	四		三	
安定郡	八		四	
冯翊郡	八		五	
郃阳郡	四			
小计	八郡八十三姓		七郡二十二姓	

二、陇右道(《太平寰宇记》为陇西道)

郡名＼郡姓数	丙	甲	《太平寰宇记》	备考
西平郡	三		二	

309

(续表)

郡名＼郡姓数	丙	甲	《太平寰宇记》	备考
武威郡	六		六	
陇西郡	十三		八	
天水郡	二十		七	
小　计	四郡四十三姓		四郡二十三姓	

三、山南道

郡名＼郡姓数	丙	甲	《太平寰宇记》	备考
襄阳郡	五			
南阳郡	十七	十	十一	
江陵郡	五			
武陵郡	五	二	三	
江夏郡	七		三	《太平寰宇记》属江南道
武昌郡			六	
小　计	五郡二十九姓	二郡十二姓	四郡三十三姓	

四、河东道

郡名＼郡姓数	丙	甲	《太平寰宇记》	备考
河东郡	十五		九	
西河郡	十		四	
平阳郡	十二		六	
晋阳郡		三	二	晋州晋阳郡
高平郡	五		六	

(续表)

郡姓数 郡名	丙	甲	《太平寰宇记》	备考
晋昌郡	五			
上党郡	六	五	四	
太原郡	二十七	十一	十一	
晋阳郡			三	并州晋阳郡
雁门郡	五	三		
弘农郡	七	四	五	《太平寰宇记》属河南道
小　计	九郡九十三姓	五郡二十六姓	九郡五十姓	

五、河北道

郡姓数 郡名	丙	甲	《太平寰宇记》	备考
渤海郡	二十八	四	三	
中山郡	六	一	五	
高阳郡	五	四	五	
广平郡	八	四		
范阳郡	九	三		
上谷郡	六	四		
博陵郡	五			
河间郡	八	一		
内黄郡	四	一	三	
清河郡	十九	七	六	
钜鹿郡	六	三	五	
平原郡	七	三	六	
赵　郡	六	二	二	

311

(续表)

郡名 \ 郡姓数	丙	甲	《太平寰宇记》	备考
魏 郡	六		五	
黎阳郡	四	二	八	
河内郡	十七	九	四	
小 计	十六郡一一四姓	十四郡四十八姓	十一郡五十二姓	

六、淮南道

郡名 \ 郡姓数	丙	甲	《太平寰宇记》	备考
广陵郡	十	三	四	
山阳郡	六	三	三	《太平寰宇记》属河南道
庐江郡	四			
同安郡	二			
小 计	四郡二十二姓	二郡九姓	二郡七姓	

七、河南道

郡名 \ 郡姓数	丙	甲	《太平寰宇记》	备考
河南郡	三十三	七	六	
颍川郡	十一	七	八	
荥阳郡	六	四	四	
白马郡	三	三	三	甲为东郡
陈留郡	十五	四	五	
梁国郡	四	三	三	
谯郡	十	八		
汝南郡	二十六	七	九	《太平寰宇记》为谯国郡

(续表)

郡姓数 郡名	丙	甲	《太平寰宇记》	备考
济阳(阴)郡	八	三	五	曹州济阳(阴)郡
濮阳郡	六	六	七	
鲁国郡	二十	七	七	
太山郡	四	四	五	
平昌郡	四	一	三	
□□郡			五	
平阳郡		一		兖州平阳郡
东平郡	六	三	四	
济北郡		一		
高平郡		五		
临淄郡		三	四	《太平寰宇记》为齐郡
北海郡	二十六			
千乘郡		一	二	
成阳郡		二	三	
乐安郡	二十二	九	九	
济阴(阳)郡	四	五	四	济州济阴(阳)郡
彭城郡	十二	五	六	
沛　郡		三	三	
兰陵郡	四	一	一	
下邳郡	八	四	三	
琅琊郡	十二	六	六	
东海郡	十	四	四	《太平寰宇记》为东莞郡
小　计	廿二郡二四四姓	廿八郡一一五姓	廿五郡一二二姓	

八、江南道

郡名＼郡姓数	丙	甲	《太平寰宇记》	备考
丹阳郡	八	四	四	
宣城郡	四			
吴郡	五	四	四	
钱塘郡	七		二	
盐官郡	五	三		
余杭郡	四	三	二	
吴兴郡	十六	七	四	
长城郡		一	二	
晋陵郡	四			
会稽郡	十四	七	七	
松阳郡	五	四	三	《太平寰宇记》为缙云郡
临海郡	六	四	四	
东阳郡	七	五		
歙郡	五			
豫章郡	八	五	五	
鄱阳郡	四			
浔阳郡	六	二	三	
宜春郡	四			
长沙郡	六	四	五	
南康郡	四			
南安郡	四	五	五	
小　计	廿郡 一二六姓	十四郡 五十八姓	十三郡 五十姓	

九、剑南道

郡名＼郡姓数	丙	甲	《太平寰宇记》	备考
蜀郡	五			
梓潼郡	四			
武都郡		一		
云阳郡			三	
小计	二郡九姓	一郡一姓	一郡三姓	

综合以上对照，(丙)与《太平寰宇记》对应共为六十六郡，其中郡姓数增加的五十六郡，[25]占总数的百分之八十五弱；相同的有六郡，[26]占总数的百分之九强；减少的有四郡，[27]占总数的百分之六强。(丙)与残卷甲对应的，共为五十六郡，其中郡姓数增加的五十一郡，[28]占总数的百分之九十一强；相同的三郡，[29]占总数的百分之五强；减少的二郡，[30]占总数的百分之四弱。(丙)的郡姓数普遍增加，有许多郡增加的幅度很大。如京兆郡，《太平寰宇记》八姓，(丙)多达四十，增加了四倍；天水郡，《太平寰宇记》七姓，(丙)为二十，增加近两倍；渤海郡，残卷甲四姓，《太平寰宇记》三姓，(丙)多达二十八姓，增加了六倍到八倍；清河郡，残卷甲和《太平寰宇记》分别为七姓和六姓，(丙)为十九姓，增加了一倍到二倍以上；广陵郡，残卷甲和《太平寰宇记》为三姓、四姓，(丙)为十姓，增加一倍半到二倍以上；汝南郡，残卷甲七姓，《太平寰宇记》九姓，(丙)为二十六姓，增加二倍到三倍。相反，(丙)较《太平寰宇记》、残卷甲郡姓数减少的总共只有六郡，每郡只少一姓。姓望数减少的郡很少，姓望数较减少的绝对数则极小。

郡姓数显著增多的，当为唐朝全国或地方的政治、军事、经济中心，以及大姓势力历来强的地区。如京兆郡京师所在，河南郡唐之东都，太原郡唐之北都,清河郡谓之天下北库,广陵郡唐代最大的商业都市,天水郡、汝南郡、会稽郡为都督府所在地。这些地方是达官贵人集中而又世代相居之地,郡姓数的增加与该地区在政治、军事、经济上的地位有关。所谓姓望数没有变动的郡,分为两类:一是姓数相同,但具体的姓已有变化,如武威郡、濮阳郡;二是姓数与具体的姓,全皆相同,如始平郡、黎阳郡、白马郡,唐氏已无其称,乃撰者辑录时,抄自前代,并不反映唐代情况。

再从十道来看,综合前表,郡姓的分布如下表所示:

道名＼郡数、郡姓数	丙 郡数	丙 姓数	《太平寰宇记》郡数	《太平寰宇记》姓数	甲 郡数	甲 姓数	备考
关内道	八	八三	七	三二			
陇右道	四	四二	四	二三			
山南道	五	三九	四	二三	二	一二	
河东道	九	九二	九	五〇	五	廿六	
河北道	一六	一四四	一一	五二	一四	四八	
淮南道	四	二二	二	七	二	六	
河南道	二二	二四四	廿五	一二二	二八	一一五	
江南道	二〇	一二六	一三	五〇	一四	五八	
剑南道	二	九	一	三		一	
岭南道							
合 计	九〇	八〇一	七六	三六二	六六	二六六	

十道郡姓分布,(丙)、残卷甲、《太平寰宇记》都以河南道的郡姓最多;其次是河北、江南、河东、关内、陇右、山南、淮南较少;剑南很少;岭南则付之阙如。郡姓分布的不平衡,是当时中国政治经济发展不平衡的反映。黄河中下游,尤其是华北大平原,是唐代经济重心地区,大族

势力历来比较强,崇尚郡望风气特别重。与之相适应的,河南、河北两道郡姓,约占总数的一半。长江中下游的江南道,原为东晋南朝偏安之地,郡望风气也很重,在唐代经济上的地位,仅次于黄河流域,郡姓也较多,约占总数的六分之一。剑南道以蜀郡为中心,经济虽然也很发达,但该地大姓在全国政治社会中地位向来不高。山南道则地瘠民贫。这些道郡姓少很自然。岭南道在唐代,经济上相当落后,还有待于开发,郡姓缺乏,并不奇怪。

(丙)与残卷甲、乙以及《太平寰宇记》所列郡姓,以(丙)最多,年代又以(丙)最晚,能不能由此可以说唐代中后期士族门阀势力更强了?回答这个问题以前,先要说明,(丙)等所列郡姓,都是从前人著作抄摘而来(或从别人处抄来),包括了不少唐时已经没落的前代旧姓,又由于辑录汇编者条件不同,搜集的郡姓会有多少。因而并不完全反映各自编写时的情况,这是必须注意的第一点。第二点,前面已交代过(丙)等都是有关天下郡姓的常识性著作,与贞观氏族志不同,并不能直接说明唐代门阀地主情况。尽管如此,郡姓数的增多,在一定意义上还是能说明问题。它既说明唐代中后期崇尚郡望的社会风气仍然很盛行,又从一个侧面说明门阀地主势力的衰微。门阀制度的特点之一是,少数大姓在社会上享有特殊地位,这种特殊地位,与数量多少成反比。大姓数量越少,越显出地位特殊;数量增多,特殊性就缩小,数量愈多,特殊性愈少,甚至渐趋消失。《新唐书》卷95赞曰:"唐至中叶,风教又薄,谱录都废,公靡常产之拘,士乏旧德之传。言李悉出陇西,言刘悉出彭城。悠悠世祚,讫无放按,冠冕皂吏,混为一区。"这段话反映了唐代世家大族势力的式微,庶族地主兴起,士庶界限渐趋消失。(丙)《新集天下姓望氏族谱》郡姓的大量增多,正是这种情况的表现

士族门阀制度什么时候衰亡,衰亡以后还有什么影响?在史学界

并没有解决,有待于从各个方面进一步探讨。本文目的是介绍几件郡望卷子。稍作简释,不妥之处,敬希批评。

附记:此文是在吸收了缪荃孙、向达、王仲荦、牟润孙、日本池田温、仁井田陞等先生文章中的研究成果基础上写成的。

(《敦煌吐鲁番文献研究论集》第二辑,中华书局1983年版)

注释:

① 见《秦郡考》。
②《三国郡县表》附考证,清吴增撰,杨守敬补正。
③《观堂集林》卷12《秦郡考》:"《汉书·高帝纪》曰:以胶东、胶西、临淄、济北、博阳、城阳郡七十三城立子肥为齐王。""此汉初之郡,当因秦故。而临淄一郡,实齐郡之本名。"据此则知汉初沿用秦郡名,有临淄郡。
④ 据《通典》《旧唐书》《新唐书》《元和郡县志》等记载,唐天宝元年至十三载有济阳郡即济州建制,但从残卷济阳郡郡姓看,与《通典》所载济阳郡济州不是同一地区。
⑤ 济阳郡始置于晋,东晋宋以迄于梁,皆因之。济州始置于北魏,至天宝九载前。但两者不是一个地区,疑编辑者误把不同地区的济阳郡、济州编在一起。
⑥ 见《宋书·州郡志·司州刺史》。《晋书·地理志》:司州荥阳郡,泰始二年置。《元和郡县志》:郑州,晋武帝分河南置荥阳郡。但《通典》卷177荥阳郡郑州:汉属河南郡,后汉因之,分置荥阳郡。则荥阳郡始置于东汉。然《后汉书·郡国志》《补三国疆域志》,均无荥阳郡。疑《通典》所载,后汉因之,分置荥阳郡间有脱漏。
⑦《元和郡县志》改荥州为郑州在隋开皇三年。然《魏书·地形志》郑州,天平初置颍州,治长社城,武定七年改治颍阴城。《隋书·地理志》颍川郡,旧置颍川,东魏改曰郑州,后周改曰许州。据此,此荥州为郑州,采用《通典》的记载。
⑧ 此据《北周地理志》。《元和郡县志》周宣帝改梁州为汴州,不确。
⑨《通典》卷18:兖州鲁郡,晋改为鲁郡。然《三国郡县表》附考证:魏已有魏

郡。清谢钟英撰《三国疆域表·鲁郡》：秦薛郡，汉鲁国，魏作郡。
⑩《三国郡县表》附考证：梁国，梁为汉旧国。《魏志·卢毓传》：毓为梁郡太守，时在魏初，是魏初改国为郡也。
⑪《补梁疆域志》卷1：缙州本名婺州。《通鉴》元帝承圣三年，王僧辩至姑孰，遣婺州刺史侯瑱筑垒东关以待齐师。注：东阳郡，梁婺州是也。梁末改名为缙州。《陈书·留异传》：梁绍泰二年，除缙州刺史，领东阳太守。《元和郡县志》《太平寰宇记》诸书以内为陈始置者，非也。
⑫《隋书·地理志》平原郡，开皇九年置平原郡。
⑬《元和郡县志》卷21，邓州置于开皇七年。
⑭按余康郡，仲荦师作钱塘郡，而钱塘郡陈祯明中置，则应属隋以前建制。
⑮关于刁氏一族盛衰，见《晋书》卷69、《魏书》卷38、《北史》卷26、《北齐书》卷44。
⑯《旧唐书》卷82《许敬宗传》。
⑰《旧唐书》卷62《李纲传》。
⑱《日本国见在书目录》廿二谱系。
⑲见《古今姓氏书辨证》所引。
⑳见《玉海》卷50《艺文谱牒类》。
㉑唐人冒称郡望成风，撰写碑志谋生的人，为了伪造郡望时不出差错，就要查一查记载郡姓出处的书。
㉒《通典》《唐会要》《新唐书》所载十道顺序同《唐六典》。
㉓《旧唐书》卷41。
㉔残卷乙所载郡姓与《太平寰宇记》所载几乎相同，故从略。
㉕关内道六、陇右道三、山南道三、河东道六、河北道九、淮南道二、河南道十六、江南道十一。
㉖关内道一、陇右道一、河北道二、河南道二。
㉗河东道一、河南道二、江南道三。
㉘山南道江南道二、河东道四、河北道十四、淮南道二、河南道十七、江南道十二。
㉙河南道三。
㉚河南道二、江南道一。

敦煌唐写本天下姓望氏族谱残卷的若干问题

北京图书馆藏位字79号敦煌唐写本题为《姓氏录》残卷（以下简称残卷或本卷），共四十六行，分两部分。前一部分计三十五行，分别记载各郡郡姓，其中第一行仅存剩三个字的偏旁；第二、四行，下半部有残缺；第二十九行，下半部空白未写。共载六十六郡，二百六十六姓。后一部分计十一行，为贞观八年五月十日壬辰高士廉奏疏和诏敕。据《二十史朔闰表》推算，这一年的五月初一日是辛未，初十日是庚辰，不是壬辰，传抄有讹。残卷末空二行后，有一抄书人题识，具年为大蕃岁次丙辰后三月庚午朔十六乙酉。大蕃丙辰岁，即当唐文宗开成元年(836)。

前辈对残卷已有不少研究，本文仅就若干问题谈些意见，以就教于前辈和同志们。

一

关于本卷的名称、性质，我国学者有不同看法。最早研究本卷的缪荃孙先生，取名《唐贞观八年条举氏族事件》。1931年，陈援庵先生编《敦煌劫余录》，定名为《姓氏录》。同年，向觉明先生著文指出：残卷不是《姓氏录》而是《贞观氏族志》。1951年，牟润孙先生提出了另一种意见："残卷固非《显庆姓氏录》，亦绝非《贞观氏族志》，而是唐时山东大姓之衰宗破落户为增高卖婚价格所伪托之《氏族志》。"

考察上述几种意见,我觉得有两个问题,既有普遍性,又很重要,必须首先交代清楚。

第一个问题,向、牟等先生都断定《古今姓氏书辩证》(以下简称《辩证》)所引贞观郡姓确为《贞观氏族志》佚文,并以此为标准来判定残卷是否为《贞观氏族志》。但日本池田温先生认为《辩证》所引贞观时郡姓不是《贞观氏族志》佚文。我赞同池田的意见。兹参考池田文章简述理由如下:

向、牟等先生所以断定《辩证》所引贞观郡姓确为《贞观氏族志》佚文,唯一根据是《氏族志》修于贞观年间。但通观《辩证》所引贞观时郡姓共二十五例,没有一例注明引自《贞观氏族志》,怎么就能断定其来源于《贞观氏族志》?

邓名世父子修撰《古今姓氏书辩证》一书,根本没有利用过《贞观氏族志》。《辩证》一书所引资料甚多,包括经史子集、笔记小说、方志姓书、家谱家状,以及个人所见所闻等。但反复阅读该书,无论正文、序和总目中,竟没有一处、没有一句话,提及《贞观氏族志》。这绝不是什么疏漏,而是另有原因。

《古今姓氏书辩证》四十卷,系邓名世及其子椿年相继编成,前后经过三个阶段,有过三个本子。第一个本子为邓名世编的五卷本,据椿年写的序文,"成书于政宣之间"。建炎初增补成十四卷,于绍兴三年(1133)献于宋廷。其后椿年加以增订,扩充为四十卷,乾道四年(1168)书成。概括起来,全书编著于北宋末、南宋初。此时,《贞观氏族志》已经失佚。《高丽史》卷10宣宗辛未八年(1091)六月丙午条记载:"李资义等自宋还。奏云:'帝(指宋哲宗)闻我国书籍多好本,命馆伴书所求书目录授之。'乃曰:'虽有卷,第不足者,亦须传写附来。'"所附求书目录中有:"《三教珠英》一千卷,孔逭《文苑》一百卷,《类文》三百七十卷,《文馆词林》一千卷,高士廉《氏族志》一百卷。"说明北宋哲宗元祐年间,皇室图书馆已无《氏族志》一书。此外,《崇文总目》《宋史·艺文志》均未著录《贞观氏族志》。《容斋四笔》卷9"姓源韵谱"条:"唐《贞观氏族志》,今已亡其本。"可见南宋时亦无传本。既然如此,邓名世父子修撰《古今姓氏书辩证》时,根本不可能利用《贞观氏族志》。

仔细分析《辩证》引贞观郡姓,也可知其非《氏族志》佚文。《辩证》所引贞观郡姓,涉及二十七个郡,但其中之凉州西平郡、括州松阳郡、青州齐郡、通州邰阳郡、泉州南安郡、果州武都郡,以及抵丘郡、平昌郡、山阳郡等,占总数三分之一,唐初已无其称,或与唐朝州郡建制不合,而是沿袭旧称。既然乖于唐朝建制,可见所引贞观郡姓来源,不是官修的《氏族志》,而是另有来源。

在此顺便提一问题,牟润孙先生论证北图位字79号非《贞观氏族志》,理由之一为:残卷所举郡名,乖于唐朝建制。这是正确的。但此类现象《辩证》所引之贞观郡姓同样存在,为什么不引起牟先生怀疑? 此不加详察邪? 抑另有原因?

《辩证》所引贞观郡姓,池田温氏推断来源于魏徵所定天下郡姓。从现有材料看,我以为这一推断比较合理。

《辩证》引贞观时郡姓共二十五例,有两例注明了出处,一为唐魏郑公定天下诸州姓谱(卷5),二为唐魏徵定天下姓氏(卷4)。文字稍有不同,其实都应该是唐郑国公魏徵撰天下诸州姓氏谱。二十三例未注明出处,或曰唐定,或曰唐贞观定、贞观中定,都可以推测为唐贞观中郑国公魏徵定天下诸州姓氏谱的简略。汇编大部头著作,引用同一本书,由于辑录省略,出现不同写法,并不罕见。《辩证》引贞观时郡姓就有类似例子。如卷19唐贞观所定益州蜀郡三姓;卷12写成唐益州蜀郡三姓;卷14唐贞观所定抵丘郡六姓,卷12写成唐抵丘郡六姓;卷13唐贞观所定洪州豫章郡六姓,卷12写成唐洪州豫州(豫章郡)六姓;皆省略"贞观所定"四字。同样，唐贞观中郑国公魏徵定天下姓氏；进一步简略，可以写成唐贞观中定、唐贞观定、唐定。这样推断，虽不能作为定论，但比之原有说法，无疑是前进了一步。

《贞观氏族志》修撰者是高士廉、韦挺、岑文本、令狐德棻等，魏徵并没有参加。《氏族志》最后完成、正式公布，应在贞观十二年以后；而魏徵撰定天下诸州姓氏谱在贞观中，也就是说在《氏族志》正式公布以前。由此可知魏徵的著作，来不及利用氏族志材料，而是辑自前代著作。正因为如此，许多郡姓的有关州郡，不少都是唐代以前的。

第二个问题，关于残卷后文的真伪。通常断定残卷名称、年代、性质的根据，乃是残卷后文贞观八年高士廉奏文和诏敕。但牟润孙先生认为残卷后文不是敕定的官文书，而是无识者所为。

牟先生所提论据有值得商榷之处。例如牟文云：据《唐六典》卷3："凡任官，阶卑而拟高则曰守，阶高而拟卑，则曰行。"光禄大夫为从二品之阶，吏部尚书则三品实官。残卷之高士廉署衔为"光禄大夫兼吏部尚书"，既乖唐典，复不合于官制。光禄大夫岂为实官耶？唐之吏部尚书竟愦愦如此？这一论点，我以为不能成立。唐官吏之署衔用法，前后有过多次变化，不能据开元时所撰《六典》来否定唐初用法。《旧唐书》卷42《职官志》云："凡九品以上职事，皆带散位，谓之本品。""武德令：职事高者解散官，欠一阶不至为兼。""贞观令：以职事高者为守，职事卑者为行，仍各带散位。其欠一阶，依旧为兼。"高士廉署衔为光禄大夫兼吏部尚书。光禄大夫为从二品散官，吏部尚书为正三品职事官，恰好欠一阶，谓之兼，与武德令、贞观令是符合的。

牟文云：残卷后文有"八千五郡"，与两《唐书·地理志》《唐六典》卷3所载州郡数相较，为数过多；若千为十讹，则又嫌过少。这也不成其为理由。千为十之讹误，十分明显。八十五郡与下面"合三百九十八姓"联系起来，是指有郡姓之州郡，也不算少。残卷之郡姓，是指有全国影响的,如汝南袁氏、弘农杨氏、琅琊王氏、清河崔氏、陇西李氏等,数量有限,地区集中。不仅本卷,其他卷子和著作所载郡姓情况也都类似。如《太平寰宇记》载唐代郡姓三百六十二,分布于七十六郡,斯2052号《新集天下姓望氏族谱》载八百零一姓,分布于九十个郡。试以《新唐书·地理志》所载十道州郡数与本卷、《太平寰宇记》《新集天下姓望氏族谱》等所列郡姓分布作一对照,就很清楚。今列表于前。

上表显示郡姓分布,主要集中于黄河和长江中下游地区,以河南道最多,其次为河北、江南、河东、关内;再次为陇右、山南、淮南;剑南则很少,岭南则缺如。即使在郡姓集中的道,许多州郡都没有郡姓。如河南道有八个郡,河北道近半数郡,江南道百分之六十以上郡,连一个郡姓都没有。郡姓分布不平衡是当时中国政治经济发展不平衡的反映。

此外,牟文还有一些论点,也可商榷。但通观残卷后文,暧昧难解、矛盾不通之处甚多。牟文首先对残卷后文提出怀疑,并断定残卷非敕定的官文书,无疑是正确的,对于本文书的研究,推进了一大步;所提出的某些论据也很有力量。如牟文引《中兴馆书目》云:"《天下郡望氏族谱》一卷,李林甫等撰。记郡望出处,凡三百九十八姓。天宝中颁下,非谱裔相承者,不许昏姻(《玉海》卷50)。"接着指出,"所记姓数,独合斯卷""郡望出处""谱裔相承",又"语语相合",决非偶然。此当系从残卷后文改窜而来。这一推断,池田温先生誉为"卓见",为斯5861号敦煌残卷后文所证实。斯5861号后文,虽然残缺,但与北图位字79号后文对照,和贞观八年五月十日相对应为天宝八载五月十日;与高士廉对应为李林甫。两者内容基本相同。可以说,天宝八载敕只是重申贞观旧令。但两者前后相隔一百一十九年,社会形势发生很大变化,士族势力随着兴衰。与此相适应,《贞观氏族志》以后,又有《显庆姓氏录》和《姓族系录》。天宝时官定郡姓,仍为三百九十八姓,与贞观时完全相同,是不可能的。改窜造伪痕迹,十分明显。

再如牟文指出，残卷所举郡名，多有袭之前代，唐时已无其称。既然乖于唐之建制，足证其非官文书。《氏族志》有等级之分，残卷则悉不著之。也都很正确。

这里，还应该指出，残卷为三百九十八姓，而《贞观氏族志》仅二百九十三姓（《显庆姓氏录》为二百三十五姓），如谓残卷是《贞观氏族志》，则两者郡姓相差约四分之一，明显矛盾。对此，有一种意见认为残卷之郡姓，乃高士廉等提出，经唐太宗批准的初步数目，撰定《氏族志》时，定其真伪，削除了一部分。愚见则不以为然。《贞观政要》卷7《论礼乐》云："贞观六年，太宗谓尚书左仆射房玄龄曰：'比有山东崔、卢、李、郑四姓，虽累叶陵迟，犹恃其旧地，好自矜大，称为士大夫。每嫁女他族，必广索聘财，以多为贵；论数定约，同于市贾，甚损风俗，有紊礼经。既轻重失宜，理须改革。'乃诏吏部尚书高士廉、御史大夫韦挺、中书侍郎岑文本、礼部尚书令狐德棻等刊正姓氏。普责天下谱牒，兼据凭史传，剪其浮华，定其真伪，忠贤者褒进，悖逆者贬黜，撰为氏族志。"唐太宗修氏族志，重点在于降低崔、卢、李、郑等山东旧望，提高当朝之贵的社会地位，而不是把旧望从郡姓中剔除出去。事实上，尽管社会形势有变化，大姓势力有兴衰，同一姓族内代表家庭有变动，但崔、卢、李、郑等旧姓，源远流长，人数多，分房多，有地位有名望的代表人物，还是不断出现。修撰氏族志，刊正姓氏，某姓中之冒牌者、没落者有可能不再列入郡姓，某一大姓也有可能因政治上失势而降低等第。但整个大姓从郡姓中剔除的可能性则很少。至于唐朝之新贵，不少重要骨干，是北魏武川镇军人后裔，家谱很多是伪造的，包括皇室李氏在内。但他们既是当朝权贵，有谁会去深究。而且，从西魏、北周、隋，直至唐，累世勋贵，也有条件列上氏族志，当然不会从原定的郡姓数中剔除。

修氏族志又是涉及统治阶级内部关系的重大问题，唐太宗非常重视，亲自命人修撰，又亲自审阅。贞观十二年，他阅读高士廉所上氏族志,看到崔民干列入第一等时,就狠狠教训了高士廉一通,并明确宣布:"不须论数世以前,止取今日官爵高下作等第。"如果三百九十八姓确实是他审批定的初步数目,那么,减少了一百零五姓,削除如此之多,牵涉面如此之广,为什么唐太宗不置一辞!这样的大事,朝中为什么没有一个人起来说话?难道一百零五姓,连一个代表人物都没有了!如果真是这样,开初又为什么被列上?可见把残卷三百九十八姓,说成贞观八年条举初步所定郡姓数,是说不通的。

再有残卷后文云:"前件郡姓出处,许其通婚媾。"如谓残卷为贞观八年条举,三百九十八姓仅是初步提出,尚未最后刊定,而修撰氏族志过程中,增补、削除都有可能,为什么在未刊定前,匆匆下此禁约,只准三百九十八姓之间互通婚媾,岂非自相矛盾!从高士廉等的任务讲,是修氏族志,又为什么要在修撰过程中上此奏疏?根据残卷后文,贞观八年已明令实行等级性的身份内婚制,仅仅郡姓之间才能通婚,又据斯5861号后文,至天宝八载还在继续,那么,唐代律令(如《唐律疏议》)为什么只有良贱不婚,而无士庶不婚?

总之,残卷后文矛盾明显而多,系无识者所杜撰;残卷绝不是敕定的官文书——既非《贞观氏族志》或其郡姓篇目,亦非贞观八年条举氏族事件。

那么,是否可以说残卷是山东卖婚家所伪托之《氏族志》?杜撰的残卷后文,反映出唐代婚媾崇尚郡望之风甚盛,这和史籍记载是一致的。但若说此乃卖婚家伪托,尚难赞同。如有的先生所说,卖婚须以门第高下悬殊为前提。残卷之三百九十八姓,未注明等第。从每一郡郡姓排列顺序看,勉强可以说有高下之分;但从八十五郡来考察,相互间并无高下之分,显不出几个卖婚大姓的特殊地位,达不到卖婚家所企求的结果。既然残卷的后一部分,系无识者杜撰,后加的,那么残卷前一部分,即郡姓部分的编撰年代、名称、性质,须另行考定。

二

残卷郡姓部分编撰年代，我以为在唐代前期。这样说，有以下根据：

残卷第32行有临海郡四姓台州。《通典》卷182：临海郡始置于吴，晋、宋、齐、梁、陈皆因之，属扬州。隋平陈郡废。唐武德四年置海州，五年改为台州。[①]则残卷年代当在武德五年以后。

残卷有弘农郡，弘不避孝敬皇帝讳，年代当非中宗、睿宗朝。南安郡，安不避恶人安禄山讳，年代当非肃宗朝。[②]豫章郡，豫不避代宗讳；括州，括不避德宗讳；淳于，淳不避宪宗讳；恒州，恒不避穆宗讳。据此，残卷年代不会是唐朝后期的，[③]应在武周长安以前，或唐开元、天宝时期。

唐代从贞观元年起，因山川形便，分天下为十道。《唐六典》《元和郡县志》、两《唐书·地理志》、唐天宝初年写本地志残卷、[④]斯5861号与伯3191号缀合、斯2052号卷子等叙唐代州郡和郡姓，皆有十道之分，唯独本卷不分道。这是为什么？无非两种可能：一为残卷在贞观以前，尚无十道之分；二为贞观元年以后不久，虽有十道之分，尚未深入民间，故残卷没有采用。

郡望重先世，凡属记载唐代郡姓的卷子和书籍，都有不少州郡沿袭旧称，年代愈早，沿用旧称愈多。本卷沿用旧称的比例在同类中最高，占总数的百分之四十二，也说明年代较早，应为唐代前期。

从以上四点看，年代应在唐武德五年以后至武周长安年间，或开元、天宝时期。结合后面所说，残卷所载郡州建制最晚为武德五年，[⑤]所载郡姓为《贞观氏族志》以前，进行判断，两种可能，我的看法，倾向于前者。

残卷不是大部头书的编目,而是独立成书的一卷本。其名称,我以为可名之为《天下姓望氏族谱》。这样说,是以下列两个方面为旁证。一为同一性质的敦煌唐写本卷子,如斯2052号,名曰《新集天下姓望氏族谱》。二为现存书目中有类似书名,如《日本国见在书目录》廿二谱系有刘昉等定《四海姓望谱》一[卷];《玉海》卷50《艺文·谱牒》引《中兴馆书目》有《天下郡望氏族谱》一卷,李林甫等撰;《古今姓氏书辩证》引魏徵撰《天下诸州姓氏谱》。上述卷子和书,都是一卷本,仅记天下郡望出处,内容与本卷相同。由此推测,其名亦相近。当然,这样定名未必与原名相符,但比之过去的定名《贞观八年条举氏族事件》《姓氏录》《贞观氏族志》等,无疑是更接近于实际了。

残卷不仅不是《贞观氏族志》,且所载郡姓也不是《贞观氏族志》所定郡姓,而是《贞观氏族志》以前、主要是唐代以前的郡姓。这样说,是如下两方面考察之结果。

第一,残卷现存州郡六十六。我根据《汉书·地理志》《后汉书·郡国志》《晋书·地理志》《宋书·州郡志》和《南齐书·州郡志》《魏书·地形志》《通典·州郡》《元和郡县志》《隋书》和两《唐书·地理志》等,逐一考察了这些州郡建制沿革。其时代可大而分之为三,今分录于后。

一、州郡之名,隋唐时已无其称,或与隋唐之制不合,而沿袭隋唐以前旧称的,为以下二十八郡州:⑥

晋阳郡并州	中山郡恒州	广平郡冀州
渤海郡冀州	高阳郡冀州	上谷郡燕州
内黄郡相州	黎阳郡卫州	高平郡兖州
济北郡洛(兖)州	东平郡兖州	山阳郡兖州
平阳(阳平)郡兖州	太山郡兖州	平昌郡兖(青)州
乐安郡青州	千乘郡青州	临淄郡青州
成(城)阳郡青州	沛郡徐州	兰陵郡徐州

东莞郡海州　　　　长城郡湖州　　　　盐官郡杭州
松阳郡括州　　　　武都郡果州　　　　南安郡泉州
济阳郡济州

二、郡州之名，既见于隋唐之前，又与隋或唐建制相合，因而可算隋唐以前，又可算隋唐时期的，为以下二十一郡州：

上党郡潞州　　　　太原郡并州⑦　　　青河郡贝州
范阳郡幽州　　　　河间郡瀛州　　　　赵郡赵州
河内郡怀州　　　　河南郡洛州　　　　荥阳郡郑州
颍川郡许州　　　　陈留郡汴州　　　　谯国郡亳州⑧
鲁国郡兖州　　　　梁国郡宋州　　　　东阳郡婺州
济阳(阴)郡曹州　　汝南郡[豫]州　　　彭城郡徐州⑨
琅琊郡沂州　　　　下邳郡泗州　　　　寻阳郡江州

三、郡或州名，隋唐以前所无，而为隋或唐时建制，为以下十七郡州：

雁门郡代州　　　　钜鹿郡邢州　　　　平原郡德州
弘农郡虢州　　　　南阳[郡][邓州]　　东郡[滑]州
濮阳郡濮州　　　　广陵郡扬州　　　　会稽郡越州
吴郡苏州　　　　　吴兴郡湖州　　　　余康(杭)郡杭州
丹阳郡润州　　　　豫章郡洪州　　　　武陵郡[朗]州
长沙郡潭州　　　　临海郡台州

总而言之，隋唐以前共二十八，占总数的百分之四十二强；既可算隋唐以前，又可算隋唐时的为二十一，占总数的百分之三十二弱。其中，仅仅果州和临海郡台州，因果州台州始置于武德四、五年，可说是唐朝新置的。其余六十四郡州可以说都是唐以前的。⑩

上述现象，敦煌唐写本同类卷子及记载郡姓的书，也都有之。例如斯5861号与伯3191号残卷缀合，所列州郡现存二十六，其中有卫州黎

329

阳郡、沛国郡、兰陵郡、海州东莞郡、湖州长城郡、泉州南安郡、果州武都郡，约占总数四分之一，唐时已无其称，或与唐之建制不合。斯205号《新集天下姓望氏族谱》一卷载州郡九十，内有：

雍州始平郡	雍州武功郡	同州颌阳郡
凉州西平郡	泽州晋昌郡	冀州渤海郡
冀州中山郡	冀州高阳郡	相州内黄郡
卫州黎阳郡	楚州山阳郡	滑州白马郡
处州松阳郡	兖州太山郡	兖州平昌郡
青州乐安郡	徐州兰陵郡	杭州钱塘郡
杭州盐官郡	歙州歙郡	泉州南安郡

共二十一个州郡，约占总数百分之二十三；《太平寰宇记》有七十六郡载唐代郡姓，其中有：

滑州白马郡	徐州沛郡	徐州兰陵郡
青州乐安郡	青州千乘郡	青州齐郡
青州成阳郡	兖州鲁国郡	兖州山阳郡
兖州[太山]郡	兖州平昌郡	兖州□□郡
海州东莞郡	雍州武功郡	雍州始平郡
并州晋阳郡	相州内黄郡	卫州黎阳郡
湖州长城郡	泉州南安郡	

共二十个州郡，占总数的四分之一以上；此外，魏徵撰《天下诸州姓氏谱》残剩二十七个州郡，上面已交代过，约有三分之一；伯3421号敦煌残卷存三郡，有二郡（雍州始平郡、幽州新平郡），都是唐时已无其称，或与唐制不合。

必须指出，上述各残卷和各书，沿用旧称的州郡，绝大多数是相同的，这只要对照一下就很清楚。如泉州南安郡，五种著作都有其名。⑪

为什么州郡沿用旧称者如此普遍？前贤有一种说法：郡望重先世，

故承袭前代旧称。郡望当然重先世,因而尽管后代住地不断迁徙,郡望依然取最早籍贯;[12]许多出身庶族的新贵,往往要想方设法与同姓旧族同谱叙昭穆,冒认祖宗。但单凭这一点来解释上述问题,则说不通。如果仅是郡望重先世,那么,唐人著作,其写法应该正文郡名用旧称,注文州名用唐称。然而,残卷并非如此,许多郡不注唐之州名而注旧称,且体例不一。从所注名看,一为隋朝改制以前的大州,如并州、燕州、冀州、兖州、青州、徐州等;二是隋朝改制后的小州,如汴州、宋州、台州、潭州等。前者,某郡某州,即某郡属某州;后者,某郡某州,意为某郡即某州。例如上谷郡,按唐制应注易州,上谷郡即易州;但残卷注北魏旧称燕州,意为上谷郡属燕州。广平郡,唐初在洺州境内,应注洺州;同例,渤海郡应注沧州,高阳郡应注定州。但此三例都注北朝旧称冀州,意为冀州下属之郡。再如高平郡、济北郡、东平郡、山阳郡、鲁国郡、平阳(阳平)郡、太山郡,不注唐初相应州名,而一律注南北朝旧称兖州。同例还有青州之乐安郡、千乘郡、临淄郡和徐州之兰陵郡、沛郡等。类似例子甚多。

残卷所注州之所以体例不一,有大州又有小州,有旧称又有今称,我以为与如何修撰密切相关。《新集天下姓望氏族谱》(一卷)序云:"谨录元出州郡姓望,分为十道如右。"这类著作,编辑方法近似,都是直接或间接地摘抄前人著作,按十道顺序排列。由于摘录的材料,时代有先后,[13]编著时又未予加工统一,因而同一卷子所列郡州的时代,有唐初的、隋代的,魏晋南北朝时期的,魏晋以前的,甚至把不同时期的郡、国之名合而为一,如谯国、谯郡合写成谯国郡,梁国、梁郡合写成梁国郡。正因为这类著作系摘抄编辑而成,相互间也有承袭关系,年代晚的抄录早的。不同卷子(书)沿用旧称的州郡,多数相同,原因就在于此。

这一点,还可以从残卷所列郡州中,有些郡州早已并合为一,但继续并列,得到进一步证实。如千乘郡始于汉高帝,曹魏时已改为乐安郡，但残卷千乘郡与乐安郡继续并列。徐州之彭城郡、沛郡、兰陵郡，在北齐以前是并列的。但沛郡在北齐时已并入彭城，兰陵郡亦于隋代并入彭城。而这三个郡在残卷上也是并列存在。类似例子不少。为什么会出现这种情况？无非是编撰者抄摘前人著作中的郡望后，未予加工归并，就汇编在一起。因而出现了有些郡州名称虽然不同，但在唐代实为同一地域的情况。

第二，残卷之二百六十六姓，我的考察，其中许多郡姓早已没落，相反，许多人物在唐初居高位，很显赫，应该列入《贞观氏族志》的其姓却不在其中。如残卷渤海郡四姓：吴、欧阳、高、刁。除高姓外，其他三姓，据《隋书》、两《唐书》等记载，不仅唐初，整个有唐一朝未见什么有名人物。高阳郡四姓：纪、公孙、耿、夏，有唐一朝，亦全无有名人物。如果说这些郡姓，在唐初虽无有名人物见于史传，但仍有势力，那么，经过几十年、一百多年和平发展时期，为什么他们不能凭借文化上的优势，通过科举等途径，进入仕途，显赫起来？这只能说明这些郡姓确实已经没落。类似例子甚多。

与此相反，如李纲，观州蓚县人；祖元则北魏清河太守；父制，周车骑大将军。纲在隋朝曾官为尚书右丞（正四品下）。李渊起兵进入长安，纲为丞相府司录，封新昌县公。唐初为礼部尚书、太子少师，卒赠开府仪同三司。[14]按照唐太宗定氏族等第标准，李纲应该列入氏族志。蓚县，原属渤海，唐初属观州，贞观十七年改属德州。郡望重先世，李纲郡望应为渤海。但残卷渤海郡四姓，无李姓；平原郡德州三姓：师、雍、封，亦无李姓。另一个观州蓚人封伦，父子绣，隋通州刺史；祖隆之，北齐太子太保；[15]曾祖回，魏司空。封伦本人在隋为内史舍人，唐初为内史侍郎，高祖、太宗两朝，官任宰相，爵为国公。[16]封伦无疑应列入《贞观氏族志》，郡望属渤海。但残卷渤海郡无封姓。有一种意见，一方面认为残卷为《贞观氏族志》，一方面又说平原郡德州三姓，其一封姓，蓚县唐前期属德州，故封氏系平原郡望。但唐代蓨县改属德州，在贞观十七年。《贞观氏族志》完成时，蓨县仍属观州，封氏自然不会改系平原郡德州。进一步说，假定蓨县由渤海改属德州，封姓郡望亦随着改系平原郡，那么，为什么平原郡没有李纲郡望？就扞格难通。唐代中后期的《新集天下姓望氏族谱》德州平原郡出七姓，无封、李二姓；冀州渤海郡出二十八姓，则有封、李二姓。可见封、李二姓，唐代并没有改系德州平原郡。《旧唐书》卷39《地理志》"冀州"："蓨，汉县，属渤海郡。隋旧隶观州，州废，属德州。"据此，封姓由渤海改系德州平原郡下，可能在隋代。那时，蓨县李氏还没有成为郡望，因而平原郡有封姓而无李姓。此一例证，恰好说明残卷之郡姓，确实不是《贞观氏族志》所定郡姓，而是贞观以前的。再如杭州新城人许敬宗，其先高阳北新城人。曾祖懋，梁太子中庶子，始平、天门二郡守，散骑常侍。祖亨，梁给事中、黄门侍郎，陈太中大夫、卫尉卿。父善心，陈度支侍郎，隋礼部侍郎。敬宗本人为秦王府十八学士之一，贞观八年为中书舍人、给事中，后曾任宰相。[17]毫无疑问，也应该列上《贞观氏族志》。但残卷高阳郡无许姓（杭州亦无许氏）。年代较晚的著作，如《太平寰宇记》和《新集天下姓望氏族谱》高阳郡都有许姓，且列于第一。类似例子，还可举出若干。

由上所述，可见残卷之郡姓，确非贞《观氏族志》所定郡姓，而是贞观以前，主要是唐代以前的。所谓唐代以前，细加分析，时代也不是划一的：成为郡姓的时代有先后，早则在汉代就已著名，其次为魏晋，晚则南北朝；衰落也有早晚，有的在南北朝已衰落，有的晚至隋末农民大起义，有的在唐代仍为著姓，有相当大的社会影响和政治势力。具体情况要进行具体分析。

有一种意见认为残卷与婚媾仕宦密切相关。我以为这是一种误解。从残卷内容看，很简单，仅记郡姓出处，而郡姓等第、郡姓代表人物、谱系、官历全不记载。它是有关天下郡望的常识性著作，对于辨别姓族、选举取士、互通婚媾并无查考作用。举例为证:"(郑)薰主文,举人中有颜标者,误谓鲁公(指颜真卿)之后。时徐方未宁,志在激忠烈,即以标为状元。及谢恩日,从容问及庙院。标曰:标寒进也,未尝有庙院。薰始大悟。"时人嘲曰:"主司头脑太冬烘,错认颜标作鲁公。"[18]天下同姓者多,而且唐代冒认郡望成风,单凭姓氏,取士、婚媾等都会出差错,闹笑话。因此,阀阅之家通婚须了解门第郡望时,多半向精通谱学的专家请教。那么,残卷一类著作,又是干什么用的?

大家知道,郡望是伴随着世族地主势力发展而来,早在东汉就见于文献。如《魏略》载天水郡有姜、阎、任、赵四姓;[19]冯翊郡,桓、田、吉、邵为甲族。[20]三国时更多,仅蜀地,据《华阳国志》所载统计,郡姓、县姓就达一百四十五。门阀地主统治的晋南北朝时期,官位的安排迁升、婚姻的选择,以及社交往来等,都特别重视郡望门第。统治阶级的思想,在每一时代都是占统治地位的思想。其影响很自然地及于民间,崇尚郡望逐渐成为一种社会风气。隋朝统一南北,专制主义中央集权加强,九品中正制废止,标志着门阀地主统治的结束。但崇尚郡望之风,依然存在。唐代此风不仅犹在,甚至更盛。如果说《百家谱》《十八州谱》等大部头著作,[21]是适应官府、门阀地主、谱学专门家需要的产物;那么,随着崇尚郡望成为社会风气,就要求一种适合民间需要,易于查阅、记忆,简明扼要,普及性、常识性的郡望著作。《通志·氏族略》"氏族序"云:姓氏书虽多,"大概有三种,一种论地望,一种论声,一种论字"。所谓"论字者,以偏旁为主。论声者以四声为主"。目的是便于查阅。这反映出姓望书使用之普遍,因而要像字书那样,经常翻检。残卷就是此类著作之一。对此,斯 2052 号《新集天下姓望氏族谱》(一卷)序文表达得很清楚。序文讲了三点。

其一,"夫人立身在世,姓望为先。若不知之,岂为人子"。这就是说,姓望乃为人处世必备的知识。情况确是如此。例如,书札往来,不写官爵，而写郡望。《太平广记》卷184"氏族类李积"条："官至司封郎中、怀州刺史。与人书札，唯称陇西李积。"再如士人之间往来，初次见面，应酬问答，要通郡望。撰写传记碑颂，郡望亦为必要内容之一，以致普遍伪造。这种社会风气，刘知幾在《史通》"邑里篇"有概括描绘："自古重高门，人轻寒族，竟以姓望所出，邑里相矜。若仲远之寻郑玄，先云汝南应郡，文举之对曹操，自谓鲁国孔融是也。爰及近古，其言多伪。至于碑颂所勒，茅土定名，虚引他邦，冒为己邑。若乃称袁则饰之陈郡，言杜则系之京邑，姓卯金者咸曰彭城，氏禾女者皆云鉅鹿，在诸史传，多与同风。"一句话，在在需要郡望知识。

还应该指出，唐代撰写碑志成风，润笔之资很高，也促使天下姓望氏族谱一类著作更为流行。《容斋随笔》卷6《文字润笔》云："作文受谢，自晋宋以来有之，至唐始盛。"《旧唐书》卷190中《李邕传》："邕，早擅才名，尤长碑颂。虽贬职在外，中朝衣冠及天下寺观，多赍持金帛，往求其文。其后所制，凡数百首，受纳馈遗，亦至巨万。时议以为自古鬻文获财，未有如邕者。"皇甫湜为文，一字三缣。为文三千，索缣九千。[22]白居易与元微之为生死之交，但居易为微之作墓志文，其家酬以奴婢与马绫帛洎银鞍玉带等物，价当六七十万。[23]韩昌黎为文，必索润笔。故刘禹锡祭韩吏部文有："一字之价，辇金如山。"[24]唐文宗时，"长安中争为碑志，若市贾然。大官薨卒，造其门如市，至有喧竞构致，不由丧家"。[25]卖文成为生财之道和谋生手段。[26]民间请人代写书仪，代撰墓志等，润笔之资当然不如达官贵族人家那么高，但有一定报酬，则是可以肯定的。既然卖文，就要有郡望知识。天下姓望氏族谱一类著作的出现，以及有人辗转传抄，这是重要原因之一。抄录的目的，与抄录土地买卖、租佃、借贷等契约样式是相同的，都是为了代人书写时参考之用。

其二，"虽即博学，姓望殊乖"。这是说掌握姓望知识十分困难。姓望分布于天下诸州,以私人之力,势难搜集得很完备。官修的百家谱、氏族志,一般人不仅不易见到,且卷帙浩繁,难于掌握。《旧唐书》卷72《李守素传》记载:虞世南尝与李守素共谈人物。"言江左、山东,世南犹相酬对。""及言北地诸侯""世南但抚掌而笑,不复能答。"博学如虞世南尚且如此,一般人可想而知。

其三,"晚长后生,切须披览,但看注脚,姓望分朋"。这说明本卷是适应群众性需要的简明扼要著作。《玉海》卷50《艺文·谱牒类》引《中兴书目》有《诸氏族谱》一卷,梁天监七年(508),中丞王僧孺撰。据《旧唐书·经籍志》,王僧孺撰《百家谱》三十卷、《十八州谱》七百一十二卷。一卷本的《诸氏族谱》,可能是在《百家谱》《十八州谱》基础上编辑的。一供专门家用,一供普及用。如果这一推断成立,则天下姓望氏族谱一类普及性著作,早在南朝就有。隋代有刘昉等定《四海姓望谱》一卷,[②]至唐则更多,更为流行。如魏徵撰《天下诸州姓氏谱》,李林甫撰《天下郡望姓氏族谱》,[③]以及敦煌写本《天下姓望氏族谱》等。这类著作,包括面广(天下郡望),但简单明了,查阅方便,记忆也不难,且可随身携带。这些特点,斯5861号与伯3191号残卷缀合,体现得尤为明显。该残卷分两部分。一部分为某州某郡几姓,是哪几姓?如怀州河内郡八姓:宋、向、车、常、寻、苟、司马、淳于。另一部分为某姓几望,出于哪几个州郡?如车姓二望:河内郡车、鲁国郡车。这样,只要知道某人的姓和所属的郡,就能很快查出某人是否郡姓和应为某郡郡姓。对于士人间应酬问答、互通姓望,事先作好准备,对于民间代写书仪、代撰碑志,为人编造郡望,很有用处。

中外不少学者以残卷之郡姓来直接证明士族地主在唐代势力之盛。我以为这也是误解。从马克思主义的观点看来,经济基础决定上层建筑,上层建筑一经形成,又有相对的独立性。崇尚郡望之风,是门阀地主统治时期的产物,但并不随着门阀地主统治结束而结束。郡望作为一种社会风气、社会习惯,在门阀地主统治结束以后,会长久地延续下来。直到清末,以至中华人民共和国成立以前,在婚帖、名片,甚至农村人家的家具上也写上郡望,如晋昌郡唐某某、临川郡周某某、江夏郡黄某某、庐江郡何某某。这都是冬烘先生所为,与魏晋和唐代的郡望风马牛不相及。但由此可见崇尚郡望的社会习惯,残留延续是多么长久。

上面已指出残卷所载郡姓,情况是比较复杂的。这些郡姓都是直接、间接从唐初、主要是唐以前人著作中抄摘而来。有的在唐代仍有势力,有的则早已没落。而在唐代初年,有些很显赫的姓,却没有包括在内。由此可见残卷之郡姓,并不直接反映唐代士族地主情况。

士族地主势力起于汉代,发展于魏晋,凝固于晋宋,其后渐趋衰落。唐代士族地主虽还有相当政治势力和社会影响,但毕竟是没落者。随着社会的发展,其势力愈趋衰微。这一总趋势是历史的必然。是不可逆转的。然而唐代后期的《新集天下姓望氏族谱》之郡姓,达八百零一,就总数说,比本卷郡姓三九八约多一倍,就郡与郡比,有许多郡增加的幅度很大,如渤海郡原为四姓,增至二十八姓。这意味着什么?这种增加,[29]表面上看,似乎是士族势力的扩大,但它是在士族地主没落过程中出现的,郡姓数量的增加实际上并不意味着士族地主势力的发展;恰恰相反,而是意味着士族地主势力的削弱,士庶差别的缩小,以致混同。这似乎矛盾,其实并不矛盾。士族地主要成为社会统治者,当然要有一定数量,要有一个从少到多的发展过程。但一当其发展到一定阶段,成为享有特权的统治集团,就发生转化,就要求凝固现状,以保持本集团的特殊利益。物以稀为贵,郡姓数扩大,意味着原有郡姓的特殊地位相对降低。在这个意义上讲,郡姓数与郡姓的特殊地位是成反比例的。郡姓数越扩大,郡姓的特殊地位越降低。《新唐书》卷 95《高俭传》赞曰:"(唐)至中叶,风教又薄,谱录都废,公靡常产之拘,士无旧德之传,言李悉出陇西,言刘悉出彭城,悠悠世胙,讫无考按,冠冕皂隶,混为一区,可太息哉!"欧阳修的观点很保守,但他道出了唐代中叶后,士族地主残余势力逐渐消失,士庶混同的情况。郡姓这块金字招牌,从昂贵降为廉价,由士族独占变为人皆可用。郡望的内涵变了,依附旧家,冒称郡望,讲郡望的风气更普遍了。《新集天下姓望氏族谱》之郡姓数,较前成倍增加,就是在这种社会背景下出现的。它意味着士族地主特殊地位进一步削弱、消失,庶族地主势力的巨大发展。这说明天下姓望氏族谱之郡姓,只能曲折地反映社会情况,而不能直接说明唐代士族地主的盛衰。

小结本文,我同意牟润孙先生意见,残卷不是官文书。残卷郡姓部分的底本我以为编撰年代在唐武德五年以后,武周长安以前或开元天宝时期。残卷不是《贞观氏族志》或伪托之《氏族志》,而是有关天下姓望的常识性著作。它的名称,可能是《天下姓望氏族谱》。所载郡姓辑自前人著作,但不是《贞观氏族志》所定郡姓,而是《贞观氏族志》以前,主要是唐朝以前的郡姓。这些郡姓,有的在唐代以前早已没落,有的在唐代仍有相当大的政治势力和社会影响。郡望观念、崇尚郡望的社会风气,以及适应这种需要的郡望著作,是士族地主、士族制度影响下的产物。但并不随着士族地主势力衰微、士族制度结束而立即衰微、结束。作为一种上层建筑,还要延续相当长的时间。唐代天下姓望氏族谱一类著作的流行,说明崇尚郡望风气依然很盛。但这类著作反映郡姓盛衰是比较曲折的。它不能直接说明历史,只能由历史来说明它。如果不加分析,以此来直接论证士族地主势力的盛衰及其在唐代的地位、影响,就会与史实不符。

不当之处,请批评指正。

1981年6月

附录：《古今姓氏书辩证》所引贞观时郡姓

卷2：唐贞观中定德州平原郡八姓，其一东方氏。

卷4：贞观中定怀州河内[郡]七姓，其一司马氏。

卷5：唐魏郑公定天下诸州姓谱，以崔张房何傅靳为贝州清河郡六姓。

卷6：唐贞观所定凉州西平郡六姓，有申屠氏。

卷6：唐贞观所定河内郡七姓，一曰淳于氏。

卷9：唐贞观所定高陵郡五姓，其一曰鲜于氏。

卷12：唐抵丘郡六姓，一曰多氏。

卷12：罗，唐益州蜀郡三姓，洪州、豫州六姓，皆其一也。

卷13：唐贞观所定广陵[郡]四姓，其一曰商。

卷13：唐贞观所定濮州武（濮）阳郡七姓，泉州南安郡六姓，洪州豫章郡六姓，皆有章氏。

卷15：唐贞观所定果州武都郡七姓，一曰仓。

卷15：唐贞观所定虢（鄂）州江夏郡三姓，泉州安南（南安）郡六姓，括州松阳郡三姓，曹州东阳郡十一姓，濮州濮阳郡六姓，皆有黄氏。

卷15：唐贞观所定泾州安定郡六姓，其一曰皇甫。

卷15：唐贞观所定郑州荥阳[郡]四姓，一曰青阳。

卷19：唐贞观所定益州蜀郡三姓，一曰金氏。汾州河西（西河）郡四姓，一曰金氏。

卷20：唐贞观所定太原郡十姓，有阎氏。

卷33：唐贞观所定洛州河南郡十四姓，一曰贺兰。

卷33：唐贞观所定汾州西河郡四姓，其一相氏。

卷34：唐贞观所定青州齐郡四姓，一曰宁氏。

卷36：唐东平郡四姓、祁州新平郡三姓，皆一曰毕。

卷38：唐贞观所定果州武都郡五姓，一曰药氏。

卷38：唐贞观所定果州武都郡七姓,一曰霍氏。

卷40：唐魏徵定天下姓氏,平昌郡三姓,山阳郡五姓,皆有盖氏。

卷40：唐贞观所定抵丘郡六姓,其一曰獦氏。

姓氏书校勘记下宋本卷第37：唐贞观所定同州颌阳郡四姓,其一曰达奚。

以上合计二十五例,共二十七郡一七六姓。

附注：

作者另有以下两文,可作参考：

(1) 论北京图书馆位字79号写本的时代和性质(法文),见法国苏远鸣主编《敦煌学论文集》,1984年出版。

(2) 敦煌出土四件唐代姓望资料残卷及若干问题,见北京大学中古史研究中心编《敦煌吐鲁番文献研究论集》第二辑,1982年出版。

(《魏晋隋唐史论集》第二辑,中国社会科学出版社1983年版)

注释：

① 参阅《元和郡县志》卷26、《旧唐书》卷40。
② 唐肃宗至德二年,因恶安禄山,凡郡县有安字者多易之。残卷南安郡系承袭旧称,唐时已无其名,自然不属易名之例,但在肃宗朝,理应不用南安郡之名。
③ 按唐代太庙之制有过多次变动,武德时为四庙,贞观时改为六庙,中宗起改为七庙,从玄宗开元九年起改为九庙,到宣宗时改为九庙十一室之制。李虎、李渊、李世民为创业之主,百代不迁。避代宗讳的,应为代、德、顺、宪、穆、敬、文宗时;避德宗讳的,应为德、顺、宪、穆、敬、文、武宗时;避宪宗讳的应为宪宗至昭宗时;避穆宗讳的,应为穆宗至哀帝时。但残卷系私人著作,几经传抄,卷末题记署年为吐蕃统治时期,可能有应讳而不讳,或有已讳而后人回改者,因而不能单凭避讳断定年代,须结合其他条件一起考虑。

④ 见《中国文物》第一期,1979年10月版。此一残卷,向达先生在《西征小记》一文中,定名为地志,吴震同志则名曰《郡县公廨本钱簿》。
⑤ 残卷有济阳郡济州,据《通典》卷180、《元和郡县志》卷10郓州注:济州济阳郡仅存在于天宝元年至十三载之间。但从残卷济阳郡济州所载郡姓看,与《通典》济阳郡济州,不是同一地域。唐以前,济州和济阳郡已分别存在。残卷济阳郡济州,有可能是唐以前之建制,或者是辑录者把济阳郡和济州误置于一起。
⑥ 包括个别无从查考的。
⑦ 按残卷之太原郡并州,前面有□阳郡并州,则并州为大州,即太原郡和□阳郡,均属并州。严格讲,应为隋唐以前之制。
⑧ 谯国郡,合谯国、谯郡而言,鲁国郡,梁国郡亦同。严格讲,为隋唐以前建制。
⑨ 彭城郡徐州,严格讲为彭城郡属徐州,应为隋唐以前建制。
⑩ 以上六十六郡州建制沿革,将另文发表。
⑪ 五种著作指:北图位字79号,魏徵撰《天下诸州姓氏谱》。斯5861号与伯3191号缀合、《太平寰宇记》、斯2052号。
⑫ 《史通·邑里》:"天长地久,文轨大同,州郡则废置无恒,名目则古今各异,而作者为人立传,每云某所人也。其地皆取旧号,旌之于今。"
⑬ 所谓时代有先后,有两种含义:一为所据材料是不同时代的,如唐初、隋代、魏晋南北朝不同时代的著作;二为虽属同一时代著作,但成为郡望的时代不同,如都是取材于唐人家谱,但有的家族成为郡望早在汉代,有的在魏晋、南北朝,而郡望多承旧称,因此即使都取自唐人著作,实际上时代仍有先后。
⑭ 《旧唐书》卷62《李纲传》。
⑮ 《北齐书》卷21《封隆之传》:隆之渤海蓨人。
⑯ 《旧唐书》卷63《封伦传》。
⑰ 《旧唐书》卷82《许敬宗传》。
⑱ 《全唐诗》卷872《谐谑四·嘲郑薰》。
⑲ 《三国志·魏志》卷13《王肃传》裴注。
⑳ 《三国志·魏志》卷23《裴潜传》裴注。
㉑ 《旧唐书》卷46《经籍志上》乙部谱牒类。
㉒ 《新唐书》卷176《皇甫湜传》。
㉓ 《白氏长庆集》卷59《修香山寺记》。
㉔ 《刘宾客外集》卷10《祭韩吏部文》。
㉕ 《唐国史补》卷中。
㉖ 《太平广记》卷497《杂录类》王仲舒条:"王仲舒为郎官,与马逢友善。每责

逢曰:'贫不可堪,何不求碑志相救?'"
㉗ 见《日本国见在书目录》22"谱系"。
㉘ 见《玉海》卷50《艺文·谱牒类》。
㉙ 这种增加,不能作机械理解,因为两者之郡姓都辑自前人著作,其中包括了不少已经没落的郡姓,此其一。其二,辑录者本身条件不同,取舍标准可能也不一样,因而两个卷子郡姓数差别,并不完全反映郡姓之实际变化。但从两者对比中,可以看出大的变化趋势。

曹仁贵节度沙州归义军始末

安史之乱后,瓜沙地区被吐蕃占领。大中二年(848)张议潮起义,推翻吐蕃统治,归附唐朝。大中五年,唐于沙州置归义军,以张议潮为节度使。自此之后,一直到北宋初,瓜沙地区为张曹两家世守。其中,曹氏自唐末五代初到宋景祐年间,被西夏灭亡为止,前后一百几十年,一直宗奉中原王朝正朔,对维持瓜沙地区长期相对和平的局面,保持丝绸之路畅通和中外文化经济交流而言,曹氏与有力焉。但曹氏的创业者、第一个继替张氏节度瓜沙地区者是谁?至今还是一个问题,故草此稿,以就正同好。

一、曹氏的创业者是曹仁贵,光化二年(899)已自称归义军节度兵马留后使

《宋史·沙州传》:"至朱梁时,张氏之后绝,州人推长史曹议金为帅。"后人多沿袭此说。如清人常钧撰《敦煌杂录·沙州卫》:"五代朱梁时张氏世绝,沙人推长史曹议金为帅,请命中朝,授本军节度。"近人罗振玉《瓜沙曹氏年表》、①今人王重民《金山国坠事零坠》、②向达《西征小记》、③以及宿白《莫高窟大事年表》、姜亮夫《瓜沙曹氏年表补正》、⑤贺世哲、孙修身《〈瓜沙曹氏年表补正〉之补正》、⑥等等,皆沿袭旧史之说,以为继替张承奉节度瓜沙地区者是曹议金。这都是不正确的。曹氏的

创业者、第一个继替张承奉为归义军节度使、统治瓜沙者,不是曹议金,而是曹仁贵。

P.4044号乾宁六年(899年,应为光化二年)某甲差充右一将第一队副队使帖

1　使检校吏部尚书御史大夫曹
2　使　帖
3　　右某甲差充右一将第一队副队。
4　右奉　处分,前件人仍以队
5　头同勾当一队健卒,并须
6　在心钳镶镶点检主管一切军辖,
7　器,并须搂搂缓急贼寇,
8　稍见功劳,当便给予队头
9　职牒。仍需准此指拟者。
10　乾宁六年十月廿日帖

此帖是一底稿,故帖内人名只称某甲,但内容完整,叙任命某人为右一将第一队副,纪年为乾宁六年(899)。1行结衔下虽只见曹,并无其名,但使检校吏部尚书兼御史大夫曹,与下引P.3239号敕归义军节度兵马留后使检校吏部尚书兼御史大夫曹仁贵的官衔相同,曹即曹仁贵无疑。可见光化二年(899)十月廿日曹仁贵已自称归义军节度兵马留后使。

曹仁贵是在什么条件下称节度使的？由于材料缺乏,难知其详。但从下引材料中,似可窥知一点消息。

S.4470号背乾宁二年(895)三月十日归义军节度使张承奉、副使李弘愿疏

1　细氎壹匹,面贰槃,麨贰槃,屹林子贰槃,

　　2　䩮(?)气子一槃,以上施入大众。苏一槃子,缥壹匹,充法事。

　　3　右所施意者,伏为长史、司马夫人、

　　4　己躬及两宅合家长幼,无诸灾

　　5　瘴,保愿平安,请申　回向。

　　6　　　乾宁二年三月十日弟子归义军节度使张承奉、副使李弘愿谨疏。

疏文中之长史指沙州长史曹仁贵,司马夫人指张议潮十四女、李明振妻,即张承奉姑、李弘愿母,己躬指张承奉、李弘愿,两宅指张、李两家。按照惯例,节度使的施舍回向疏首先为君王或节度使本人祈福,而这件疏文,却首先为属官长史、司马夫人祈求平安,这是为什么?

首先为司马夫人祈福,容易理解。因为她是乾宁元年杀索勋、立张承奉的指挥者,又是瓜沙地区的实权掌握者。张承奉首先为她祈福,顺理成章,很是自然。殊难理解的是,长史曹仁贵在疏文中也与李明振妻同样先受到节度使的祈福,我以为别无其他理由,乃是因为曹仁贵在推翻索勋以前,在沙州已是一位重要人物。在推翻索勋、立张承奉这一事变中,他是李明振妻的合谋者。索勋是沙州望族而为节度使,独揽大权。李氏势力主要在凉州,李明振妻想在沙州杀掉索勋,谈何容易!没有沙州地区关键人物的支持,是不可能的。李明振妻在沙州发动政变轻而易举地杀掉索勋,必然取得沙州关键人物的支持。这个关键人物我以为就是节度使的主要助手、沙州长史曹仁贵。甚至也有可能曹仁贵是主谋者,他借助李明振妻为外力,推翻了索勋统治。曹仁贵在杀索勋、立张承奉过程中起了很大作用,实际地位已与李明振妻不相上下,因此,张承奉在疏文中首先要为他祈求平安。了解了这一点,就不会对

前述乾宁六年(899年,应为光化二年)曹仁贵自称归义军节度兵马留后使感到突然。

二、甲戌年(914)曹仁贵继替张承奉成为瓜沙地区唯一的最高统治者

P.3239号甲戌年十月十八日邓弘嗣改补充左厢第五将将头牒

```
1   敕归义军节度兵马留后使   牒
2        前正兵马使银青光禄大夫检校太子宾客邓弘嗣
3     右改补充左厢第五将将头
4   牒奉 处分,前件官,弱冠从戎,
5   久随旌旆;夙勤王事,雅有殊才;临
6   戈无后顾之心,寝铁更增雄毅;兼
7   怀武略,善会孤虚;主将管兵,最为
8   重务;尘飞草动,领步卒虽到球
9   场;列阵排军,更宜尽终而效节;上直
10  三日,校习点检而无亏;弓剑修全,
11  不得临时而败阙;  立功必偿,别加迁转
12  而提携;有罪难逃。兢心守公。依己件
13  补如前,牒。举者,故牒。
14        甲戌年十月十八日   牒
15  使检校吏部尚书兼御史大夫曹仁贵。
```

上引告身录文,14行曹仁贵具名,"仁贵"两字系签名,不易识读。笔者寡陋,至今还没有见到治瓜沙史者识读移录。例如王重民著《伯希和劫

经录》，题为"甲戌年归义军兵马留后使曹赐邓弘嗣牒"，"仁贵"两字未标出。(日)东洋文库敦煌文献研究委员会编《斯坦因文献及研究文献引用介绍的西域出土汉文文献分类目录初稿非佛教献之部古文书类第一册》，亦未释录，而是照描。贺世哲、孙修身同志虽曾引用这一告身，但不知道其具名为曹仁贵，真是失之眉睫。从照片上看，确有"仁贵"两字，可惜第一次发表录文者不识，用□□表示，后之引用者，或未查原件胶片，人云亦云，以为缺字；或查而不识，未予释录。贺、孙两同志还把仁贵两字用□□表示，并推论曹□□即曹议金，又据此得出张承奉后曹议金节度瓜沙云云。论据错了，结论自然不能成立。仁贵两字比较难认。笔者初录时，亦不能立即识读，反复辨认，才判定是"仁贵"两字。为慎重起见，又请教了我大学时老师张政烺教授，得到张老师首肯。至此，甲戌年赐邓弘嗣为第一将将头的归义军节度兵马留后使是曹仁贵，殆无疑问。几十年来，治瓜沙史者相沿把曹仁贵当成曹议金的误讹，将得到更正。

上件纪年为甲戌年，贺、孙等同志推定为后梁乾化四年(914)是正确的。我补充一点，甲戌的戌右面缺一撇，戌字缺笔避讳，始于后梁朱温，更足证甲戌年确为后梁乾化四年。戌字避讳缺笔，又说明曹仁贵已以中朝后梁为正朔。

S.1563号甲戌年(914)五月十四日西汉敦煌国圣文神武王准邓传嗣女出家敕

1 　西汉敦煌国圣文神武王敕：
2 　　　押衙知随军参谋邓传嗣女自意。
3 　敕　随军参谋邓传嗣女
4 　自意，姿容顺丽，窈
5 　窕柔仪，思慕空

6　门，如蜂念蜜。今因
7　大会斋次，准奏宜许
8　出家。可依前件。
9　　甲戌年五月十四日

正如贺世哲、孙修身同志正确指出，上引度牒是我们今天所能见到的张承奉活动的最晚一个卷子。如果说，此后张承奉的统治即告结束，结合上引告身一起考察，曹仁贵继替张承奉成为瓜沙地区唯一的最高统治者，时在甲戌年五月十四日与同年十月十八日之间。

还应指出，上引度牒，有三点须注意。

其一，此件与P.4632、4631号西汉金山国圣文神武白帝敕对照，金山国已改称敦煌国圣文神武白帝，已降称圣文神武王。其后，曹氏称敦煌王，实际上是张承奉所称的敦煌国圣文神武王的延续。

其二，这件度牒与上引告身上的邓弘嗣、邓传嗣可能是兄弟，两件文书书写的笔锋相似，敕、军、王、前、甲、戌等字极像一个人的手笔。这两件文书，应是同一书吏所写。

其三，甲戌的戌，右面一撇也是缺笔，说明张承奉也已宗奉中原朱梁王朝正朔。这时，李氏的势力早已衰落，张氏的势力也已式微，实权已归曹仁贵掌握。

过去有一种说法，认为"曹议金执政之后，接受了张承奉割据称帝的教训，去帝号，奉中原正朔，用归义军节度使旧称"。从以上所述，可见是不确切的。早在曹议金之前，不仅曹仁贵已不称帝，仅用归义军节度使旧号，甚至张承奉也在其统治末期去帝号，宗奉中原正朔了。

其他一些资料，也能证明金山国而后是曹仁贵统治。

例如P.3556号大唐敕授归义军管内外都僧统氾和尚邈真赞：

泊金山白帝国,举贤良,念和尚以众不群,宠锡恩荣之秩,遂封内外都僧统之号,兼加佛法主之名。五郡称大师再生,七州闻法主重见。爰至吏部尚书秉政敦煌,大扇玄风,和尚清座香台,倍敬国师之礼,承恩任位,传法十五余年。

再如 P.3556 号内外都僧统河西佛法主陈和尚法严邈真赞:

泊金山白帝国,举贤良,念和尚雅望超群,宠锡恩荣之秩。爰至吏部尚书秉政莲府,大扇玄风,封内外都僧统之班,兼加河西佛法主之号。遂邈和尚请就香台,四部畏威,倍敬国师之礼。承恩任位,通经十有余年。

以上二例中的吏部尚书指曹仁贵。都僧统(是河西最高僧官)以及河西佛法主、国师之号都应由中朝敕封和赐与,节度使可以推荐,而无封赐之权,但在唐末五代藩镇割据时,节度使往往以朝廷名义进行封赐。曹仁贵秉政敦煌以后,大力兴盛佛教,赐与法严、福高国师之号,并封法严为河西管内外都僧统,兼加河西佛法主,说明曹仁贵已节度归义军,继替张承奉成为瓜沙地区的唯一最高统治者了。

三、曹仁贵与回鹘通好以及朝贡中朝

曹仁贵为归义军节度兵马留后使以后,除了采取必要的政治军事措施,以及大兴佛教,巩固其对内统治外,对外有两点值得在此一书。

其一,与甘州回鹘等通好。曹仁贵要维持对瓜沙地区的统治,周边需要一个和平环境。从当时形势看,最重要的是搞好与虎踞西陲的于阗李氏和雄张东道的甘州回鹘的关系。其中,尤以搞好与回鹘关系为关键。因此,光化二年(899),他自称归义军节度兵马留后使后,就派出使团去甘州。

P.4044号乾宁六年(899年,应为光化二年)前后使帖

1　使　　帖。甘州使头都头某甲。
2　兵马使某专甲、更某人数。
3　右奉　处分,汝甘州充使,
4　亦须结耗和同。所过砦
5　堡州城,各　存其礼法。
6　但取使头言教,不得乱话
7　是非。沿路比此回还,仍须
8　守自本分。如有拗东撅西,
9　兼浪言狂语者,使头记名,
10　将来到州重有刑法者。　厶年　月　日帖

帖是底稿,故纪年称某年,使头和兵马使以及其他随行人员也均称某,亦未写明使帖的使指谁。但它与上引乾宁六年(即光化二年,899年)某甲差充右一将第一队副队使帖写在一起,前后相连,以笔锋看,两者又是出于同一人手笔,故知签发使帖的使,即"使检校吏部尚书兼御史大夫曹",也就是"归义军节度兵马留后使检校吏部尚书曹仁贵"。该件书写于乾宁六年,实为光化二年十月廿日前后,曹仁贵自称归义军节度留后之后,即组织了一个使团,派往甘州回鹘。这个使团有使头,有兵马使,以及其他随行人员和护卫士兵,颇具规模。其目的是"结耗(好)和同",即睦邻友好,和同一家,以取得回鹘的支持。使帖还强调,"所过砦堡州城,各须存其礼法""不得乱话是非",做好沿路的友好工作,以利于畅通东路交通。曹仁贵与回鹘通好的政策,对他以后取得瓜

沙地区的最高统治地位,稳定政局,无疑起了很大的作用。他的继承者曹议金、曹元德、曹元深、曹元忠等,都坚持并发展了与甘州回鹘的友好关系。

其二,朝贡中朝。瓜沙地区的统治者,得到中朝敕封,就披上了合法统治者的外衣,就会在社会心理上取得有利于己的好效果,就在政治上处于有利地位。因而曹仁贵自称归义军节度兵马留后使后,即向中原王朝派出了朝贡。P.4638号权知归义军节度兵马留后守沙州长史曹仁贵状二件,说明了这一点。

这二种牒状,蒋斧的《沙州文录》早已迻录,惜国人利用者甚少。两状均钤有沙州朝贡使印。上状日期,第一件无,第二件为八月十五日,无纪年。

从"权知归义军节度兵马留后"看,当在曹仁贵自称归义军节度兵马留后后不久,其年代应早于甲戌年(914),很可能在光化二年(899)前后。曹仁贵朝贡目的,自然是取得中朝的承认,敕封他为节度使。他的目的,直到其死,可能尚未达到。但曹氏一直坚持曹仁贵奉中朝正朔的方针,到同光二年(924)四月,他的继承者曹议金所派朝贡使终于到达后唐的京城。后唐授予曹议金归义军节度使,实现了曹仁贵的遗愿。

从此以后,曹氏成为瓜沙地区合法统治者,世代相承,直到被西夏灭亡为止。

四、曹仁贵节度瓜沙,止于何年?

目前尚无确证,只能从他的后继者曹议金的出现进行推断。罗振玉著《瓜沙曹氏年表》,据敦煌写本《佛说佛名经》贞明五、六年尾题:"府主尚书曹公已躬永寺,继绍长年。"推定贞明五年(919)曹议金已主瓜沙州事。其后国人论著,多沿袭罗说。这是可以商榷的。我以为府主尚书曹公，与 P. 3556 号秉政敦煌的吏部尚书、P. 4044 号乾宁六年某甲差充右一将第一队副队使帖等结论结合起来考察，应是曹仁贵，而不是曹议金。

现在所知曹议金的最早记载，乃是莫高窟 401 窟托西王曹议金壬午年六月五日毕功记。壬午年当后梁龙德二年（922）。此时曹议金已主瓜沙州事，则仁贵去位时间应在贞明六年（920）与龙德二年之间。

以往国人治瓜沙史者，由于不了解曹氏第一任主瓜沙州事者为仁贵，因而难免会把一些有关曹仁贵的材料当成曹议金的，把曹议金的材料当成曹元德的，导致解释误讹，等等。这有待于今后的研究者，重加鉴别，予以澄清。

附注：这篇短文，写于 1986 年 3 月。5 月，于中国科学院图书馆见到苏莹辉《朱梁时曹仁贵继张氏为沙州归义军节度使说》（见《大陆杂志》68 卷 1 期）。苏先生认为朱梁后统领归义军之第一代为曹仁贵，与拙见有不谋而合之处。但苏文偏重推论，拙文所用的一些重要资料，苏文有的未用，有的仍沿袭前人误讹。如 P. 3239 号甲戌年邓弘嗣改补充左厢第五将将头牒，末尾具名为曹仁贵，苏先生仍当作曹议金的材料。此外，我又得知藤枝晃也改变了过去的看法，主张曹氏政权第一代节度使是曹仁贵（见竺沙雅章《中国佛教社会史研究》351 页及注 26），但藤枝先生的详论，我至今不知发表于何处。

（《敦煌研究》1987 年第 2 期）

注释：
① 见《雪堂丛刻》。
② 见《国立北平图书馆馆刊》9 卷 6 期。

③ 见《唐代长安与西域文明》。
④ 见《文物参考资料》1951年2卷5期。
⑤ 见《杭州大学学报》1980年1期。
⑥ 见《甘肃师大学报》1980年3期。以上6篇文章,都已收入兰州大学历史系敦煌学研究室、兰州大学图书馆合编《敦煌学文选》。

敦煌写本中释教大藏经目录与有关文书

在敦煌写本中有一批敦煌寺院所藏的释教大藏经目录及有关文书。从中可以知道当时沙州寺院图书馆的藏经情况；可以知道寺院如何收藏、编目、保管、出借、清点、移交、缺少后如何赔偿等情况；可以知道中土与沙州以及塞外文化交流情况。今分批过录刊出，供图书馆学研究者、佛教史研究者之用。原写本直行书写，今改为横。繁体字、敦煌俗字，一律改成通行字。每行之上，加阿拉伯数字为序。

一、左街相国寺精义大师赐紫沙门臣德神进开元释教大藏经目录

斯5594号

1　左街相国寺精义大师赐紫沙门

2　臣德神进

3　开元释教大藏经目录。伏自后汉明

4　帝永平十年丁卯岁至唐玄宗

5　皇帝开元十八年庚午岁，中间

6　所经，计六百六十四载，所经一十九朝

7　代，三藏华戎道俗一百七十六人所翻

8　译到大小乘经律论圣贤集传等

9　一千七十六部,五千四十八卷,四百八十帙。
10　谨具逐部帙卷数字号如后:
11　大乘经律论总六百三十八部,
12　二千七百四十五卷,
13　二百五十八帙。
14　大乘经五百一十五部,二千一百七十三卷,
15　二百三帙。大乘律二十六部,五十四
16　卷,五帙。大乘论九十七部,五百
17　一十八卷,五十帙。小乘经律论总三百
18　二十八部,二千七百六十卷,
19　一百六十五帙。
20　小乘经二百三十八部,六百一十六卷,
21　四十八帙。小乘律五十四部,
22　四百四十六卷,四十五帙。
23　小乘论三十六部,六百九十八卷,
24　七十二帙。贤圣集传经等一百四部,
25　五百三十七卷,五十七帙。
26　六十四部,一百六十九卷,一十五帙,
27　是梵本翻译。
28　四十部,三百六十八卷,四十二帙,
29　是此方撰集。
30　大乘经重单合译,三百八十四部,
31　一千八百八十四卷。
32　般若部新旧译本及支流经总二十一部
33　七百三十六卷七十三帙。

(中有五行千字文)

34　大般若波罗蜜多经六百卷图有六十帙·大唐三藏
35　玄奘译,一万三百三十纸,六十并细竹帙。
（中有一行千字文）
36　放光般若波罗蜜经一部,三十卷有三帙,西晋三
37　藏无罗义共竺叔兰译。第一粗竹,第二、第三细竹帙,四百六十纸。
（中有千字文）
38　摩诃般若故罗蜜经一部,四十卷有四帙,姚秦
39　三藏鸠摩罗什共僧睿等译六百二十三纸,并细竹帙。
（中有千字文）
40　光赞般若经一部十五卷有,西晋三藏竺法护译,
41　二百二十一纸。
42　摩诃般若钞经一部五卷,苻秦天竺沙
43　门昙摩蜱共竺佛念译,九十纸。
44　上二经二十卷二帙
45　潜道行般若经一部十有卷一帙,后汉月代三
46　藏支娄迦谶译,一百六十七纸。
47　羽小品般若波罗蜜经一部一帙,姚秦三藏
48　鸠摩罗什译,有,一百五十纸细竹帙。
49　大明度无极经一部四卷,吴月氏优婆塞
50　支谦译,有,九十四纸。
51　朔胜天王般若经一部七卷,有,陈优禅尼国
52　王子月婆首那译,一百二十三纸。
53　上平经十一卷,同纸粗竹。
54　龙文殊师利所说摩诃般若经二卷,
55　梁扶南三藏曼陀罗仙译,有,二十纸。

56　文殊师利所说般若经一部一卷,

57　梁扶南三藏僧伽婆罗译,有,二十纸。

58　濡首菩萨无上清净分卫经一部二卷。

59　金刚般若经一卷,舍卫,姚秦三藏鸠

60　摩罗什译,有,一十纸。

61　金刚般若经一部一卷,婆伽婆元魏天竺三藏

62　菩提留支译,有,十四纸。

63　金刚般若经一部一卷,有,只树林,陈三藏真

64　谛译,十四纸。

二、西天大小乘经律论并在唐都数目录①

斯 3565 号

西天大小乘经律论并在唐都数目录。世有现前三宝,此事须殷重供养,得福无量,永无灾祸。出入行藏,常蒙观音覆护,灭罪恒沙,福寿延永。

涅槃一部四千八百卷,内四十二卷在唐。

虚空藏经一部四百卷,内一百卷在唐。

思益大集经一部五十三卷,内四卷在唐。

宝藏经一部一百三十卷,内两卷在唐。

瑜伽论经一部五百廿卷,内九卷在唐。

僧祁论经一部五百一十八卷,内十六卷在唐。

羯磨显现论经一部三百五十一卷,内廿一卷在唐。

大般若经一部九千卷,内六百卷在唐。

维摩经一部一百七十卷,内卷在唐。

未曾有经一部一千五百卷,内五卷在唐。

菩萨戒经一部一百五十卷，内一卷在唐。

三论别经一部三百七十六卷，内七卷在唐。

因明论一部二千卷，内五十卷在唐。

百法论经一部七十卷，内十卷在唐。

佛本行经一部一千八百卷，内廿六卷在唐。

大集经一部三百卷，内三十卷在唐。

法花经一部七百卷，内十卷在唐。

楞伽经一部一百八十卷，内四卷在唐。

佛藏经一部一千七百卷，内一十三卷在唐。

无量寿经一部九十卷，内三卷在唐。

文殊般若经一部五卷，内一卷在唐。

大阇论经一部一千三百五十卷，内一百五卷在唐。

大遗识论经一部八百五十卷，内三卷在唐。

但舍论经一部二千卷，内一十卷在唐。

宝常皈论经一部二千卷，内一十卷在唐。

正行律藏论经一部八百九十二卷，内廿三卷在唐。

菩萨藏经一部三千八卷，内三十六卷在唐。

首楞严经一部一百卷，内十三卷在唐。

决断经一部一百三十五卷，内八卷在唐。

李填看经一部九十卷，内两卷在唐。

西论经一部三百卷，内一百卷在唐。

起信论经一部二千卷，内五十卷在唐。

花严经一部一万三百九十卷，内八十卷在唐。

金光明经一部一千卷，内四卷在唐。

正法住经一部一百二十卷，内六卷在唐。

五龙经一部三十二卷，内两卷在唐。

大知度论经一部一百八十三卷,内十八卷在唐。
西国诸杂论经一部九千五百三十一卷,内四十六卷在唐。
西天大藏经计有八万四千亿四百卷跛。

以上除藏经收计五万七千六十二卷,内一千八百九十八卷现今在唐。
唐国去九万七千三百八十里。尼寺廿五万八百四十所。
西国僧寺三百四十万九千三百十一所,道流宫观一百一十万四千二百三十所,观(馆)驿计百四十万九千三百一十三所等足。
又:原件福寿、无量寿,均缺寿字,疑避曹宗寿讳。

三、西天大小乘经律论并及见在唐国内都数目录[②]
伯 2987 号

1　西天大藏经有八万四千亿五百卷,为一藏经。
2　大唐国有五千四十八卷,为一藏经。
3　此国去西天九万九千三百八十里
4　旧唐国僧寺　三百四十万九千,三百一十所,
5　尼寺　一百四十万,八千四百所,
6　道观　一百三十万四千,二百三十一所
7　诸道馆驿　一百四十万九千,三百一十三所

四、三界寺[③]见一切入藏经目录
斯 3624 号

1　三界寺见一切入藏经目录
2　大般若波罗蜜多经一部六百卷,六十帙。

359

3 大宝积经一部一百廿卷,十二帙。

4 大方广佛华严经一部八十卷,八帙。

5 佛本行集经一部六十卷,六帙。

6 大般涅盘经三部每部四十二卷,四帙。

7 贤劫经一部一十三卷,一帙。

8 大方便佛报恩经一部七卷,一帙。

9 大佛顶经一部十卷,一帙。

10 宝云经大云经一部七卷,一帙。

11 大佛名经一部一十八卷。

12 妙法莲花经一部十卷,一帙。

13 大乘入楞伽经一部十卷,一帙。

14 金光明最胜王经一部十卷,一帙。

15 妙法莲花经一部七卷,一帙。

16 大乘入楞伽经一部三卷。

17 思益梵天经一部三卷。

18 维摩经一部三卷。

19 　右三经同帙。

20 解深蜜经一部五卷。

21 诸法无行经一部二卷。

22 佛藏经一部四卷。

23 右三经同帙十一卷。

24 大方便佛报恩经一部七卷一帙。

五、龙兴寺藏大藏经目录[④]

残卷伯852号

(前残)

1 转法轮经论一卷。无量寿经论一卷。业成龙论一卷。无

相思

2 尘论一卷。百字论一卷。涅般论一卷。解卷论一卷。缘生论一

3 卷。十二因缘论一卷。俱舍论二十二卷,内欠第廿一、廿二。

4 甘露味阿毗昙论二卷。辟支佛因缘论二卷。三法度论

5 二卷。随相论一卷。十八部论一卷。部异执论一卷。明了

6 论一卷。佛本行集弟四帙,(内欠弟一)。阿育王传,欠弟二、

7 三、四、五、六、七。付法藏因缘传六卷。摩诃般若波罗蜜

8 经钞五卷。佛所行赞经传,欠弟五。百喻经,欠弟

9 一、弟三。阿育太子坏目因缘经一卷。治禅病秘要法一卷。

10 撰集三藏及杂藏传一卷。阿□口解十二因缘经一卷。婆数盘豆

11 法师传一卷。阿毗昙五法行经一卷。马鸣菩萨传一卷。龙树菩萨为禅陀

12 迦王说法要偈一卷。请宾头卢法一卷思惟略法要一卷。提婆菩萨传一卷。

13 龙树菩萨传一卷。分别业报略一卷。杂辟喻经一卷。迦叶结经一卷。

14 罔二章经一卷。十二游经一卷佛医经钞一卷。破外道涅盘论一卷。

15 破外道四崇论一卷。宾头卢突罗阇为陀延王说法经一卷。捉婆菩

18　萨释楞经小乘涅盘论一卷。大菩萨藏经廿卷。新大集十论

17　经十卷。大乘阿毗达摩杂集十六卷。成唯识论十卷,内欠第一卷。本事

18　经七卷。解深密经五卷。无垢称经六卷。新翻药师经二卷。

19　分别缘起初胜法门经二卷。又新翻药师经一卷不空羂索经一卷。

20　十一面神咒心经一卷。称赞大乘功德经一卷。如来示教胜军王经一卷。

21　菩萨戒本经一卷。佛地经一卷。称赞净土佛摄受经一卷。菩萨戒

22　羯磨文一卷。寂照神变三摩地经一卷。受持七佛名号所生功德

23　经一卷。缘起经一卷。甚希有经一卷。拔济苦难陀罗尼经。后出阿弥

24　陀偈一卷。俱舍论,欠第二第三两帙。方广大庄严经一帙十二卷。宝星经

25　一帙十卷。证契大乘经上卷造上功德无□四卷。显识经,欠两卷。大

26　方广师子吼经一卷。大乘百福相经一卷。大乘离文字普光明藏

27　经一卷。花严经修慈分一卷。准提陀罗尼经一卷。华严入法界品

28　一卷。造塔功德经一卷。大炬陀罗尼经一卷。耿摩经一卷。诸佛

29　集会陀罗尼经一卷。法界无分别论一卷。金刚般若论两卷。

六、安国寺等点勘藏经目录⑤
伯3853号

（前缺）

1　□昙阿毗达磨毗婆沙第八第十各七卷付□自晏第晏四舍利佛

2　阿比尼论廿一帙八卷。诸佛大乘论十三帙五卷，晏。

3　摄大云论般若灯论。第二帙七卷。阿毗达摩识身足论八卷。

4　阿毗达显宗论第四十卷，付道凝。

5　安国寺显扬圣教论第二十卷。阿毗达磨毗婆沙第五十卷，付法岸。

6　毗奈磨顺正理论第六卷。品类足论第二帙八卷岸。茅二十一帙

7　顺正第五帙十卷。尊婆顶蜜论十卷。

8　报恩大乘宝积论一帙显宗论第十卷，付惠达。立世阿□昙济

9　显扬圣教论第一。阿毗昙八捷度第一十卷。

10　开元寺集异门足论第二帙十卷。阿毗达磨大毗婆第四五帙十卷，喧

11　阿毗达磨显第三帙。

12　灵图集异门足论第一帙十卷，付英照。阿毗昙第三帙。

13　摄大乘第二五卷净，阿毗达磨顺备正理论第八帙十卷。

14　究竟一乘宝性论五卷。

15　乾元大宝积第九十卷。

16　乾元阿毗达磨显婆沙第三帙。

17　金光寺无尽意经等一帙十卷,惠峻。不退转法轮经等

18　一帙八卷,付海润。宝如来三昧八卷。大般泥洹经六卷,付义峰。

19　杂阿含经第一帙杂阿含经第五,中阿含第四付海润。

20　长阿含第二帙十一卷,付自晏。中阿含第六帙付金振。中阿含

21　第三轶十卷,付惠峻。长阿含第一帙付义峰。

22　花严经。放光般若。道行般若。胜天王般若。仁王般若。

23　金光明经。放光般若。道行般若。胜天王般若。

24　花严经第六帙内欠五十、五十四,五十五,第八帙,第二帙□。

25　僧伽罗刹所问集。宝星陀罗尼经

26　月灯三昧一帙欠大乘地藏十论经欠。贤愚经欠。

27　法句警喻经帙欠百喻经第□欠维摩诘秩、内欠严庄大成法门二卷。

28　兴善寺花严第一帙九卷。杂阿含第二帙。

29　佛遗日摩尼宝,欠。郁迦长者所问经,欠。大明度无极,欠。

30　楞阿达多罗经,欠第二。差摩婆帝帙,欠。菩萨词色欲经。

31　阿弥陀鼓音声王经。舍利弗悔过。

32　比丘避女要名经,欠。玉耶经,欠。古来世时经,欠。恒

水经欠

33 比丘避女要名经。玉耶经。光欢古来世时经。恒水经。

34 比丘避女要名经。玉耶。古来世时经。恒水。古般若。

七、金光明寺⑥等付经转经念诵数
伯3854号

1 金光明持人善萨所问十卷。善萨浴第二九卷。鱼掘摩罗九

2 卷。大悲分陀轻八卷一帙付惠微乾元大般经第廿七、卅六、

3 五十六,付义峰。永安寺大广十轮经八卷一帙大方等著

4 住问经等七卷一帙。灵空藏所问八卷一帙付如。

5 永安寺文殊师利问经六卷等一帙。报恩

6 宝云经七卷等一帙并付法如。

7 龙兴大般若第四十、四十五、五十、五十九,付法藏。大般若

8 第五十五,一帙付净心,四十七付净心。

9 大法炬陀罗尼第一帙。大乘方便经等一帙,

10 付净心。金光寺菩萨杀身饿虎经等一帙五卷,

11 付惠薇。报恩放光般若十卷三帙,付智盈。

12 云大乘方便十二卷。药经等八卷,付海润。入楞经卷十一,

13 付净。大善萨遮尼捷经十卷,惠俊。大方广如来性起微蜜

14 十卷。菩萨行集九卷,付义峰。贤劫经十三卷。诸佛要

集辩悟

15 信力入印法门经十卷,惠俊。药师琉璃光如来经等九卷。

16 度诸佛境界经等九卷,付自晏。遗日摩尼宝九卷。

17 大树□经十卷,付法藏。十八般若廿二帙付义深。

18 永安六度集八卷一帙。大云经等一帙十二卷,付□道。神足经等

19 八卷,□经八卷,并付法和。金光明普曜经八卷,付惠俊。

20 惠门金刚十二遍。药师经十二遍。六门陀罗尼呪□遍。□□呪一千遍。如意轮一千。

21 无垢净光五百遍。药师呪五百。阿弥陀五百遍。大佛经卅一遍。

22 积花严两帙。蜜严一部三卷。般若无尽藏呪一千遍。

23 □□花严两帙。如意轮五百。尊胜五？百遍。

24 无滞□□□帙。如意三千。

25 达阇重晖共诵吉祥天女经一百廿遍。阿弥陀经一百遍。

26 大方广如来不思议境界经十遍 五髻文殊陀罗尼一万五千遍。

27 香王菩萨陀罗尼二百遍。金刚罕经陀罗尼二百遍。

28 灭恶趣二百遍。大轮金刚二万遍。七俱胝呪二百遍。

29 药师二百。

30 道场僧十人五日转经念诵数。

31 转大方广佛华严经一部八十卷一遍。大般涅盘经一部四十二卷一遍。

32 金光明经一部十卷一遍。法华经一部八卷一遍。

33 楞伽经一部七卷一遍。思益经一部四卷一遍。

34 密严经一部三卷一遍。金刚般若论经四十九遍

35 梵网经一卷五遍。药师经十遍。

36 大方广如来不思议境界经十遍。阿弥陀经一百遍。

37 大吉祥天女经一百二十遍。六门陀罗尼经四十九遍。

38 诵大佛顶陀罗廿一遍。尊胜陀罗尼六千五百遍。

39 如意轮陀尼一万二千六百遍 阿弥陀罗尼一千七百遍。

40 药师陀罗尼一千遍。阿阎佛陀罗尼一千四百遍。

41 金刚罕强陀罗尼五百遍。五髻文殊陀罗尼一万八千五百遍。

42 香王陀罗尼五百遍。七俱胝佛母脆罗尼一千遍。

43 大轮金刚陀罗尼五百遍。大盛德陀罗尼二千五百遍。

44 金胜陀罗尼三百遍 大佛顶心叽三百遍

又：不少经名右上角有核对记号。

八、灵图永安等寺藏经目录⑦

伯3855号

1 法进花严经各九二帙内一二一八有。付道行般若两帙一十卷，一帙十卷。

2 文殊师利经六卷。观佛三昧十卷付通。不退经转论八卷一帙。濡首菩萨六卷。

3 金泽花严经七帙十卷。第六帙六卷第一帙九卷。大悲分利十卷一。

4 帙鼻奈耶十卷。

5 灵图度法佛竟界九卷。菩萨本业一帙六卷。菩萨本行九卷，正勤。

6 大灌顶十二卷一帙。佛本行经七卷付勤。大集贤护八卷帙。僧只第十卷。

367

7　贤护一帙十卷。别译杂阿含第一帙付光进。大哀经八卷。灵空藏八卷。

8　无所有十二卷，付正勤。毗尼母八卷。裹事分阿毗昙十二卷。

9　永安　菩萨藏经七卷。如来方便善门十一卷一帙，付戒朗。大般泥洹六卷。

10　念佛三昧五卷。摩阿般若抄四卷。大树紧那罗十卷，付朗。大法炬陀罗尼第一

11　第二帙第二帙九卷。佛名一帙十二卷。

12　报恩寺大智度论九帙内欠两卷，帙欠三酬恩孔雀王经八卷，准付。

13　大智度第三帙。

14　莲台杂阿含第五十卷，四帙十卷，自晏。优婆戒六卷一帙。菩萨投身

15　饿虎一帙五卷。成实论第一十卷，晏。广百论十卷，晏。

16　出曜第二十卷，晏。

17　开元史掘摩罗六卷。法集等九卷。大方等念佛昧十卷，付善来。

18　菩萨善戒九卷一帙。大明度无极八卷一帙。萨遮尼乾子一帙七卷。

19　中阿含第三。

20　乾元增一阿含第二十卷、第三十卷。药师光如来八卷。无字宝箧十三，

21　付僧照。乘定毗尼五卷。比丘问佛多经廿九卷一帙。诸佛要集十卷，付惠拒。

22　杂阿含第十一卷。鞞婆沙第二七卷。

23　兴善信力入印法门十卷。大云经十二卷,道如。阿差未等十卷。大乘方便十卷。

24　禅必要等十卷。

25　杂阿含第一十卷。阿毗达磨第一帙。毗婆沙论第六帙。

26　龙兴寺僧伽罗刹集八卷。乳光经通十八卷。大方十广论具八卷。六度集八卷,舟。

27　菩萨藏第一帙十卷。有段都师将大般若一帙廿八卷。入楞伽经十卷,

28　付惠及。旧花严第四帙。大方广如来如性起微蜜一帙十卷常满。无垢施菩萨。

29　一帙五卷付戒郎。增一阿含十卷,法持。阿毗云第五帙付贞凑。

30　安国　五千五百佛名七卷。宝如来三昧八卷。持人菩萨所问十二卷,法岸。

31　法岸有付大方等善住问一帙修行道地一,各六卷。

32　又付大菩萨藏第六卷,法岸。正法华一帙。无尽意一帙。中阿含第四十卷,

33　中阿含第五十卷,岸。

34　法胜阿毗云论第一帙,顺正第一十卷。

又:经论名右上角多有核对记号。

九、癸未朱年八月十一日点勘经藏内现有经教部帙数目

北图 63:679 号

1　癸未年八月十一日于经藏内再点勘经教现有部帙

369

2　数目具录名于后者。
3　大般若经一部六十帙金字题头并锦帙子
4　内欠卅一帙。又卅六帙内欠第三百五十二卷。又卅八帙欠
5　第四百七十三卷。又五十三帙内欠第五百廿八卷。又欠五十四
6　帙，五十七帙，五十九帙，六十帙，上件欠经全
7　五帙。又帙内欠共三卷。
8　又大般若一部布帙第一帙内欠第五第九两卷，
9　第三帙内欠廿八卷，第四帙内欠卅一、卅九、四十卷，
10　第九帙内欠第八十二卷，第十二帙内欠第一百十三
11　卷，第十三帙内欠第一百二十五、一百卅两卷，
12　第十五帙内欠第一百份五卷，第廿帙内少一百九十八卷，
13　廿一帙内欠第二百一卷、二百六卷、二百九卷，
14　廿四帙内欠第二百四十九卷，廿七帙内欠第二百七十卷，
15　廿八帙内欠第二百七十五、二百七十九两卷，廿九帙内欠
16　二百八十八卷，卅帙内欠第二百九十五、第三百卷，
17　卅一帙内欠第三百十卷，卅三帙内欠第三百廿三、
18　百廿五两卷，卅九帙内欠第三百八十四卷，
19　四十一帙内欠第四百十卷、四十五帙内欠四百四十七卷，
20　五十七帙内欠第五百六十六卷，五十八帙内欠第
21　五百七十一卷、五百七十六卷，五十九帙内欠第五百
22　八十八卷，已上逐帙欠经共计叁拾贰卷。
23　上两部般若经在西面藏内存。
24　大方等大集经一部六帙欠五十九、六十两卷，在
25　南西藏内上层并锦帙。大方广佛华严经一部八十卷，八

帙井锦帙.

26　在南面藏内上层。究竟大悲经四卷。佛藏经

27　四卷。又佛藏经重有第一、第二两卷。上二经十卷同帙。

28　在南面藏下层。大通方广忏悔罪庄严成佛经

29　一部上中下三卷，又重有上卷下卷。无量寿观经一

30　卷。大方广华严十恶经一卷。思忆经一

31　部四卷通一卷内金字题头。迦叶经上下两卷通一卷内。

32　卷。又重有下卷上五经十卷同帙，在南面藏下层。

33　大佛顶如来密固修证了义诸菩萨万行首能严经一部，

34　内欠第三、第十一卷。在南藏内下层。文殊师利所说般若

35　经一卷，内有四十二分。大乘密严经一部，上中下卷，通计一卷。佛说长者女菴提遮师子吼了义经一卷。遗经经论一卷。

37　大乘稻竿经重有两卷。人集月灯经要略一卷。药师经一卷。

38　阿弥陀经一卷。首罗比丘经一卷。赞僧功德经一卷。大佛

39　顶咒一卷。大方等大云请雨经一卷。诸星母陀罗经一卷。延寿命经一卷。

40　上十五卷同帙。在南面藏下层。诸法无行经第一第二。

43　虚空孕菩萨经卷上。摩登伽经卷中。菩萨处胎经卷

42　第三。大方等大集贤护经重有卷第四。观弥勒菩萨上生

43　兜率陀天经一卷。善辟菩萨所问经卷上。大乘方便经卷上。

44　观佛三昧海经卷第一。上十经同帙。在南面藏下层。金刚般若波罗

371

45　蜜经一卷。摩诃衍经第廿一。菩萨见实三昧经重有第

46　十四。贤愚经第三，第九。杂宝藏经第五、箱七。撰集

47　百怨经第一、第二、第四。楞伽阿跋多罗宝经一切佛语心品

48　第一。众经目录卷第二。上十二卷同帙。在南面藏下层。

49　菩萨见实三昧经十四卷，共一帙。在南面藏下层。白纸无表轴。

50　大菩萨藏经两帙廿卷。白纸无表轴。在南面藏下层。华首经

51　十三卷一帙，内欠第一、第二。白纸无表轴。存南面藏下层。大乘同性经上下

52　两卷。力庄严三昧经上中下三卷。大乘大集经须弥藏

53　分两卷。蜜迹金刚力士经两卷。上九卷同一帙。白纸无

54　表轴。在南面下层。大方等大集经菩萨念佛三昧分重第一至九卷，

55　一帙。白纸无表轴。在南面藏下层。悲华经一族内十卷。白纸无表

56　轴。在南面藏下层。观佛三昧经一帙十卷。内欠第八、第九。

57　白纸无表轴。在南面藏下层。涅盘经第一帙第二帙第四帙全。

58　更有两帙、第二重。又第四帙内五卷重有。并在北面下层。十住断结经一帙十卷。

59　在南面下层。白纸无表轴。大法炬陀罗尼经。第一帙在西行像堂。第二帙内欠第

60　十六卷。白纸无表轴。大乘大集

61　经贤护分等第一欠第二、第三第四、第五。僧伽吒经四卷

62　大吉义神咒经上下两卷。菩萨本行经上中下三卷。

63　大方广三戒经第二、第三、十五卷，共一帙。白纸无表轴。

64　在南面藏下层。法华经两映。在北藏一层。大智度论卷

65　第四十五。瑜伽师地论卷第十八。阿毗达摩集论

66　卷第四。显扬圣教论卷第二。同束。在北面藏上层。

67　入楞伽经七卷。在北面藏下层。大方便佛报恩经一帙

68　七卷。在南面藏下层。大宝积经一部第十二帙第十一帙，

69　内欠一百四卷。在南面藏上层。佛说海龙王经四卷。大方

70　等无相经六卷。同一帙。白纸无表轴。在南面藏。小品般若

71　一部十卷一帙，全。又一帙。

72　放光般若经三十卷三帙。内欠第六、第十二、第十六、

73　第廿八，共四卷。其三帙内口卷多头破，欠题目。摩诃般若经

74　四帙全。光赞般若经十五卷一帙。内欠第八、第十一、

75　第十五三卷。胜天王般若波罗蜜经一部七卷，全。

76　又有一帙。道行般若

77　经一部十卷。内欠第二、第三、第五等三卷。上六部般若

78　经并在北面藏内下层。

79　入楞伽经一帙内欠第八、第九、第十。大乘入楞伽经一

80　部七卷。内欠第一、第五。维摩诘所说经两部，全。上

81　两部经并在北藏下层内。金光明经一部四卷全。在北藏

373

下层。

82 四分律六帙并帙子在北面藏上层。佛说佛名经卷第八,全。

十、乞求中国檀越慈济遗失佛经文
斯2140号

1 沙州先得

2 帝王恩赐

3 藏教,即今遗失旧本,无可寻觅,欠数却于

4 上都乞求者。法集经一部六卷有,或八卷无,一百二十七纸。

5 央堀魔罗经一部四卷,七十八纸。大乘造像功德经一部二卷,三纸。

6 造塔功德经一部一卷,二纸。菩萨内习六波罗蜜一部一卷,三纸。

7 优婆塞戒经一部七卷,一百三十一纸。菩萨戒羯磨文一部一卷,七纸。

8 大乘阿毗达磨集论一部七卷,无著菩萨。□□造,一百三十纸。大乘法界无差别论一部一卷六□□

9 小乘楼炭经一部六卷,西晋沙门立法炬译,一百三纸。广义法门经一部一卷,陈天竺三藏真□□九纸。

10 根本说一切有部毗奈耶杂事一部四十卷,六百四十四纸。根本说一切有部戒经一部一卷,

11 二十五纸。四分僧戒一部一卷,二十三纸。解脱戒本一部一卷,二十二纸。沙弥十戒法并威

12　仪一部一卷,二十一纸。根本说一切有部百一羯磨一部十卷,一百四十六纸。四分僧

13　羯磨一部一卷,四十纸。四分僧羯磨一部三卷,八十纸。五百问事经一部一卷,

14　三十三纸。根本萨婆多部律摄一部二十卷,尊者利友集,二百七十七纸。大乘修行菩萨行□经

15　要集一部三卷,八十一纸。菩萨善戒经九卷或十卷三十品,一百八十纸。

16　菩萨戒本一部一卷出地戒品中慈氏菩萨说,十纸。

17　上件所欠经律论本,盖为边方郡邑众佛法难闻,而又遗失,于教言

18　何以得安于人物,切望中国檀越慈济乞心,使中外之藏教俱

19　全遣来,今之凡失转读,便是受佛付嘱传授教敕,得令

20　久住世间矣。

十一、沙州准目录欠藏验数

伯 3851 号

1　沙州准目录欠藏经数。切要求觅来也,

2　优婆塞戒经一部七卷,一百三十一纸。大乘

3　阿毗达磨集论一部七卷,无著菩萨造,一百三十纸。

4　小乘楼炭经一部六卷,一百三纸。切要求觅来也。根本说一切有

5　部毗奈耶杂事一部四十卷,六百四十四纸。

6　沙弥十戒并威仪一部一卷,二十一纸。四分杂羯磨

375

7 一部一卷,四十纸。根本萨婆多部律摄一部二

8 十卷,尊者利友集,二百七十七纸。大乘修行

9 菩萨行门诸经要集一部三卷,八十一纸。

10 上件所欠论律论本者,盖为边方人众,

11 佛法难闻,中国诸贤能满乞愿,切望

12 十信檀越,一切好心随喜写之,所欠教言,普

13 使传之,边人转读,亦是受佛教敕付嘱传授,令法久住世间矣。如或写者,切须三校,不请有留错字也。

十二、祈求中国檀越普济欠经帖
斯3607号

1 上件所欠经律论本者盖为边方邑众,

2 佛法难闻,而又遗失,于教言何以得安于人物,切望

3 中国檀越普济乞心,使中外之藏教具全遣来。

4 今之凡夫转读,便是受佛付嘱传授教

5 敕,令法久住世间矣。

十三、壬子年二月二日[8]前知藏经所由伯明与后所由光璨交割手帖
斯2447号

1 壬子年二月二日,共前知经藏所由伯明交割经论

2 律等,除先亥年九月算计目录上欠数及判状

3 教填欠少者外,应交得都计若干

4 卷,其数内又欠若干卷。伯明云:其欠经律,先

5　日,诸人请将为本抄写,来收入藏。昨交

6　割日,其应在诸人上经论律等,准交历并

7　收入见在额数。其在诸人上经论律等,

8　并仰前所由伯明勾当收付。限至丑年五

9　月十五日已前并须收入分付后所由光徽

10　等讫。如违限不收,一任制夺家资什物,充

11　填经直,如中间伯明身或不在,一仰保人填

12　纳。恐后无凭,故勒手帖为记。

13　前计大乘经二千七百两卷,又八十卷,共计二千七百八十二卷。

14　小乘经都三百卅一卷,同,律计二百四卷,不同。大乘论

15　计二百七卷。计小乘论六百七十八卷,同。计贤集传

16　一百五卷。计新写经五百一十二卷。计新写论二百八十七卷五十四。

17　计大乘经二千七百卅,计二千六百五十四。又计二千七百四十七。又计二千七百五十。又

18　计小乘律二百廿八卷,同。大乘论二百七十一卷,同。

19　贤圣集传一百一十二卷。新写杂经五百卅二卷,杂论二百八十五。

十四、戊辰年(968?)龙兴寺大藏经点勘后欠少数目

伯3853号经

1　戊辰年九月七日,奉

2　处分,龙兴寺大藏经准入藏录点勘经律论集传等除见在

3　无者,谨具数目如后:见欠经见四百七十二卷,共欠律八

377

十卷，

　　4　论共欠三百一卷，集共欠一十四卷，贤圣传共欠二十一卷，

　　5　经律论传集等都共计欠八百八十八卷。

(《图书馆学通讯》1988年第3期)

注释：

① 原件仅十五行，考虑每行字多，易行植字困难，为清晰起见，过录如上。
② 此件1前因故漏20行。
③ 三界寺为敦煌县寺院之一。
④ 4转法轮经论一卷等右上角有一核对记号。
⑤ 经论名称右角有一核对记号。
⑥ 金光明(简写金、金光)、永安、乾安、报恩、龙兴、大云(简写云)、永安，皆敦煌寺院名。
⑦ 灵图、永安、报恩、莲台、开元、乾元、兴善、龙兴、安国，皆敦煌寺院名。
⑧ 安史之乱爆发后，唐朝河西、陇右的防军内撤，吐蕃乘机东进，相继占领了陇右河西地区，达七十余年。直到大中二年(848)，张议潮起义，驱逐吐蕃，遣使入唐，以十一州图籍上献，河西才重入唐的版图。大中五年(851)，唐于沙州置归义军，以张议潮为节度使。咸通八年(867)张议潮入朝，沙州归军节度使大权由其侄张淮深执掌。大顺元年(890)沙州发生政变，张淮深被杀。其弟张淮鼎继掌大权，不久死去。其子张承奉年幼，托孤于索勋。其后，(892)索勋自为节度使，不久，张议潮第十四女即李明振妻发动政变，杀掉索勋，拥立张议潮孙承奉为节度使。由李氏家族掌握实权。905年，张承奉建立金山国，自称金山白衣天子，914年止。同年检校吏部尚书守沙州长史曹仁贵取而代之，自称权知归义军节度使。曹仁贵(914—922)而后，相继为沙州归义军节度使的是曹议金(922—935)、曹元德(936—940)、曹元深(904—945)、曹元忠(945—974)、曹延恭(974—976)、曹延禄(976—1002)、曹宗寿(1002—1014)、曹贤顺(1014—1026)。曹氏一族对沙州的统治，一直延续到1036年为西夏灭亡为止。

　　在吐蕃统治敦煌以及归义军张氏曹氏时期，多用甲子纪年。本件壬子年可能属832年。

敦煌研究拾遗补缺二则

甲午年五月十五日
阴家婢子小娘子荣亲客目跋

  北京图书馆藏敦煌文书新1450号(周字45号)残卷,仅一纸,为黄色麻纸,高约30厘米,长约27厘米,前后残缺,剩16行,硬笔书写,书法流畅,陈列目录暂定名为人名单。观此残卷所藏与 S. 4700、4121、4634 号为同一内容,出自同一人手笔,其第 1 行与 S. 4634 号最末一行残剩部分恰好拼合,故知此残卷为甲午年五月十五日阴家婢子小娘子荣亲客目的一部分。

  所谓荣亲客目,是指荣亲设宴时邀请客人参加的名单。四个断片缀合后的甲午年五月十五日阴家婢子小娘子荣亲客目,共 64 行,载邀请的近 160 个家庭和单位,计六百多人。这六百多人是预计参加宴席的人数,是准备多少桌酒筵的依据。中国古代荣亲设席请客,请谁,请到那一层次的亲朋,以及筵席座位安排,都有一套约定俗成的规矩。如果是同一层次的亲族,请了这一位而不请另一位,就是违反了礼仪规矩,要遭受非议。被邀请的家庭,一家几人参加,或全家,或主要人员,或一人,也视与宴请者关系亲疏而定,一般说本族近亲人家出席的人多,关系相对疏远的出席的人就少。客目所载二人参加的有 52 家,三人参加的有36家,四人参加的有12家,合门(即全家)参加的有六家,等等,就是这方面的反映。

至于宴席座位的排定,安排在正厅上还是厢房里,同在正厅,又要分哪一席、哪一座位,须按客人的社会地位以及与荣亲者的关系而定,尊长、贵人须安排在首席上座等重要座位。客目所载表示官职身份的称谓有皇后、太子太师、使君、镇使、县令、州司判官、乡官、平水、都衙(都押衙)、押衙、都头、衙前翻头、都知兵马使、马步兵马使、将头、指挥、游弈、营田使、作坊使、草场使、衙推、通引、主客、库官、虞候、都料、录事以及旁注主人等,为供招待、安排酒席座次参考之用。

客目纪年为甲午,池田温教授定为公元934年,但未加说明。笔者则据客目所载阎章忤都头见于宋太平兴国九年(984)十月邓家财礼目,定甲午年为994年。

客目是研究民俗史的重要资料,这是不需要费笔墨说明的。笔者以为客目的史料价值,还在于荣亲的阴氏是敦煌名族,被邀请参加宴席的张、曹、索、李、宋、氾、邓、翟、慕容、阎等也都是旧的名族或后起的豪强大族以及现任的官吏,此外,还有弓行、刺鞍行、皱文行、(耳兄)甲碓缥等手工业行会的都料、录事等,对于研究敦煌社会政治以及经济都是很重要的史料。

为便于后人研究以及有利于残缺部分的发现、复原,今将缀合后的录文,一并移录于后:

甲午年(994)五月十五日阴家婢子小娘子荣亲客目
　　　　　　S.4700、4121、4643号,北图新1450号
(以下S.4700号)

　　1　甲午年五月十五日,阴家婢子小娘子荣亲客目

　　　　　　　主人　　　瞿使君及水官并小娘子男女等六人主人。　　　主人
2　太子太师及娘子二人。　慕容都衙及娘子　并郎君三人。
　　　　　　　　主人　　　　　　　　　　主人
3　会长都头及娘子并男女四人。安国寺曹家娘子一人。
　　　　　　　　主人　　　　　　　　　　主人
4　罗镇使及娘子并都头小娘子四人。友仙娘子及都头并
　　　　　　　　　　　　　　　　　　主人
5　郎君三人。友宾都头及慈母娘子并小娘子三人。　友
　　　　　　　　主人　　　　　　　　　　主人
6　崇都头及母娘子并小都头三人。友顺都头及母娘子
　　　　　　　　　　　　　　　　　　主人
7　并新妇小娘子并二小都头五人。皇后及都头二人。
　　　　　主人　　阎游奕春合　　阎愿进合门　　阎保住合门。阎保盈合门。主人
8　阎都衙及娘子并都头小娘子四人。索指挥及娘子并
　　　　　阎瓜儿合门　　　　主人　　　贾都头及小都头并新妇四人
9　都头小娘子等七人。顺兴都头及娘子二人。　阴继
10　受一人。阴将头及新妇二人。会昌押衙及新妇
　　　　　　　　主人　　　　　　　　　主人
11　二人。善盈郎君及新妇二人。愿员都头及新
　　　　　　　　　　　　　万家友定娘子并达扭二人主人
12　妇并男残定新妇等四人。唐万子押衙及男女
　　　　　　　　　　主人
13　五人。阴都知及娘子并男女等六人。宋文秀及
　　　　　　　　　　　　　　　　　主人
14　母二人。氾丑子都头及男女四人。憨讷都头及小
　　　　　　　　　　主人
15　娘子二人。庆长都头及男都头并小娘子三人。

381

（以下 S.4121 号）

　　　　　　　　　主人　　　　　　　主人
16　索营田及小娘子二人。不子张都头及新妇二人。
　　　　　　主人　　　　　　　　　主人
17　不子曹都头及新妇二人。不奴张押衙及新妇并妹
　　　　　　　　　　　　　　　　　　　主人
18　三人。沈都头及母二人。长残都头及母并小娘子等
　　　　　　　　　主人
19　三人。邓都衙及娘子并男女三人。扭挞都头及小娘子
　　　　　　　　　　主人
20　二人。张马步及五娘子并男女三人。员继郎君及
　　　　　　　　　主人
21　都头二人。作坊及娘子二人。守清都头及小娘子并
　　　　　　　　　　　　主人
22　郎君等三人。陈家娘子及县令并小娘子三人。安都
23　知及新妇并男三人。氾怀恩及弟二人。氾和子二人。
　　　　　　　　　　　　　　　　　　　　主人
24　氾住儿二人。陈骨子及新妇并男三人。曹顺兴都头及母并
　　　　　　　　　　　　　主人　　　　　主人
25　弟都头小娘子等五人。定昌都头及小娘子二人。苟奴郎君
　　　　　　　　　　　　　　　　　　　　主人
26　及母娘子并郎君新妇小娘子等四人。曹家众兄弟及女
27　并女夫等九十人。李友清及母二人。保住都头及新妇
　　　　　　　　　　　　　　　　主人　　　存泰一娘子及何郎
28　二人。丑儿都头及新妇二人。阴平水衍奴男女四人。阴
山子及
　　　　　　　　　　主人　　　　　　主人

382

29　男二人。福进兄弟及新妇六人。善奴及兄弟并新妇男女
　　　　　　　　　主人　　　　　　　　　　　　主人
30　等八人。清奴及新妇并男女三人。终奴吕都头及小娘子
　　　　　　　　主人　　　　　　　　　　　　　主人
31　二人。富定吕都头及小娘子二人。义昌杨都头及母并新
　　　　　　　　　　　　　　　　　　　　　主人
32　妇男女等五人。窦愿兴及男二人。都头阎顺兴及娘子
　　（以下 S.4643 号）
　　　　　　　　　　　　　　　　　　主人
33　并男二都头小娘子等六人。故阎章久都头男女二人。阎
　　　　　　　主人　　　　　　　主人　　　　　主人
34　章件都头男女三人。衍子押衙及男女三人。阎富实及
　　　　　　　　　　　　主人　　　　　　　主人
35　男定员并新妇四人。阎清奴及新妇二人。氾乡官及新妇
　　　　　　　　　　主人　　　　　　　　主人
36　并男三人。氾达坦及草场并新妇五人。押衙氾文杰及新妇
37　三人。氾文惠兄弟三人。阴丑儿及母三人。阴义通三人。
38　阴章友并男三人。阴胜盈并男三人。阴义恩三人。阴
　　　　　　　　　主人等
39　衍鸡三人。阴长儿三人。阴像友三人。阴再成三人。阴
　　　　　　　　　　　　　　　阴曹子三人
40　愿遂三人。故阴定子押衙男女三人。都头阴　弘受兄弟及
41　新妇三人。阴定千二人。故阴员保押衙妻一人。阴长继押衙

383

42　及新妇二人。故宋保子男女三人。宋保通三人。宋衍子二人。

主人等

43　宋丑子二人。宋保盈二人。故宋白儿男女二人。宋乡官

44　二人。宋庆奴二人。宋丑子四人。宋怀建六人。宋再定二人。

　　　　　　宋再成二人　　主人　　　　　　　　　　主人

45　宋苟奴　二人。定千张都头合门五人。氾马步及娘子并男都

　　　　　　　　　　　主人

46　头小娘子等四人。定存氾都头及营田娘子等二人。邓家

　　　　　　　　　　　　　　　　　　主人

47　兄弟六十人。翟保兴都头及衙推小娘子都头合门等六

　　　　　　　　主人　　　氾善俊都头及阿靲二人　　主人

48　人。翟四大口及新妇男女等五人。　杨憨儿　都头及

（以下北图新1450号）

　　　　　　　　　　　　　　主人　　　　　　主人

49　新妇并男女四人。存子李都头及小娘子三人。存德押

　　　　　　　　　主人　　　　　　主人

50　衙及新妇二人。长定李都头及小娘子二人。高都头及小

　　　　　　　　　主人　　　　　　　　主人

51　娘子二人。安库官及新妇并男女六人。杨通引及新

　　　　　并东舍门　　荣　主人

52　妇二人。　　梁长都头及新妇二人。王愿成押牙并新妇

　　　　　　　　　　　　　　主人

53　二人。王丑胡一人。安家二娘子及都头二人。王员长

　　　安和尚婆西　主人　主人　达怛押衙并𧨲二人　宇难并新妇二人

54　一人。阿笃丁安都头及新妇并男三人。员子安都头

55　一人。宋安昌都头及娘子并男四人。保盈张都知及新

56　妇二人。都头李衍奴。都头张永昌。吴清奴及长泰

媾进佳

57　八娘子二人。阿(姓)九娘子及翟郎二人。长友七娘子及

氾郎二人。

58　故孔库官五娘子及男二人。金银行两团都料录事十人。

　　　　　　　　　　　　四团

59　弓行都料录事七人。刺鞍行都料录事八人。皱文行三团

都料

60　录事六人。(耳兄)甲碓缫四团共二十人。衙前翻头留户

苗家等二

　　当家押衙及

61　十人。　　官健三人。汉二十人。行荣虞候二判官通引

五人。

　　　　　　　　　　　　　　　主客

62　州司判官及校拣判官三人。康家判官二人。　卢富盈。

令狐

　　　　　　　阴平永

63　愿通。田安德。姚都料。张丑定。存泰一娘子及何郎

64　（此行仅剩右半部分比划）

（后缺）

天福二年(937)二月十九日
河西都僧统龙辩榜缀合

天福二年二月十九日河西应管内外释门都僧统龙巧言为报恩寺设

385

置方等道场请诸司勾当分配榜,现藏英国国家图书馆,已分裂为二,一编号为 S. 520、一编号为 S. 8583 号。今先将榜文缀合移录于后:

一、录　文

（以下 S. 520 号）

1　报恩寺方等道场　榜
2　　　　请诸司勾当分配如后
3　前殿请　吴僧政　索僧政　郭僧政　索
4　僧政　就法律　恩梁法律　康教授　莲李法律　（2—4 行中间有"河西都　僧统印"——编者注）
5　　　　氾校授　智惠　罗僧政
6　北院浴室　恩索教授　图大宋法律　圆氾法律　翟法律
7　　　　乾弘遂　云保定
8　南院浴室　龙氾法律　令狐法律　乾氾法律　贾法律
9　　　　开智行　永道行
10　北院消息　金大张法律　界张法律　金弘张法律　玄镜
11　　　　云保德
12　南院消息　龙张法律　刘法律　图宝善　海清
13　　　　云祥定
14　威仪　恩张法律　云氾法律　图宋法律　阎法律
15　北院厕　开张法律　莲张法律　金法真
16　　　　道明　界慈保
17　南院厕　何法律　圆张法师　圆道惠
18　　　　满成　福最　（17、18 行后有"河西都僧统印"——编者注）

(以下 S.8583 号)

19　唱经　金受索法律　土宋法律　云李法律　恩张
20　法律　程法律　龙承绍　法受　土法深　保会　智光
21　纳色　界张僧政　邓僧政　莲龙法律
22　　　右件诸司所请禅律大德律师等,
23　　　窃缘　释迦留教,律宝朗然,累
24　　　代精修,不闻隳坏,乃见边方
25　　　安泰,法眼重兴,道俗倾心,上下虔
26　　　敬。自从
27　　　司徒秉政,设法再役,河西改浴(玄)
28　　　风,专慕弘扬　佛日。今且四
29　　　方开泰,五谷丰盈,别建福
30　　　门,许置方等。前件大德僧首
31　　　判官,谨奉　　明条,遵守律式,
32　　　存心勾当,幸勿殷循,忽若检教
33　　　不周,一则亏陷律仪,二则却招殊
34　　　祸。准兹佥请,必不紊然。
35　　　右仰准此条流,不得违越者。天福捌
36　　　年二月十九日　　　　榜。(此行中间有"河西都僧统印"——编者注)
37　　　河西应管内外释门都僧统龙巧言

二、缀合理由

S.520、S.8583 号两个片段缀合理由有五:
第一,从笔锋来看,两者出同一人手笔。

第二，S. 520 号末行（19 行）土宋法律之"法律"二字残缺笔画，与 S. 8583 号第一行（19 行）起首残剩之笔画，恰好能拼合。

第三，S. 8583 号第二行（20 行）龙承绍？右半边稍有残缺之笔画，见 S. 520 号断片上（19 行后）。

第四，S. 520 号 17、18 行末之"河西都僧统印"缺左边一条印沿，见于 S. 8583 号首行（19 行）末尾"恩张"两字之右。两者恰好拼合。

第五，S. 520、S. 8583 号缀合后，从内容看为一件榜文，前后无丝毫矛盾。

笔者限于条件，未目睹以上两个断片原件，根据以上五点，缀合为一件榜文，是耶？非耶？请目睹者正之。

三、史料价值

两断片如上缀合后，成一完整榜文，上有河西都僧统印三颗，其时代正当曹元德统治时期。从中可以看到报恩寺举办方等道场规模之宏大，因而动员了都僧统司下属之僧官以及敦煌十一个僧寺的禅律大德律师等参加诸司的管理。结合伯 3556 号都僧统氾和尚福高邈真赞、都僧统河西佛法主邈真赞，斯 2575 号天成三年（928）七月十二日因官巡寺于诸寺配借幡伞庄严道场都僧统海晏贴；天成四年（929）三月六日应官内外都僧统海晏为普光寺方等道场司奉令设置戒坛发布的榜文，天成四年三月九日都僧统海晏为普光寺置方等道场发布之榜文，己丑年（929）五月廿六日应管内外都僧统为普光寺奉令置方等受戒道场纳色目发布之榜文，普光寺道场司差发榜，普光寺道场司僧政惠云、法律乐寂等上都僧统状，等等，可以看到曹仁贵、曹议金、曹元德崇重佛教以及大乘佛教在河西盛行情况。

还应该注意的一点，即榜文中提到"自从司徒秉政，河西改浴玄风"。所谓司徒当指曹仁贵。司徒可能是曹仁贵生前的最后称号,或者是死后的赠官。

四、注　释

1行,方等道场,方等,有多种含义,此处指大乘经典;道场,有多种含义,此处指法会。方等道场,即根据大乘方等之文设置之法会。

2行,诸司勾当,勾当,意谓主官。报恩寺原有机构,各有职事僧执掌。今奉命设置方等道场,规模宏大,非原有执事僧所能担当,故由都僧统发布榜文,请都僧统司下属之僧官及各僧寺禅律大德律师等主管诸司。

3行,吴僧政。吴,俗姓;僧政,僧官名。以下索僧政等同。

4行,恩,报恩寺之略称。以下寺名略称有：

莲——莲台寺,　　圆——灵圆寺,

乾——乾元寺,　　云——大云寺,

龙——龙兴寺,　　开——开元寺,

永——永安寺,　　金——金光明寺,

界——三界寺,　　土——净土寺。

6行,北院浴室,寺院浴室原有浴主(又称知浴)主管,其下有浴头行者受其指派。报恩寺举行方等道场,入浴者众多,临时请教授、法律等主持。中国传统建筑坐北朝南,禅林建筑内有东院、西院,莫高窟寺院受鸣沙山自然山势影响,坐西朝东,故其内有北院、南院。

10行,消息,查检《佛光大辞典》等未见,据斯2575号天成四年(929)应管内外都僧统海晏为普光寺方等道场司置方等戒坛发布之榜文有"消息卧具之资,又罢持毡锦被",消息意指休息,此处指招待休息的事务机构。

10行,金大张法律,大相对于小,指金光明寺有两位张法律,此处所请为大张法律。

10行,界张法律,界,笔者以前所据缩微胶卷模糊不清,误录为"玖分"。

10行,金弘张法律,弘张法律之俗名。

14行,威仪,指举行法会期间负责维护戒仪的机构,一般由戒仪师担任。

15行,厕,指厕所,禅林称西净,又作东司净房,由净头负责扫地装香冲洗点检添换手巾净桶等。举行方等道场,临时派员主持。

21行,纳色,指主管道场钱物出纳之机构。

23行,释迦,佛教创始人释迦牟尼之简称。

27行,司徒秉政,设法再役,河西改浴玄风,专慕弘扬 佛日。据伯3556号都僧统氾和尚福高邈真赞:"至吏部尚书秉政敦煌,大扇玄风",司徒指曹仁贵(一说曹仁贵即曹议金)。佛日,大乘经典中常用之比喻佛陀如日,此处可引申为佛教。

31行,判官,河西都僧统下属之僧官,位在僧政、法律之下,职掌纠察、维护戒律戒仪等。

补注:此二则补缺发表于《敦煌研究》1996年第四期。前一则荣亲客目S.4700、4121、4643号见于《敦煌社会经济文献真迹释录》第四辑。北图新1450号是后发现的,但后面仍有缺,希望有人发现补全。

(《敦煌研究》1996年第4期)